央地关系中的立法

俞祺 著

北京大学出版社
PEKING UNIVERSITY PRESS

图书在版编目(CIP)数据

央地关系中的立法 / 俞祺著. —北京：北京大学出版社，2023.11
（北大法学文库）
ISBN 978-7-301-34512-2

Ⅰ.①央… Ⅱ.①俞… Ⅲ.①立法—研究—中国 Ⅳ.①D920.0

中国国家版本馆CIP数据核字（2023）第187393号

书　　　名	央地关系中的立法
	YANGDI GUANXI ZHONG DE LIFA
著作责任者	俞　祺　著
责 任 编 辑	张玉琢　王　晶
标 准 书 号	ISBN 978-7-301-34512-2
出 版 发 行	北京大学出版社
地　　　址	北京市海淀区成府路205号　100871
网　　　址	https://www.pup.cn
新 浪 微 博	@北京大学出版社　@北大出版社法律图书
电 子 邮 箱	编辑部 law@pup.cn　总编室 zpup@pup.cn
电　　　话	邮购部 010-62752015　发行部 010-62750672
	编辑部 010-62752027
印 刷 者	大厂回族自治县彩虹印刷有限公司
经 销 者	新华书店
	650毫米×980毫米　16开本　15.75印张　258千字
	2023年11月第1版　2024年8月第2次印刷
定　　　价	56.00元

未经许可，不得以任何方式复制或抄袭本书之部分或全部内容。
版权所有，侵权必究
举报电话：010-62752024　电子邮箱：fd@pup.cn
图书如有印装质量问题，请与出版部联系，电话：010-62756370

前　言

我国是一个幅员辽阔、人口众多的大国,不同地区的经济发展水平、社会现状存在显著不同,各地需要解决的具体问题千差万别。在这一背景下,国家治理结构应当是分层次、多元化的。中央需要在一定程度上赋予地方自主管理的权力。我国《宪法》第 3 条第 4 款规定:"中央和地方的国家机构职权的划分,遵循在中央的统一领导下,充分发挥地方的主动性、积极性的原则。"不过,长期以来,我国央地权力的分配时常陷入"一放就乱、一收就死"的困局之中,其背后的重要原因在于,中央和地方制度化的权力结构尚未形成。虽然对于一个仍处于转型过程中的国家而言,央地权力需要进行相对灵活的配置,但是,地方权力空间持续处于模糊状态不利于地方主动性和积极性的发挥。要降低这种模糊性,需要诉诸法治的途径,以法律形式建立相对稳定的权力安排。而在这当中,中央和地方立法权的配置是最为基础和重要的。

基于上述背景,本书力图回答的核心问题是,在我国现行宪法和法律的框架下,中央和地方之间的立法权应当如何配置。这一问题又可以进一步分为两个子问题:其一,中央和地方在事务领域上应当如何划分;其二,中央和地方立法同时调整某一领域时,地方立法应当如何协调其与中央立法规定的关系。

本书第一部分"中央和地方立法的领域范围"试图回答第一个问题。第一章通过对央地关系中法律保留制度的讨论,重点探讨应当由中央立法所保留的事务。第二章在梳理世界各国立法领域划分实践的基础上,研究了地方性立法事务的范围。第三章则考察了若干城市的地方性法规、地方政府规章和规范性文件所涉领域,从实践角度反思我国目前的立法权配置模式。

第二部分"中央立法与地方立法的关系"则针对第二个问题进行探索。第四章基于经验性研究指出,地方立法在司法适用中相对中央立法而言处在被边缘化的尴尬境地,应通过一系列方式加强地方立法的实效。第五章从数据上分析了地方立法在面对中央立法时,重复、细化和创制等不同的选择。第六章则从规范上研究了下位法抵触上位法的标准,指出了逻辑抵触和非逻辑抵触的不同判断方式。

在回答上述两个问题的基础之上,本书第三部分还探讨了立法权分配领域中的几个重要问题。第七章和第八章分别研究了行政处罚和行政许可设定权的分配制度,试图揭示特殊领域立法权配置制度背后的原理。第九章则研究了区域性立法制度的构建,指出了其特殊的中央立法性质。

在对上述各方面问题的讨论中,本书既采用经验的研究视角,也采用规范的研究视角。经验角度的研究重在揭示目前地方立法运行的现状,并试图发掘对规范建构有意义的规律;而规范角度的研究重在建构地方立法权的规范边界,同时也将部分经验性的结论纳入其中。

本书的写作跨越我博士生、博士后、青年教师等多个人生阶段,其间得到了学术界与实务界众多前辈、同仁的关怀和帮助,我深怀感激。特别感谢我的博士生导师北京大学沈岿教授、博士后合作导师清华大学何海波教授以及北京大学王锡锌教授对本书大部分章节的写作所提出的重要指导意见。同时,在我求学和工作期间,北京大学法学院和清华大学法学院的各位老师、同事、同学为我的研究提供了不可胜数的指点与支持,深表谢意。两所法学院极佳的学习、工作氛围给予我许多灵感,也让我能安心完成本书的写作。本书的出版亦得益于"北大法学院精品法学图书出版计划"的资助。

书中的部分内容分别在"行政法的概念与体系系列研讨会""中国宪法学青年论坛"等诸多学术会议上接受建设性评议,笔者从众多极富学术洞察力的前辈、同行的卓见中获得许多教益,铭记在心,由衷感谢。另外,本书各章节分别发表于《中国法学》《中外法学》《法学家》《法商研究》《法制与社会发展》《政治与法律》《行政法学研究》《中国行政管理》等刊物,非常感谢各位编辑老师和审稿专家的赐教与鼓励。最后,十分感谢北京大学出版社王晶老师、张玉琢老师专业细致的工作,特别是在疫情封控期间,他们仍然通过各种途径尽力推动本书的出版工作,令人感动。

央地关系中的立法这一主题涉及法理学、宪法学、行政法学、立法学乃至政治学、行政学、经济学等多个学科,笔者力薄才疏,有时难免管中窥豹。本书中也还存在许多短时间内难以解决的理论缺憾。但是,学术需要在交流中进步,笔者不揣浅陋,谨此将近年来所思所想呈现于诸位前辈、同仁面前,以求教于方家。

俞　祺

2023 年 7 月 8 日

目录
CONTENTS

第一部分 中央和地方立法的领域范围

第一章 央地关系中的法律保留 /003
　一、纵向法律保留中的理论与实践问题 /003
　二、单一制：纵向法律保留模式的宪制基础 /007
　三、纵向法律保留的不同程度 /011
　四、我国纵向法律保留的规范依据 /017
　五、纵向法律保留下的立法权配置 /025
　六、本章小结 /030

第二章 立法中的"地方性事务" /031
　一、"地方性事务"在我国法律体系中的功能 /031
　二、立法权分配的制度实践 /035
　三、地方性事务认定的理论框架与原则 /043
　四、事务性质的分类与地方性事务认定的阶梯模式 /050
　五、本章小结 /055

第三章 地方立法和规范性文件领域分布情况：以设区的市为例 /057
　一、设区的市立法权的边界问题 /057
　二、杭州、长沙、兰州地方性法规和规章之领域分布情况
　　及其比较 /064
　三、温州、佛山、长沙规范性文件领域分布情况及其比较 /078
　四、设区的市立法领域的再探讨 /089
　五、本章小结 /098

第二部分　中央立法与地方立法的关系

第四章　中央立法和地方立法谁更受法院青睐　/101
　　一、架空上位法还是被边缘化——地方立法适用的总体情况　/101
　　二、较活跃地方立法的适用情形　/104
　　三、地方立法被选择适用的机理　/115
　　四、如何使地方立法更具实效　/126
　　五、本章小结　/132

**第五章　地方立法机关面对中央立法时的选择：
　　　　　重复、细化还是创制　/134**
　　一、立法扩张还是立法重复？　/134
　　二、地方立法与上位法不同关系模式的认定标准　/138
　　三、地方立法与上位法关系的经验梳理　/142
　　四、保守倾向与地方性需要　/156
　　五、本章小结　/161

第六章　下位法抵触上位法的判断标准　/162
　　一、抵触概念存在的问题及本章的讨论对象　/162
　　二、规则成分及其不一致的类型　/165
　　三、构成逻辑抵触的规则成分不一致　/169
　　四、非逻辑抵触的判断　/175
　　五、本章小结　/181

第三部分　重要领域的立法权分配制度反思

第七章　行政处罚设定权分配制度的重构　/185
　　一、问题的提出　/185
　　二、处罚措施的类型　/189
　　三、行政处罚措施设定权的类型　/196

四、类型化基础上的处罚措施设定权分配　/199
　　五、本章小结　/207

第八章　行政许可设定权分配制度的完善　/209
　　一、问题与研究范围　/209
　　二、作为许可设定权分配基础的法律保留理论及其模糊性　/211
　　三、对行政许可设定实践的梳理　/214
　　四、立法实践对规范理论框架完善的启示　/220
　　五、本章小结　/225

第九章　区域性立法制度的建构　/226
　　一、目前区域合作的表现形式及其功能局限　/228
　　二、有效力的区域合作文件的属性及其法律空间　/232
　　三、区域合作文件的合理制度模式　/237
　　四、本章小结　/240

第一部分
中央和地方立法的领域范围

第一章　央地关系中的法律保留[*]

【本章提要】 传统法律保留理论无法合理解释为何罪刑法定、税收法定、组织法定、物权法定等原则应在纵向维度适用,法律保留的理论基础应结合央地关系框架加以拓展。纵向法律保留是单一制国家的立法权央地配置制度,其在内容和形式上均不同于联邦制下的分权制度。从世界范围内观察,纵向法律保留存在严格与不严格两种模式,社会主义制度必然要求在部分领域采用严格的法律保留模式。我国纵向法律保留的规范依据包括个别规范和一般规范两个层面,一般规范依据形成了对个别规范依据的总结和补充。个别规范依据主要存在于国家重要制度、公民的基本权利和义务以及国家机构的组织和运行等三个领域中,一般规范依据则指向《中华人民共和国宪法》第 3 条第 4 款中的中央统一领导原则和第 5 条第 2 款中的社会主义法制统一原则。根据对上述规范含义的解释,我国法律保留的范围涉及社会主义政治统一和市场统一两个维度。综合纵向法律保留的范围和程度两个方面的考虑,具体保留规范的适用可进一步精确化。

一、纵向法律保留中的理论与实践问题

在我国,国家机关之间的权力配置,特别是立法权的配置,主要受法律保留原则的影响。若将法律保留原则中的"法律"作狭义理解,那么该原则应包括两个方面,一是横向的,即中央立法机关针对中央行政机关的保留;二是纵向的,即中央立法机关针对地方立法机关的保留。《中华人

---

[*] 本章主要内容已发表于《中国法学》2023 年第 2 期。

民共和国立法法》(以下简称《立法法》)第 11 条所规定法律保留制度即包括横向和纵向两个维度。但目前关于法律保留的研究重点落在横向保留之上,国内外学术界对纵向维度的保留关注极少。

而有关横向法律保留的讨论通常将法律保留与基本权利保护结合起来,认为法律保留的意义在于防范其他权力(主要是行政权力)对基本权利的侵犯。[①]该理念在各个具体领域法律保留理论建构中均有体现。例如,罪刑法定、税收法定等原则被提出的主要目的即在于保护基本权利,避免公民的自由和财产受到国家权力的恣意干涉。[②]组织性法律保留的讨论在逻辑上也受到基本权利保护学说的影响。虽然通常来说,国家机构的组织是国家的内部问题,并不直接干涉公民的基本权利,但德国学者指出,基本权利不仅需要实体法保障,也需要相应的组织和程序形式予以保障,所以组织问题也有法律保留的必要。[③]在这一原理下,我们可以继续推导出司法制度法律保留的必要性,因为诉讼和仲裁程序对于基本权利的实现也是重要的。

传统法律保留的规范理据一般被认为是宪法层面的法治国原则和民主原则。其中,法治国原则主张国家内部以及公民与国家的关系都由法律来调整,因为法律具有一般性、可预见性、可度量性等,可使权力受到较好的控制。民主原则则要求一切权力来自人民,故而民主正当性越强的机关就越有作出重大决定的权能。上述原则在我国分别对应于规定"依法治国"原则的《宪法》第 5 条和规定"人民主权"原则的《宪法》第 2 条。

然而,即便我们从上述原则中可以导出横向法律保留的必要性,这是否意味着我们也能够同时运用这些原则解释纵向法律保留的必要性?另外,基本权利保护的理念具有在中央和地方之间划分立法权限的功能吗?事实上,通过简单观察即可发现,纵向关系与横向关系存在明显不同。在横向保留中被重点防范的行政权力在运作模式上不体现法治国原则和民主原则,因此其行为需要接受法律保留原则的约束;但在纵向保留中,被

---

① 参见张翔:《基本权利限制问题的思考框架》,载《法学家》2008 年第 1 期;蔡宗珍:《法律保留思想及其发展的制度关联要素探微》,载《台大法学论丛》2010 年第 3 期;赵宏:《限制的限制:德国基本权利限制模式的内在机理》,载《法学家》2011 年第 2 期。
② 参见陈兴良:《罪刑法定主义的逻辑展开》,载《法制与社会发展》2013 年第 3 期;张守文:《论税收法定主义》,载《法学研究》1996 年第 6 期。
③ 参见〔德〕哈特穆特·毛雷尔:《行政法学总论》,高家伟译,法律出版社 2000 年版,第 118 页。

防范的主体主要是地方立法机关,他们的运作模式和中央立法机关一样,都是民主的、审议式的。既然地方立法机关也能够代表民意并制定具有一般性、可预见性、可度量性的规则,那么地方立法为什么和行政机关制定的规则一样不能限制基本权利?沿着这个思路推理,我们会发现罪刑法定、税收法定、组织法定、物权法定等原则的适用在纵向维度上变得十分可疑。

其一,罪刑法定原则在理论上必然禁止地方性法规规定犯罪与刑罚问题吗?我国《立法法》和《中华人民共和国刑法》(以下简称《刑法》)都将犯罪与刑罚的规定权限制于法律,这在实践中表现为由《刑法》作统一规定。不过,我国刑法理论上关于罪刑法定的讨论重点强调的是行政机关或司法机关无权制定与犯罪和刑罚有关的规则,极少涉及地方立法的规定权,①通常只是顺带指出地方性法规与行政法规一样,不应规定刑事责任。而从域外实践看,不仅许多联邦制国家存在州层面的刑事立法,部分单一制国家的地方立法机关亦可设定刑罚。如日本宪法虽然规定了罪刑法定原则,但其地方条例仍然可以设定刑事责任。我国严格禁止地方立法设定刑罚从理论上如何解释?

退一步说,即便地方立法机关不能创设犯罪与刑罚,那他们可以对刑法条文作补充规定吗?事实上,《刑法》分则中大量关于"行政犯"的条款必须借助具体管理规范方能认定犯罪。如《刑法》第342条之一规定:"违反自然保护地管理法规,在国家公园、国家级自然保护区进行开垦、开发活动或者修建建筑物,造成严重后果或者有其他恶劣情节的,处五年以下有期徒刑或者拘役,并处或者单处罚金。"地方性法规能对此条中的"其他恶劣情节"概念进行细化规定吗?"违反自然保护地管理法规"中的"管理法规"是否包含地方性法规?根据目前刑法学界较有影响力的学说,行政法规可以补充规定罪状,②那么地方性法规是否可以?

其二,税收法定中的"法"是否必须是狭义的法律,可否包括地方立

---

① 如张明楷教授在其撰写的教材中仅谈及行政法规、习惯法和判例法能否成为刑法的渊源,未提及地方性法规。参见张明楷:《刑法学》(上),法律出版社2016年版,第49页。有少数文献提及了地方立法在刑事责任规定中的功能,但只是一笔带过,未作过多理论展开。参见高巍:《重构罪刑法定原则》,载《中国社会科学》2020年第3期。

② 参见张明楷:《行政刑法辨析》,载《中国社会科学》1995年第3期;张明楷:《刑事立法模式的宪法考察》,载《法律科学》2020年第1期。

法?《中华人民共和国税收征收管理法》第 3 条规定:"税收的开征、停征以及减税、免税、退税、补税,依照法律的规定执行;法律授权国务院规定的,依照国务院制定的行政法规的规定执行。"根据该条,地方立法机关无权决定收什么税、收多少税的问题。但从行政管理的角度说,将税政权在一定程度上分配给地方,有助于地方政府更好提供满足自己辖区居民偏好的地方性公共物品。①同时,虽然大部分税种设立的目的是为政府增加财政收入,但还有一些税种目的在于调整课税对象的行为,属于管制性税收,如奢侈品税、环境污染税等。管制性税收与其他行政管理手段一样,在部分情况下会具有明显的地域差异,因而有被分散规定的必要性。另外,我国各地政府大量规定了各类税收优惠措施,如"先征后返""财政奖励""购房抵税"等;②虽然这些税收优惠措施带来了大量的政策乱象,但它们也体现了地方在财税问题上进行灵活操作的需要。狭义税收法定模式将税收立法权集中于中央,不利于满足不同地域的偏好,因而遭到部分学者的质疑。③若要继续维持该模式,则我们需要在基本权利保护之外为其寻找更进一步的规范支持。

其三,地方国家机构是否可以由地方立法设置?根据《立法法》第 11 条,各级人民代表大会、人民政府、监察委员会、人民法院和人民检察院的产生、组织和职权应由法律规定。不过,对于一个幅员辽阔、人口众多的大国来说,不同地方对国家机构的需求可能是十分不同的。以行政组织为例,我国的地方政府事实上在大规模地设立派出机关或派出机构,最典型的是开发区管理机构。这些开发区管委会虽然没有《宪法》和《中华人民共和国地方各级人民代表大会和地方各级人民政府组织法》(以下简称《地方组织法》)上的依据,但有些获得了地方性法规层面的确认。如《江苏省开发区条例》第 23 条规定:"开发区管理机构作为所在地县级以上地方人民政府的派出机关,在规定的职责范围内行使经济管理权限,提供投资服务。"从我国社会经济发展的实际情况看,开发区管理机构不像一级地方政府那样具有稳定性,可能会随着自身使命的完成而被撤销,所以有

---

① 殷存毅、夏能礼:《"放权"或"分权":我国央—地关系初论》,载《公共管理评论》第 12 卷,清华大学出版社 2012 年版,第 25 页。
② 熊伟:《法治视野下清理规范税收优惠政策研究》,载《中国法学》2014 年第 6 期,第 156 页。
③ 参见苗连营:《税收法定视域中的地方税收立法权》,载《中国法学》2016 年第 4 期。

关开发区管理机构的规范不适宜作为一种稳定的全国性法律制度存在。但是，这类机构毕竟在实质上承担了地方人民政府的相应功能，通过地方性法规规定其组织和职权是否合适？以基本权利保护理论来回答上述问题是无力的，因为这些组织根据地方立法的规定设立，亦受民主代议机关的限制，并不存在明显侵犯基本权利的风险。

以上例子说明，虽然基本权利保护可以作为罪刑法定、税收法定、组织法定在横向权力配置中的理论基础，但它无法圆满解释这些原则为何在纵向的权力配置中仍然要发挥作用。除此以外，我们还可以发现，部分需要法律保留事项和基本权利之间不存在必然联系。例如，《中华人民共和国民法典》（以下简称《民法典》）第116条将物权的种类和内容的规定权限制于法律，此即物权法定原则。但物权法定原则并不涉及公民和国家之间的关系，因此也不涉及公民基本权利的保护。这进一步提示我们，纵向法律保留背后的理论基础不同于横向法律保留。《立法法》第11条虽然简单表述说"下列事项只能制定法律"，但其纵横两个维度背后对应的应当是两种不同的理论，而不同的理论基础会导致不同的保留范围。

所以，我们有必要发展独立于横向法律保留的纵向法律保留理论。纵向法律保留理论不仅要解决哪些事务归中央、哪些事务归地方的权力配置内容问题，同时还要解决这些权力的配置形式问题，即谁来负责央地立法权的配置以及立法权在中央和地方之间如何调整。另外，从内容和形式两个维度看，纵向法律保留模式有别于在宪法中直接划分纵向权力的联邦制分权模式，其具有在理论上独立存在的必要性。

二、单一制：纵向法律保留模式的宪制基础

纵向法律保留并不是所有国家均采纳的央地立法权配置模式，该模式仅存在于单一制国家。联邦制国家采用的是在联邦宪法中统一规定联邦与州权力分配的分权模式。我们可以观察到，在法律保留理论的发源地德国，法律保留原则仅指针对限制基本权利措施的横向保留，其规范依据主要位于《德国联邦基本法》第一章基本权利部分；而纵向立法权的划分是通过该法中的立法事权分配条款实现的，这些条款主要位于该法第七章联邦立法部分。虽然从表面上看，纵向法律保留就只是将原本可以

像联邦分权条款那样集中列举的内容分散规定而已,但实际上,法律保留和分权模式从形式到内容均存在明显区别。单一制国家即便存在专门的集中分权条款,该条款也只是在法律保留之下的相对集中。①

法律保留从本质上说并不是要在保留主体和保留所针对主体之间彻底分权,而只是在具有从属关系的两个主体之间进行权力配置,由领导者对从属者的权力进行控制。传统法律保留原则的功能是在特定范围内排除行政的自行作用,②而不是要排除行政的一切作用。奥托·迈耶对德国法上法规命令的定位即"从属于法律"③,而非独立于法律。因此,行政机关所制定的法规命令可以调整由法律规定的事项,只要其获得法律的授权即可。从根源上说,领导者可以将自己的权力授予从属者,也可以决定自己保留全部或部分权力;对于保留范围内的权力,领导者仍然可以通过授权决定继续授予从属者。若两个主体没有从属关系,那么就不能任意进行单方授权,也就没有法律保留的问题。在分权关系中,立法机关和行政机关原则上互相不能行使对方的权力,也不能将自己的权力随意授予给其他主体。

所以,在议会内阁制国家的立法和行政的关系中,内阁向议会负责,行政权从属于立法权,此时便有议会针对内阁的法律保留的问题。但在总统制和半议会半总统制下,行政权并不完全附属于立法权,"并非完全唯'代议机关的法律'是瞻"。④于是,在美国这类国家就不存在国会针对总统的法律保留制度。⑤相似地,联邦和州是两个独立的政治实体,权力来源是相互分离的,州的权力并不从属于联邦,因此也就不会产生法律保留的问题。当然,在联邦制国家,纵向法律保留并非完全不能存在,如在

---

① 需要说明的是,目前宪法理论上单一制的定义日趋模糊,根据学者统计,目前有66部单一制国家的宪法直接列举地方事权的范围。但本章仍然使用单一制的传统定义:在单一制下,地方的权力应由中央授予,不存在宪法上的保障。参见王建学:《论地方政府事权的法理基础与宪法结构》,载《中国法学》2017年第4期。

② 〔德〕奥托·迈耶:《德国行政法》,刘飞译,商务印书馆2004年版,第72页。

③ 蔡宗珍:《法律保留思想及其发展的制度关联要素探微》,载《台大法学论丛》2010年第3期,第12页。

④ 王锴:《论组织性法律保留》,载《中外法学》2020年第5期,第1310页。

⑤ 美国国会在现实中也向行政机关授权,但若严格按照禁止授权原则,国会并不能将立法权授予给行政机关。另外,虽然在美国,一般行政机关是由法律设立的,但是这并不意味着行政机关从属于国会,并需要向国会负责;国会规定行政组织问题的宪法依据在《美国联邦宪法》第2条第2款,这事实上是三权分立下,国会分享部分执行权的体现。参见步超:《论美国宪法中的行政组织法定原则》,载《中外法学》2016年第2期。

美国,大多数州所采纳的狄龙规则认为城市是地方政府的创造物,城市的权力来源于州。①这意味着美国的州以下可以存在州法的保留。

在单一制国家中,立法权是唯一存在的,且可以覆盖全部的领域。地方立法机关附属于中央立法机关而存在。如《日本国宪法》第41条规定:"国会是国家的最高权力机关,是国家唯一的立法机关。"地方公共团体虽然可以根据宪法第94条制定条例,但前提是"在法律范围内"。另外其宪法第92条还规定:"关于地方公共团体的组织及运营事项,根据地方自治的宗旨由法律规定之。"这说明日本地方公共团体的行为从属于国会制定的法律,法律保留对地方自治团体组织、运营和条例制定行为的规定权。

相似地,我国《宪法》第57条规定:"中华人民共和国全国人民代表大会是最高国家权力机关。"第58条规定:"全国人民代表大会和全国人民代表大会常务委员会行使国家立法权。"按照通说,我国只有一个统一的国家立法权,由全国人大及其常委会来行使,②地方权力机关只有地方性法规制定权。虽然我国宪法中的地方性法规制定权从形式上说具有独立地位,但该权力的行使仍然附属于法律。当然,这一判断或许会引起争议,因为我国《宪法》并未规定省级地方性法规要依照法律制定,仅在第100条规定地方性法规不得抵触上位法。③然而需要注意的是,地方性法规除了不能抵触上位法外,也不能违反宪法和法律。《宪法》第5条第3款规定:"一切法律、行政法规和地方性法规都不得同宪法相抵触。"紧接着的第4款规定:"一切国家机关和武装力量、各政党和各社会团体、各企业事业组织都必须遵守宪法和法律。一切违反宪法和法律的行为,必须予以追究。"从理论上说,"违反"是解决初级规则与次级规则之间的冲突问题,而"抵触"是解决初级规则之间的冲突问题。④地方人大作为国家机关不能违反法律,而法律却可以规定国家机构相关事项(《宪法》第62条

---

① See A. E. S., Dillon's Rule: The Case for Reform, 68 *Virginia Law Review* 693, 1982.

② 《中华人民共和国宪法通释·第一章 总纲》,载中国人大网·法律释义与问答, http://www.npc.gov.cn/npc/c13475/201004/0e53b6b04d1b4401b18404d93889a9a4.shtml,最后访问:2023年7月21日。

③ 我国《宪法》第100条规定省级和设区市级人大在不同上位法抵触时可以制定地方性法规。设区市需要经过批准,事实上有地方立法权的就是省级人大。该条中的不抵触事实上是广义的,还包括不违反的情形。

④ 参见王锴:《合宪性、合法性、适当性审查的区别与联系》,载《中国法学》2019年第1期;袁勇:《法的违反情形与抵触情形之界分》,载《法制与社会发展》2017年第3期。

第3项),这就意味着地方人大必须遵守关于其职权安排的法律,其权力仍然从属于中央立法机关。立法权在单一制政治体中的一体性和全面性使中央立法机关可以通过法律形式对央地立法关系进行调节,并就法律保留事项自行立法或授权地方立法机关制定地方规则。

综上,在联邦制下,联邦和州的权力相互分离,全国没有一体性的权力;而在单一制下,国家存在最高权力机关,全国范围内的权力具有一体性,地方的立法权力从属于中央,这会给央地立法权的配置带来至少三点区别。

第一,联邦制下部分不应属于联邦专属的事务在单一制下却必须被纳入法律保留的事项范围,尤其是关于国家机构的事项。国家机构是国家权力运行的载体,在单一制下,国家权力具有统一性,故权力载体也应相应具有统一性。国家各级机构的设置可以在宪法中直接规定,或者由最高权力机构通过法律来规定,以确保设置的统一或协调。而在联邦制下,由于国家权力分散于联邦和各州,作为国家权力载体的国家机构也就不具有统一性,不应属于联邦专属立法权。

第二,在联邦制下,联邦专属事务范围由联邦宪法确定,而在法律保留模式下,保留范围不限于宪法的具体规定,法律也可以对保留范围进行补充规定。联邦制国家中联邦与州的权力划分必然要出现在联邦宪法之中,因为各州的立法权并不从属于联邦,联邦立法也无权调整各州立法机关。但在单一制国家中,法律保留事项的具体依据可以出现在宪法中,也可以出现在一般法律中,因为全国的立法权在来源上是一体的,中央立法机关作为最高权力机关,可以决定立法权的分配。虽然法律不能减少宪法明确要求应由法律保留的情形,但法律可以在宪法规定的基础上进一步扩张法律保留的事项范围。现实中,采用纵向法律保留模式的国家通过宪法、地方自治法或其他单行法律规定了大量法律保留条款。相比于在联邦制下宪法统一规定的模式,法律保留模式下的权力配置条款显得较为分散,但却更具体;联邦制国家分权条款通常来说较为冗长,且大多需要使用较为模糊的概念以便留下解释空间。与此相关,在联邦制国家,央地权力争议需要通过中立第三方机构,比如法院来裁决;而在单一制的法律保留中,中央立法机关可以直接决定。

第三,法律保留模式下,地方虽然也不能自行就法律保留事务进行规定,但中央立法机关可以授权地方立法机关规定保留范围内的事务;而联邦制国家的联邦则不能将自己的权力随意授予给各州,否则就违背了联邦宪法在联邦和州之间分权的初衷。法律保留模式下的授权内容并没有特殊限制,中央立法机关完全可以把明显带有中央性的事务授予地方立法机关。因为,在根本上,地方立法机关掌握的权力仍然属于中央。例如,我国全国人大常委会《关于授权深圳市人民代表大会及其常务委员会和深圳市人民政府分别制定法规和规章在深圳经济特区实施的决定》(以下简称《深圳授权决定》)在具体的授权表述中并未划定内容范围,[1]这意味着被授予深圳经济特区的权力中可以包括中央性立法权。事实上,目前深圳经济特区的立法中也确实含有部分中央事务。[2]可见,单就立法内容上的分权而言,单一制国家可以比联邦制国家更加彻底。当然,从另一个方面说,由于地方立法本身不具有宪法上的固有权力内容,中央立法权可以实现领域和内容的全面覆盖,也即法律可以选择保留一切事务,如此又可以形成高度集权的立法体制。

总之,法律保留不同于联邦制下的立法分权,其在形式上具有更高的权力集中度,在内容上则有更大的灵活度。这使央地关系有较大的调整空间,但也增加了权力配置过程中的不稳定性。

三、纵向法律保留的不同程度

在采用纵向法律保留模式的单一制国家中,并非所有国家都以同一标准贯彻法律保留的要求。按照保留的严格程度,我们可以将纵向法律保留分为严格的纵向保留和不严格的纵向保留两种模式。若严格贯彻纵向法律保留要求,那么若宪法仅授权法律保留某事项,则不仅地方立法不能规定该事项,法律也不进一步概括授权地方立法规定(但可能具体授权)。而在不严格保留的情形下,法律还进一步概括授权地方立法规定本由法律保留的事项。简单说,在严格的纵向法律保留模式下,立法机关针对保留事项不进行针对地方的概括转授权;而在不严格的法律保留模式

---

[1] 《深圳授权决定》中的具体要求为:"根据具体情况和实际需要,遵循宪法的规定以及法律和行政法规的基本原则,制定法规……"。

[2] 例如早期的《深圳经济特区与内地之间人员往来管理规定》《深圳经济特区有限责任公司条例》《深圳经济特区股份有限公司条例》《深圳经济特区劳务工条例》《深圳经济特区企业破产条例》以及近期的《深圳经济特区个人破产条例》《深圳经济特区商事登记若干规定》等均带有中央事务的色彩。

下,法律中存在概括转授权的情形。①此处的概括授权相对于具体授权存在,是指将某一领域的事项笼统地授权给其他立法机关,而具体授权则仅将领域中的个别事项授予其他机关。当然,概括和具体本身很难有十分明确的界分,在本章中,所有未具体到个别制度的授权均被认为是概括授权。

严格的保留和不严格的保留模式不仅是经验层面的现象,它们背后事实上也蕴含了不同的规范取向,体现了有差异的纵向法律保留理论。下文分述之。

(一) 不严格的纵向法律保留

不严格的纵向法律保留的代表国家是日本。该国宪法上规定了包括罪刑法定、租税法定在内的诸多法律保留事项。②就规范文义而言,日本宪法上这些法律保留条款同时针对内阁政令和地方自治团体条例,但实际上,日本地方自治法的规定在较大程度上弱化了宪法上法律保留条款在纵向维度的适用效果。如日本《地方自治法》第 14 条第 3 项规定:"除法律特别规定之外,普通地方公共团体在制定条例时可规定对违反条例者处以 2 年以下徒刑或监禁、100 万日元以下的罚金、拘留、科料、没收或处以 5 万日元以下的过料。"该规定在设定犯罪和刑罚方面对地方条例作了概括授权,且并不符合授权明确性原则。这也就意味着中央立法机关在罪刑法定原则之下将部分刑事立法权实质性地交给了地方自治团体。另比如日本《地方税法》第 3 条第 1 项规定:"地方团体对地方税的种类、课税客体、课税标准、税率进行规定时,应通过该地方团体的条例进行。"该条将课税自主权概括性赋予了地方公共团体。

日本学界在解释为何纵向法律保留可被突破时,通常认为,地方的条例也是经过民主机关审议决定的,具有民主性,实质上是准法律,因此对

---

① 本章未使用学界已约定俗成的"绝对法律保留"和"相对法律保留"概念,原因在于,一方面,严格的法律保留事实上并不绝对,其只是禁止概括转授权,但允许针对具体事项的转授权;另一方面,"绝对法律保留"和"相对法律保留"目前主要被用于针对行政法规的横向保留。为避免概念代入时产生误解,本章暂使用较为直白的"严格纵向保留"和"不严格纵向保留"。

② 如《日本国宪法》第 31 条规定:"不经法律规定的手续,不得剥夺任何人的生命或自由,或课以其他刑罚。"第 84 条规定:"新课租税,或变更现行租税,必须有法律或法律规定之条件作依据。"

其控制应较内阁政令宽松。①还有日本学者指出,条例与政令不同,只要在宪法所定的法律范围内即可制定,不需要法律的特别委任。②由此可见,日本理论界直接将横向法律保留所适用的理由套用于纵向保留,并得出了纵向保留不需要严格贯彻的结论。这种学说实际上与该国经济自由化的发展趋势一致,弱化了法律保留在纵向分权中的功能。

不过,纵向法律保留制度在日本虽不严格,却也并非没有意义。日本国内理论上一直以来存在有关财产权限制、刑罚、租税是否要按照宪法由狭义法律规定的争议,这客观上使法律保留的价值得以维持。③另外,尽管通说赞成对地方条例不实施严格的法律保留,但日本学界也提出了地方条例规定法律保留事项时所需要受到的限制。例如,有论者认为,财产权如果超越了某一地方的利害而关涉到全民的利害,或能够成为全国性交易对象时,对其内容的规制在原则上就必须通过法律。④另有观点指出:"具体而言,如果某种问题具有全国性(如性骚扰、青少年保护),且行为人可能越境移动,则通过地方条例课处刑罚,便有违宪之虞……若某一问题具有全国性且行为人并不跨境移动……通过条例而非法律规定刑罚便不成问题。"⑤可见,其学界已经逐渐发展出了以影响范围为基础的纵向法律保留理论。此外,日本地方条例虽然可以规定刑罚,但法律授权的仅是轻刑事处罚,这也体现了中央立法对地方条例的限制,也即国会的法律仍然保留了对重刑犯罪的处理权。

(二) 严格的纵向法律保留

在我国,纵向法律保留是严格的。这种严格性体现在《宪法》《立法法》和其他大多数法律规定的保留事项均不得由地方性法规规定。如《刑法》和《中华人民共和国税收征收管理法》明确将刑事责任和税收的设定权限制于狭义法律,而《中华人民共和国行政处罚法》和《中华人民共和

---

① 参见〔日〕芦部信喜:《宪法》,林来梵、凌维慈等译,北京大学出版社 2006 年版,第 324 页;〔日〕西田典之:《日本刑法总论》,刘明祥、王昭武译,中国人民大学出版社 2007 年版,第 35 页。
② 蔡秀卿:《地方自治法》,三民书局 2009 年版,第 201 页。
③ 参见李侑娜:《地方公共团体条例制定权的界限和扩张可能性——以地方分权改革在日本的展开为切入点》,载《日本法研究》2018 年第 4 卷。
④ 〔日〕芦部信喜:《宪法》,林来梵、凌维慈、龙绚丽译,北京大学出版社 2006 年版,第 324 页。
⑤ 陈鹏:《日本地方立法的范围与界限及其对我国的启示》,载《法学评论》2017 年第 6 期,第 147 页。

行政强制法》(以下均使用简称)均规定只有法律才能限制公民的人身自由。在对法律保留中的"法律"作狭义理解的同时,中央立法机关也不对地方立法机关进行概括授权立法。《立法法》第 12 条仅允许全国人大及其常委会将部分法律保留事项授权给国务院制定行政法规,而未规定可将这些事项授权地方人大制定地方性法规。故而,在我国,地方立法基本上不能染指法律保留事项,如人身自由等基本权利也实际上具有了划分央地权限的功能。

我国严格的纵向法律保留制度模式体现了一种较高程度的中央集权,这种中央集权在其他社会主义国家同样存在。例如《苏联和各加盟共和国行政违法行为立法纲要》(1980 年)第 12 条第 2 款规定:"本条第三至六项所列的行政处罚,只能由苏联和各加盟共和国的立法文件规定,而行政拘留,只能由苏联的立法文件规定。"[①]苏联作为联邦制国家却通过联盟法律完全垄断了行政拘留的处罚设定权,这与我国《行政处罚法》的立法模式十分类似,而与美国、德国等联邦制国家明显不同。另比如《越南刑法》第 2 条要求犯罪构成必须由刑法本身规定,《越南宪法》第 84 条将决定、修改和取消各种税收列为国会职权,这些制度安排亦与我国相似。

可见,在苏联、中国、越南等社会主义国家中,剥夺基本权利的措施常常被集中于中央(联盟)立法机关。该现象虽然并不绝对,[②]但也在一定程度上体现出了社会主义国家中央集权的特点。一种理论认为,社会主义国家的权利来源是带有集体主义色彩的,社会和国家的存在是个人权利的前提,个人权利是主权者通过宪法和法律对共同体内部的各种资源进行分配的产物。[③]社会主义国家这种对权利来源的认识根本上否认了基本权利的"天赋性",肯定国家权力对基本权利性质的决定性作用。[④]我国 1982 年宪法起草说明中也提到:"我们是社会主义国家,国家的、社会的利益同公民个人利益在根本上是一致的。只有广大人民的民主权利和

---

① 该条规定的行政处罚包括以下 7 类:(1) 警告;(2) 罚款;(3) 征收实施行政违法行为的工具或直接目的物;(4) 没收实施行政违法行为的工具或直接目的物;(5) 剥夺当事公民的专门权利(驾驶交通工具权,狩猎权);(6) 劳动改造;(7) 行政拘留。
② 如根据《苏联和各加盟共和国刑事立法纲要》,苏联的各加盟共和国亦有刑事立法权,故刑罚的设定权并非完全掌握于苏联立法。
③ 陈明辉:《中国宪法的集体主义品格》,载《法律科学》2017 年第 2 期。
④ 韩大元:《基本权利概念在中国的起源与演变》,载《中国法学》2009 年第 6 期。

根本利益都得到保障和发展,公民个人的自由和权利才有可能得到切实保障和充分实现。"因此,公民的自由和权利是从广大人民的民主权利和根本利益中推导出来的。在此认识之下,基本权利应由代表人民根本意志的国家宪法来确认并维护。地方立法在未得到宪法直接授权时,不能单以制定过程的民主性为由规定涉及基本权利的条款,甚至法律也不能在没有宪法允许的情况下直接授权地方立法来规定。

基于以上事实,我们发现,在社会主义国家,基本权利不仅可以解释横向法律保留,其同时也可以作为纵向法律保留的基础。不过两个维度背后的规范理由略有区别,在横向维度,涉基本权利事项需要法律保留的原因在于其对公民的重要性;在纵向维度,涉基本权利事项需要法律保留的原因在于其背后的社会主义政治要求。这种微妙的差异会带来制度安排上的不同。出于保护公民的重要利益的需要,限制基本权利的措施需由立法机关保留;而若出于社会主义政治的中央集权性考虑,限制基本权利的措施仅由立法机关保留是不够的,还需要由中央立法机关保留。不过需要强调的是,社会主义国家只是重视中央集权,但并非必然通过法律保留的形式来保障中央集权。前文所述的苏联即为联邦制国家,不存在纵向法律保留,但这并不妨碍苏联在分权制度下要求限制基本权利的措施由联盟立法规定。事实上,苏联作为一个联邦制国家,其集权程度大大超过了许多单一制国家。

除了基本权利限制措施的严格法律保留受到社会主义国家性质的影响以外,其他领域的立法权配置也体现着社会主义制度的中央集权色彩。熊彼特直接将社会主义称为"中央集权社会主义",在他的定义中,(中央集权)社会主义是指:"不是由私人占有和经营企业,而是由国家当局控制生产资料、决定怎样生产、生产什么以及谁该得到什么的那种社会组织。"[①]同时,他指出:"使用中央集权社会主义一词,其用意只在于表明不存在控制单位的多元化……尤其是不存在地区自治部门的多元化,这种多元化将很快重新产生资本主义社会的对抗。这样的排除局部利益很可能被认为是不现实的,可这是本质性的。"[②]从中可见,中央集权乃是社会主义制度存在的必然要求。这在立法上体现为与社会主义核心特征相

[①] 〔美〕约瑟夫·熊彼特:《资本主义、社会主义与民主》,吴良健译,商务印书馆1999年版,第25页。

[②] 同上书,第258页。

关的制度应当由中央立法保留规定,其中包括生产资料的所有制制度、产品分配制度以及维护上述经济关系的政治制度。

以我国为例,如自然资源的权属制度等涉及基本经济制度的事项需要由法律严格保留。原因在于,地方立法若被概括授权规定基本经济制度事项,则会事实上破坏社会主义公有制,造成生产资料无法真正为全民所有。相似地,税收制度关联着财富的分配,与社会主义基本经济制度密切,亦需中央立法严格保留。社会主义在发展生产力的同时特别强调要避免两极分化,实现共同富裕。如何在不同群体之间形成合理的利益分配涉及社会主义国家的根本目标。目前,我国欠发达地区的劳动力大量转移至发达地区,而发达地区的税收通过大规模转移支付反哺欠发达地区。如果税收立法不是主要由中央规定,那么这就意味着地方可以决定征收部分地方化的税款并将之用于地方;而"取之于本地,用之于本地"的制度会破坏全国财政统一,导致贫困地区得不到充分的物质分配。与之相关,为了实现社会主义下的资源分配,具体负责实施的国家机构应当有能力进行统一协调。因此政府组织相应地需要进行以集权为目的的统一化的设计,这就需要组织事项由中央保留,而不能完全授权于地方。再者,我国刑法先前被认为是人民民主专政的工具,即统治阶级镇压反对者的工具。[1]专政的功能即在于维护社会主义公有制及劳动产品的平等分配。[2]这一定位使刑法成为统治手段而非单纯的社会治理手段,因而带有极强的政治色彩。若将规定刑事措施的权力概括性授予地方,则事实上分散了中央的专政权力。

总之,社会主义的国家基于其特殊的制度特点,需要将诸多权力集中于中央,而不能轻易将它们概括性授予地方。因此,我国《宪法》第1条中"社会主义制度是中华人民共和国的根本制度"的规定即在规范上要求我国采取严格的纵向法律保留立场。[3]不过,社会主义国家中所有的纵向法律保留是否均应当采用严格模式仍值得讨论,下文将结合具体规范作进一步的研究。

---

[1] 高铭暄:《我国刑法是人民民主专政的工具》,载《法学杂志》1990年3期,第2页。
[2] 梅荣政:《社会主义需要人民民主专政的权威》,载《武汉大学学报(社会科学版)》1991年第4期,第10页。
[3] 当然,并非所有社会主义国家都采用法律保留的模式进行央地立法权分配。前文所述的苏联即为联邦制国家,不存在纵向法律保留。但这并不妨碍苏联在分权制度下进行高程度的中央集权。事实上,苏联作为一个联邦制国家,其集权程度大大超过了许多单一制国家。

四、我国纵向法律保留的规范依据

纵向法律保留的规范依据包括一般和个别两个层面,它们决定了纵向保留的范围大小。其中,个别规范在横向保留和纵向保留中通用,规定权力配置的具体情形;而一般规范作为个别规范的基础,在横向和纵向之间并不一致。正是由于一般规范的不一致,个别规范在横向和纵向法律保留中存在适用上的差异,纵向和横向保留中未列举情形的范围亦有区别。

(一) 纵向法律保留的个别规范依据

纵向法律保留的个别规范依据包括宪法和法律中所有规定法律保留的条款。根据笔者统计,宪法中提及"法律"的实体规定共87处,其中表述为"法律规定"的有50处,包括"依照法律规定"31处,"依照……法律规定"2处,①"由法律规定"12处,"在法律规定的范围内"3处,"以法律规定"1处,"除法律规定的特别情况外"1处。笔者认为,这50处"法律规定"均为宪法上的法律保留条款。而其余37处则是在笼统意义上提及"法律",大多不涉及法律保留的问题,如第5条第4款中的"遵守宪法和法律",第33条第2款中的"法律面前一律平等",第64条第2款中的"法律和其他议案"等;但其中也有少量条款具有法律保留的性质,如第34条中的"依照法律被剥夺政治权利",第55条第2款中的"依照法律服兵役"等。

关于上述50项法律保留条款中的"法律规定"中的"法律"是否均应作狭义理解可能会有不同看法。例如,根据《宪法》第13条第2款,国家是否只能按照"法律规定"来保护私有财产和继承权?②针对该问题,回答在原则上是肯定的。若综合宪法条文的体系结构,上述50处"法律规定"中的"法律"确应作狭义理解,原因包括如下两个方面:

其一,以上50处规范均表述为"法律规定",而不是泛泛地指称法律。强调"法律规定"意在突出法律作为直接规范依据的地位,体现了条文的

---
① 分别为第18条和第115条。
② 该款规定:"国家依照法律规定保护公民的私有财产权和继承权。"

具体性,故其中的"法律"应作狭义理解。事实上,我国《宪法》中的"规定"均具有具体指向。除了包含"法律规定"的条文外,另如第43条第2款规定:"国家发展劳动者休息和休养的设施,规定职工的工作时间和休假制度。"第67条规定:"全国人民代表大会常务委员会行使下列职权……(十六)规定军人和外交人员的衔级制度和其他专门衔级制度;(十七)规定和决定授予国家的勋章和荣誉称号……"①

其二,宪法要求由"法律规定"调整的事项往往带有基本性,体现了法律保留的必要。如《宪法》第9条第1款和第2款就形成了鲜明对比。该条第1款规定:"矿藏……等自然资源,都属于国家所有,即全民所有;由法律规定属于集体所有的森林……除外。"第2款规定":国家保障自然资源的合理利用,保护珍贵的动物和植物。禁止任何组织或者个人用任何手段侵占或者破坏自然资源。"第2款中没有强调自然资源的利用必须依照法律,因为自然资源利用制度和所有制度在性质上存在差异,前者属于行政管理秩序范畴,而后者主要涉及基本经济制度。要求基本经济制度由法律保留,体现了制宪者的特殊考虑。相似地,《宪法》第13条中所提及的私有财产权和继承权带有基本权利性质,对公民而言具有重要性;并且,保护私有财产意味着对他人利益或公共利益进行限制,故此方面事项由法律保留规定并无不当。尽管有学者指出,"依照法律规定""依照法律""依照……法律的规定"中的"法律"是从立法体系这一实质意义上来使用的。但若落实到《宪法》的具体规定上,持该观点的学者也认为,基本权利和基本义务以及国家机构的职权等只能由形式法律来设定;另外,"由法律规定""由全国人大以法律规定"代表了一种宪法委托,其对象只能是形式法律。②

在确认上述50个"法律规定"条款具有法律保留功能的基础上,我们可将它们大致分为三类:第一类,国家重要制度。这类条款大多出现于宪法"总纲"部分,如规定集体经济制度的第8条第1款,③规定外商投资制

---

① 相似的还有第89条:"国务院行使下列职权:……(三)规定各部和各委员会的任务和职责,统一领导各部和各委员会的工作,并且领导不属于各部和各委员会的全国性的行政工作;(四)统一领导全国地方各级国家行政机关的工作,规定中央和省、自治区、直辖市的国家行政机关的职权的具体划分;……"
② 参见韩大元、王贵松:《中国宪法文本中"法律"的涵义》,载《法学》2005年第2期。
③ 该款末句规定:"参加农村集体经济组织的劳动者,有权在法律规定的范围内经营自留地、自留山、家庭副业和饲养自留畜。"

度的第 18 条第 1 款。① 第二类,基本权利和义务。这类条款主要出现在《宪法》第 2 章"公民的基本权利和义务"部分,如规定政治权利的第 34 条,②规定公民纳税义务的第 56 条。③ 另外,部分涉及基本权利的条款也出现在第二章以外的部分,如总纲中规定征收、征用制度的第 13 条第 3 款。④ 第三类,国家机构的组织和运行事项。这类条款主要出现在《宪法》第 3 章"国家机构"部分,如规定人大代表质询权的第 73 条,⑤规定罢免问题的第 77 条。⑥ 以上三类事项亦体现在《立法法》第 11 条的列举项中,它们构成了我国法律体系中需要法律保留的三大内容板块。不过《立法法》第 11 条的列举项虽然有不少与《宪法》规定重合,但也有部分存在区别。如《宪法》上关于国家重要制度的法律保留条款主要涉及的是社会主义国家的基础性制度,如基本经济制度;而《立法法》所规定的需要法律保留的重要制度除了基本经济制度外,还包括众多行政管理和社会生活中的制度,如民事基本制度,以及财政、海关、金融和外贸的基本制度等。

除了《宪法》和《立法法》外,我国《行政处罚法》《行政许可法》《行政强制法》《税收征收管理法》《民法典》等法律也规定了大量的法律保留事项。这些规定为清晰划定法律保留的范围提供了标准,但它们在被适用时仍然存在诸多争议。例如,《立法法》第 11 条中所谓的"民事基本制度"的边界究竟何在?实践中,有许多地方性法规在中央统一立法之前规定了不动产物权登记制度,关于这类规定的合法性,全国人大和地方人大的观点并不一致。⑦ 另外,法律保留的个别规范所形成的三大内容板块的边界又在何处?除了宪法和法律已经列举的情形外,是否还包括其他的情形?

---

① 该款规定:"中华人民共和国允许外国的企业和其他经济组织或者个人依照中华人民共和国法律的规定在中国投资,同中国的企业或者其他经济组织进行各种形式的经济合作。"
② 该条规定:"中华人民共和国年满十八周岁的公民,不分民族、种族、性别、职业、家庭出身、宗教信仰、教育程度、财产状况、居住期限,都有选举权和被选举权;但是依照法律被剥夺政治权利的人除外。"
③ 该条规定:"中华人民共和国公民有依照法律纳税的义务。"
④ 该款规定:"国家为了公共利益的需要,可以依照法律规定对公民的私有财产实行征收或者征用并给予补偿。"
⑤ 该条规定:"全国人民代表大会代表在全国人民代表大会开会期间,全国人民代表大会常务委员会组成人员在常务委员会开会期间,有权依照法律规定的程序提出对国务院或者国务院各部、各委员会的质询案。受质询的机关必须负责答复。"
⑥ 该条规定:"全国人民代表大会代表受原选举单位的监督。原选举单位有权依照法律规定的程序罢免本单位选出的代表。"
⑦ 参见向立力:《地方立法发展的权限困境与出路试探》,载《政治与法律》2015 年第 1 期。

由此可见,对法律保留适用范围的理解还必须依赖对其背后的一般规范的阐释。

(二) 纵向法律保留的一般规范依据

横向法律保留的一般规范基础是法治国原则和民主原则,但前文已述,此二原则无法作为纵向法律保留存在的理由。纵向法律保留的一般规范依据强调的是部分事项应当由中央立法来统一规定,并排除地方的规定权。在我国,与此直接对应的规范是《宪法》3 条第 4 款中的中央统一领导原则。《宪法》3 条第 4 款规定:"中央和地方的国家机构职权的划分,遵循在中央的统一领导下,充分发挥地方的主动性、积极性的原则。"根据该款,中央统一领导是前提,地方的主动性和积极性不能破坏中央统一领导。这与联邦制下联邦与州在宪法上平等的制度安排不同。在我国宪法之下,中央处在基础地位,对地方具有支配力,因此,中央可以选择针对地方保留部分权力,甚至可以保留全部的权力。

那么,在中央统一领导之下,中央立法机关应当保留哪些事务? 显然,全部保留是不合适的,那会违反宪法有关保障地方主动性、积极性的要求。若从笼统意义上说,中央立法应当保留那些全国性的重要事项。如有学者指出:"中央要'集'那些至关重要之大权……要'放'那些能让地方发挥自主权之小权……"[①]这是因为,"领导在本质上是一种'统领全局的导向性行为',而非事必躬亲的中央集权"[②]。但仅讨论到这个层次尚不足以为具体规范的解释提供帮助,进一步深挖中央统一领导的具体指向仍有必要。

中央统一领导在我国首先是党中央的集中统一领导,《宪法》第 1 条指出:"中国共产党领导是中国特色社会主义最本质的特征。"因此,党的文件中关于中央和地方关系的论述应当作为判断当下中央统一领导范围的重要参考。党的十九届四中全会决定特别提及了"中央和地方两个积极性",并指出要"加强中央宏观事务管理,维护国家法制统一、政令统一、

---

① 上官丕亮:《中央与地方关系法治化的宪法文化思考》,载《云南大学学报(法学版)》2011 年第 5 期。

② 王建学:《中央的统一领导:现状与问题》,载《中国法律评论》2018 年第 1 期,第 48 页。

市场统一"①。可见,法制统一、政令统一和市场统一是中央统一领导在国家治理过程中所要实现的目的。而这三者间相互联系,从逻辑上说,法制统一是前提,政令统一和市场统一需要建立在法制统一的基础上。如果各地法规、规章与中央不协调,那么中央政令的贯彻就会受到阻碍,全国统一市场也会受到影响。因此,中央统一领导在国家治理领域首要就是实现全国法制统一,实现了法制统一之后自然可以保障政令统一和市场统一。而与法制统一直接相关的规范是《宪法》第5条第2款所规定的社会主义法制统一原则。

综上,在我国,纵向法律保留的一般性规范基础主要包括第3条第4款的中央统一领导原则和第5条第2款的社会主义法制统一原则。其中,社会主义法制统一是主要目标,而中央统一领导是实现该目标的保障手段。

(三) 纵向保留规范背后的理据

既然中央统一领导在法制工作方面的目标是实现社会主义法制统一,那么接下来的问题是,在法制统一原则下,哪些事项需要中央立法统一规定。这涉及对纵向法律保留条款背后规范理据的进一步理解。2000年《立法法》刚制定时,时任全国人大常委会法工委国家法行政法室副主任的张世诚就在解读文章中谈到:"维护法制的统一,关系到与国家的意志、党的方针保持一致的政治原则;维护法制的统一,也关系到社会主义市场经济的统一形成和发展。"②该论述中涉及的政治一致和市场经济统一亦与前述十九届四中全会决定中的政令统一、市场统一相吻合。所以,法制统一在我国的意义有两个方面,一是确保政治上的统一,二是确保市场的统一。这就是我国中央立法保留规范背后的实质理由,与其他国家的规范理由既存在重合,也存在一定的差异。

首先,法制统一中的政治统一维度在我国呈现出较大的独特性。虽然一定程度的政治统一在所有国家都存在,如美国、德国等联邦制国家也需要确保外交、国防、国家象征等主权事务由联邦负责立法,日本等单一

---

① 《中共中央关于坚持和完善中国特色社会主义制度推进国家治理体系和治理能力现代化若干重大问题的决定》,载《人民日报》2019年11月6日第1版、第5版。
② 张世诚:《立法法的基本原则及立法权限的划分》,载《中国行政管理》2000年第4期,第3页。

制国家则会进一步统一规定国家机构的组织、运行事务;但在这些国家中,诸多与政治统治相关的事务并未被认为具有政治意义,也没有完全由联邦或中央立法掌握。而在作为社会主义单一制国家的中国,政治层面的统一不仅包括国家主权事务、国家机构等,也包括对基本权利的剥夺(如刑罚制度)以及资源的汲取和分配制度(财税制度、自然资源制度)等。受社会主义国家性质的影响,这些制度不仅需要法律保留,甚至需要贯彻严格的纵向法律保留,即禁止中央立法机关将宪法确定的有关政治统一的事务概括转授权地方立法机关规定。

之所以在我国要将刑罚、税收、自然资源等制度的法律保留归因于政治统一需要,除了前述社会主义国家性质的影响外,还因为这些制度对我国这个发展不平衡的大国的政治统一有不可忽视的功能。有学者即指出,在中华人民共和国成立之初,相比"诸侯经济",中央更担心的是"诸侯政治"。[①]将上述重要社会治理工具保留于中央立法机关有助于在发展不平衡阶段有效维持国家统一,并维护公民在法律上的平等地位。根据既有研究,在一个具有文化、民族差异的国家,如果政治和经济分权程度过大,"那么地方政治家就很可能选择分裂主义政策,结果将导致中央财政恶化";而"如果中央不够强大,无法有效地协调地方政府之间的关系和执行财政纪律,则地方政府很可能发生搭便车和过度放牧行为"[②]。可见,地方不具有独立的财政自给能力是一个发展不平衡的大国保障政治统一的必要条件。我国近些年所出现的乱罚款、乱摊派现象也凸显出赋予地方独立财税权力的风险。另外,仅强调民主的保障可能无法真的保障公民的基本权利。在《美国联邦宪法》第14条修正案通过之前,权利法案并不调整各州政府,也即各州没有保护基本权利的义务。这种奇怪的制度安排事实上是为了维护各州既有的奴隶制。[③]但即便在第14条修正案之下,美国联邦立法也无权对基本权利事务进行保留,只能通过不抵触的原则实现调整,即要求州政府不得不经正当法律程序剥夺公民基本权利。而我国中央立法直接保留这些内容,相比较而言,可以对公民施加更高程

---

① 刘文沛:《新中国政府体制的建构与苏联因素(1949—1954)》,复旦大学2013年博士学位论文,第141页。

② 杨其静、聂辉华:《保护市场的联邦主义及其批判》,载《经济研究》2008年第3期,第105页。

③ 参见崔之元:《关于美国宪法第十四条修正案的三个理论问题》,载《美国研究》1997年第3期。

度的保护。

不过,涉及社会主义政治统一的事务并非绝对需要采用严格保留模式。例如前文提及的《宪法》第 13 条第 2 款虽然强调应由法律规定保护公民私有财产权和继承权的措施,但中央立法机关若概括授权地方立法机关制定保护此类合法权益的规范,似乎并不会对基本权利或社会主义国家目标的达成产生不利影响。完全禁止中央立法机关向地方立法机关作概括授权,也不符合《宪法》第 3 条第 4 款中关于发挥地方主动性、积极性的要求。故本书主张,当与政治统一相关的事务不涉及限制基本权利措施或社会主义国家的基础性制度时,没必要贯彻严格的纵向法律保留。

其次,法制统一中的市场统一维度在各个国家均体现出相似性。商品和要素的自由流动在整体上最有利于经济效率,因此,市场经济天然地呼唤统一。我国曾因为商事制度不统一而出现过一定程度的混乱,[①]但经过长期的调整,目前我国的公司制度、证券制度、银行制度等均已实现了全国一体。世界范围内,不论在何种政治体制下,与市场交易有关的制度都是高度统一的。[②] 当然,各国对市场统一的范围可能存在不同理解,如《美国联邦宪法》规定的"州际贸易"行为在实践中被认为既包括交易行为,也包括生产行为。[③] 故诸如安全生产、劳动者保护等事务在美国均属于州际贸易事务。不过,从历史的角度观察,美国法院对州际贸易概念作宽泛理解本质上是为了给予联邦更大的权限。中国的情况与美国不同,我国的立法机关拥有全面而广泛的立法权,不需要通过概念的扩张来增加立法领域。因此在我国,市场统一原则覆盖的应当是和市场交易、流通直接相关的事务,如商事制度、金融、交通运输等;而诸如安全生产、劳动者保护等事务与市场交易、流通并不直接相关,不需要由中央立法保留规定。

就保留强度而言,涉及市场统一的事务并不直接与基本权利或社会主义国家性质关联,故没有必要贯彻严格的中央立法保留。在必要的情况下,中央立法机关甚至可以向地方立法机关作概括授权。我国全国人

---

① 参见谢怀栻:《是统一立法还是地方分散立法》,载《中国法学》1993 年第 5 期。
② 可参考本书第二章相关论述。
③ 在 1937 年的劳夫林案后(NLRB v. Jones & Laughlin Steel Corp),美国联邦最高法院就已经放弃了"生产—贸易"二分法。See Norman Redlich, John Attanasio, Joel K. Goldstein, *Understanding Constitutional Law*, LexisNexis, 2005, p.134.

大对经济特区所在地立法机关的授权就属于此类。如根据全国人大常委会《深圳授权决定》而制定的《深圳经济特区股份有限公司条例》《深圳经济特区个人破产条例》等即起到了预先试验的作用,为后续全国性立法的制定积累了宝贵的经验。事实上,经济特区以外的地方亦可在必要时有限度地获得中央立法机关在涉及市场交易、流通事务方面的概括授权。举例说,全国人大及其常委会可以授权地方立法机关在市场监管、邮政管理、电信管理等领域进行立法,以补充中央立法的规定。①但需要强调的是,作为非经济特区的地方,即便获得中央立法机关授权,也不能变通目前我国法律中调整央地关系的特别条款。如《行政强制法》第10条第3款规定:"尚未制定法律、行政法规,且属于地方性事务的,地方性法规可以设定本法第九条第二项、第三项的行政强制措施。"根据该条,地方性法规在先行规定中央事务时,不得就这些事项设定强制措施。②

另外,在部分情况下,市场统一维度还会与政治统一维度发生交叉。例如,限制人身自由、通信自由等措施的规定权由法律保留即具有双重原因。一方面,人身自由、通信自由作为公民基本权利,具有政治上的重要性,需要中央立法保留;另一方面,这些自由也与经济活动有关,若它们被地方立法限制,则可能会有损全国市场统一。再比如,与政治统一密切相关的财税制度也涉及市场统一的问题。《国务院关于实行分税制财政管理体制的决定》(国发〔1993〕85号)就指出:"中央税、共享税以及地方税的立法权都要集中在中央,以保证中央政令统一,维护全国统一市场和企业平等竞争。"

以上关于纵向法律保留范围的一般规范理论亦可被称为是一种"重要性理论",但其与德国联邦宪法法院发展出的针对横向保留的重要性理论不同。横向法律保留理论中的"重要性"是从公民角度出发,避免重要权益被行政的恣意所剥夺;而纵向保留理论中的"重要性"则是从国家角度出发,避免地方侵夺中央的权力。纵向保留中某事项具有重要性意味

---

① 目前,部分地方性法规在欠缺中央立法明确授权的情况下,直接在这些属于中央事务的领域中制定地方性法规,这并不符合法律保留原则的要求。
② 另比如《行政许可法》第15条第2款规定:"地方性法规和省、自治区、直辖市人民政府规章,不得设定应当由国家统一确定的公民、法人或者其他组织的资格、资质的行政许可;不得设定企业或者其他组织的设立登记及其前置性行政许可。其设定的行政许可,不得限制其他地区的个人或者企业到本地区从事生产经营和提供服务,不得限制其他地区的商品进入本地区市场。"基于此规定,地方性法规在获得授权规定中央事务时,不得设定特定类型的行政许可。

着该事项在全国范围内统一相比分散而言具有更大的价值。基于两种重要性的区别,横向保留与纵向保留针对相同事项可能会表现出程度和范围上的差异。如金融制度并不必然涉及对基本权利的限制,此时,没有必要施加横向法律保留维度的限制。但鉴于金融制度直接关系全国统一市场的形成,地方不能随意干预,地方立法的规定权应受到纵向法律保留原则的限制。

至此,本章通过对规范依据及其背后理据的梳理,已大致勾勒了我国纵向法律保留存在的范围和程度。在我国立法体系之内,需要为中央立法所保留的事项包括带有政治统一性必要和市场统一性必要的事项。而在法律保留的个别规范集中出现的三大内容板块中,关于国家机构组织和基本权利的规范涉及政治统一维度;关于国家重要制度的规范则部分涉及政治统一维度(如基本经济制度),部分涉及市场统一维度(如金融制度)。除此以外,宪法和法律未列举的事项若存在政治统一或市场统一的必要,则应当由法律保留。例如,国内贸易制度在《立法法》第11条中并未列举,但基于市场统一的考虑,其应当由中央立法保留;而像新兴的数据权利则既具有政治上的重要性,也具有市场流通的价值,更应当由中央立法保留。就保留强度而言,与政治统一相关的事项一般要贯彻严格的纵向保留,但若不涉及限制基本权利措施或社会主义国家的基础性制度,则可不必采取严格的保留模式;涉市场统一事项不需要贯彻严格的纵向法律保留,但中央立法机关在进行授权时,不应违背目前我国法律中调整央地关系的特别规定。①

五、纵向法律保留下的立法权配置

综合纵向法律保留的范围和程度两个方面的考虑,前述三大领域中的个别保留规范的适用可进一步精确化。

(一) 限制权利的措施保留

限制权利的措施包括刑罚、行政处罚等制裁措施,也包括征收、税收

---

① 根据上述观点,目前《立法法》上只允许全国人大及其常委会授权国务院制定行政法规的规定应当得到调整,地方性法规亦有必要被纳入授权立法的范围。

等非制裁措施。这些措施的运用意味着对自由、财产等权利的剥夺。但不同措施所剥夺的权利性质不同,其中有宪法所规定的基本权利,也有普通法律乃至行政法规、地方性法规、规章所规定的权利。若承认在社会主义国家,权利系法规范所创制,则限制权利措施的设定权应当由创设该权利的规范的同位规范保留,否则在上下位法之间会产生逻辑上的冲突。也即宪法创设的基本权利应当由宪法规定剥夺措施,法律创设的权利应当由法律规定剥夺措施,依此类推。不过,创设权利的规范可以授权其下位规范剥夺该权利,如宪法可以授权由法律来规定限制基本权利的措施。但若宪法未作授权,则一般法源文件不能规定,故而我国的行政法规、地方性法规、规章原则上无权设定刑罚、税收、征收等剥夺基本权利的措施。

当然,授权包括概括授权和具体授权两类。在限制权利的措施方面,概括授权是指允许下位法规定该措施,但不指明适用条件或适用的幅度。如将某种刑罚的设定权概括性授予下位法,即意味着下位法可以任意规定以某种刑罚为后果的犯罪的构成要件,或就该刑罚的幅度作任意规定。在严格保留模式下,概括性授权只能由权利的创设规范完成,也即不能进行概括性转授权;如宪法所创设的基本权利只能由宪法概括授权法律或地方性法规剥夺,但法律不能再次概括授权地方性法规剥夺宪法创设的基本权利。但在不严格的法律保留模式下,概括转授权可在一定程度上被允许,拥有国家统一立法权的最高权力机关仍然可以通过法律的形式概括授权地方立法机关规定剥夺基本权利的措施。

我国在社会主义国家性质的影响下,剥夺基本权利的措施应当采用严格保留的模式。故法律不应将宪法创设的基本权利的剥夺措施概括转授权给其他主体。但基于实践的复杂性,具体的授权应当被允许,这也是功能适当原则的体现。如我国《刑法》将部分犯罪构成要件的规定权交给"XX管理法规",[①]此为针对个罪构成要件的具体授权。被授权的"管理法规"从横向角度说为行政法规,而纵向角度说则可为地方性法规。另如《中华人民共和国环境保护税法》第 6 条规定:"……应税大气污染物和水污染物的具体适用税额的确定和调整,由省、自治区、直辖市人民政府统筹考虑本地区环境承载能力、污染物排放现状和经济社会生态发展目标要求,在本法所附《环境保护税税目税额表》规定的税额幅度内提出……"

[①] 现行《刑法》中共出现了 10 处"管理法规",涉及交通运输、消防、土地、劳动、药品等领域。

此为针对适用幅度的具体授权。鉴于该法未明确省级人民政府确定税额的形式，被授权的省级政府应可以通过地方政府规章甚至规范性文件的形式作出决定。具体授权相对来说范围有限，且较为明确，不会实质性破坏权力分配的整体结构，故此规定模式可被接受。

（二）组织性事务保留

组织性事务包括两类规范，一类是调整组织和组织间关系的规范，即国家权力结构规范；另一类是调整组织内部关系的规范，即组织内部结构规范。成立新的管理组织，涉及组织间关系，但组织中增减机构则仅涉及组织内部问题。有学者将此归纳为组织权力的第一次分配和第二次分配。① 此处所称的"组织"并非所有具有机关法人地位的组织，而是特指宪法意义上的组织，即从中央到地方各级的立法、行政、司法、监察权的享有主体。如《宪法》第 105 条规定："地方各级人民政府是地方各级国家权力机关的执行机关，是地方各级国家行政机关。"这说明行政权的享有主体从宪法上说是各级人民政府，而一级人民政府的组成部门属于行政权的内部结构，不在整体上承受行政权。

在单一制国家，国家权力结构需要具有整体性和协调性，故而中央和地方所有的立法、行政、司法、监察权力之间的纵向与横向关系应当由最高国家权力机关统一掌握，均属于法律保留事项。我国《宪法》第 78 条、86 条、95 条、124 条、129 条和 135 条构成了组织性法律保留的个别规范基础，法制统一原则中的政治统一维度则构成了组织事项保留的一般规范基础。以行政组织为例，上级人民政府和下级人民政府之间的关系需要由法律规定，其他形式的法源文件不能创设新的地方政府，或者创设在实质意义上行使地方政府权力的机构。所以，在未获得授权的情况下通过地方性法规设立开发区管理机构的做法即不符合法律保留原则，因为这相当于实质上产生了一个类似于一级人民政府的机构。并且，组织性事项与社会主义国家性质相关，应当奉行严格的法律保留；在宪法直接要求组织性事项由法律保留的前提下，法律也不应概括性授权地方立法机

---

① 如王锴教授指出："宪法保留从事的是国家权力的第一次分配……至于这些权力之下的二次分配（比如行政下再分审计、公安等），不适合由具有高度稳定性的宪法典来规定。"王锴：《论组织性法律保留》，载《中外法学》2020 年第 5 期。

关设立开发区管理机构。当然,地方性法规可以在中央立法机关的具体授权之下设立类似机构(如全国人大常委会授权在个别地区设立开发区管理机构),以回应经济发展实践的需要。

另一个方面,一个组织内部结构并不影响国家整体的权力结构,因此并不需要法律保留,而可以由该组织自行决定。不过,由组织自行决定并不意味着由地方组织自行决定。以行政组织为例,虽然地方政府组成部门的设置权被保留于行政系统内部,①但根据《地方各级人民政府机构设置和编制管理条例》(以下简称《机构设置和编制管理条例》)的规定,机构设置方案需要报上级人民政府批准。②这是我国行政机关保持上下机构对应的必然要求,当打破了机构对应时,单一制国家的许多调控政策可能难以贯彻,或者出现大量的协调困难。③行政编制的控制比机构设置更加严格。虽然若从信息和效率原则出发,确定人员编制的权力适宜由各个机构自行掌握,但人员编制问题亦涉及财政经费,在我国预算软约束以及中央财政兜底的背景下,这项权力仍然需要由中央保留。目前我国《宪法》第89条直接将编制审定的权力赋予国务院,采用了最高行政机关保留的模式。

在行政组织的纵向保留中,相对复杂的问题是组织的职权是否需要中央立法保留。不同于机构和编制,职权具有对外部相对人的影响,并且职权配置也涉及不同组织之间的关系,因而此类规范有接受立法机关保留的必要。不过,有关职权的规范内部还可以作进一步的分类。仍然以行政组织为例,与职权相关的规范可以分为宏观和微观两个层面,宏观层面的规范被称为"组织规范",即将行政事务分配给不同行政机关的法律规范;微观层面的规范被称为"根据规范",即在组织规范规定的所辖事务范围内,立法机关事前承认行政机关的具体活动、并规定其实体要件和效

---

① 《地方组织法》第79条第1款规定:"地方各级人民政府根据工作需要和优化协同高效以及精干的原则,设立必要的工作部门。"

② 《地方各级人民政府机构设置和编制管理条例》第9条规定:"地方各级人民政府行政机构的设立、撤销、合并或者变更规格、名称,由本级人民政府提出方案,经上一级人民政府机构编制管理机关审核后,报上一级人民政府批准……"

③ 我国地方政府设置的综合诸多行政机关行政许可权限的行政审批局即出现了纵向协调上的困难。参见沈毅、宿玥:《行政审批局改革的现实困境与破解思路》,载《行政管理改革》2017年第5期。

果的法律规范。① 组织规范事实上并未直接影响外部相对人,这类规范可比照组织内部机构的设置规范,由行政机关自行规定。而根据规范直接影响相对人的权利义务,从横向保留的角度说,其应由立法机关制定。但根据规范本身涉及的都是具体事务,大多数并不带有政治统一的必要性;故除了内容直接涉及政治统一、市场统一的规定外,这类规范不需要由中央立法保留。

(三) 其他重要制度保留

除基本权利和组织事项以外的其他需要中央立法保留的制度,也均可被归入到有政治统一必要或市场统一必要这两类当中。

因政治统一必要而应由法律保留的重要制度包括《宪法》第 8—11 条、第 16 条、第 17 条规定的基本经济制度,第 31 条规定的特别行政区制度,第 111 条规定的基层群众自治制度,第 115 条规定的民族区域自治制度以及《立法法》第 11 条规定的国家主权制度、财政基本制度、海关基本制度、诉讼和仲裁制度等。上述事务若是根据宪法的规定需要法律保留,则其应被法律严格保留,不得由中央立法机关转授权地方立法机关。

因市场统一而应由法律保留的制度包括《宪法》第 10 条第 4 款规定的土地使用权转让制度,第 18 条第 1 款规定的外商投资制度和《立法法》第 11 条规定的民事基本制度以及金融和外贸的基本制度。此外,国内贸易、交通运输、快递物流、市场监管等领域的事务亦与市场统一直接相关,应当由中央立法保留规定。而与市场流通无直接联系的环保、安全生产、消防、劳动者保护等则不必纳入中央立法保留的范围。

在这其中,民事基本制度是否必须由中央立法保留尚可进一步讨论。事实上,民事制度中的合同制度和物权制度明显与市场交易相关。合同制度本身是商事制度的核心,各地合同制度如若不相同,则交易将难以进行。物权制度的统一有助于维护当事人对物的信赖,减少检索物上负担的成本,从而降低交易成本;物权法定也有利于司法裁判标准的统一,否则同一名称的物权在不同法官处的含义是不一样的,司法审判将无法进

---

① 王贵松:《行政活动法律保留的结构变迁》,载《中国法学》2021 年第 1 期,第 126 页。

行。[①]然而,同样属于民事制度的婚姻家庭制度、侵权责任制度则与市场交易并不直接相关,虽然中央立法机关可以规定有关事宜,但并没有必要将它们纳入中央立法保留的范围。另外,如前已述,与涉政治性问题的事务不同,以上涉市场交易的事务即便需要法律保留,中央立法机关亦可通过概括授权方式允许地方立法机关进行规定。当然,在实践中,市场经济天然的一体性会促使中央立法机关谨慎进行此类授权。

六、本章小结

法律保留原则的深层含义在传统理论中未被完全揭示。虽然该原则被创立的初始目的在于实现立法权对行政权的控制,但这并不意味着法律保留的适用只能针对横向维度。准确地说,法律保留是一种权力"配置"模式,而非权力"分配"模式;该模式不是要在保留主体和保留所针对主体之间进行彻底的权力划分,而只是要实现领导者对从属者的权力控制。因此,在诸如联邦制这样的分权模式下,联邦和州的权力相互平行,联邦不能向各州授予联邦立法权;而在单一制国家的法律保留模式下,中央立法机关则可以在一定程度上向地方立法机关授予保留范围内的立法权,且这种授权本身还可能存在程度的区别。

我国作为单一制国家,采用法律保留的模式而非分权模式进行央地立法权的配置。通过对我国《宪法》《立法法》和有关法律条文背后的规范理据的分析,可以发现,政治统一和市场统一是影响法律保留范围的主要考量因素。同时,我国作为社会主义国家,在涉及基本权利限制和社会主义国家基础制度的方面,需要贯彻严格的法律保留。规范角度的分析可与相关经验研究相呼应,为明确我国中央和地方的立法关系提供学理支持。

[①] 王利明:《物权法研究》(上卷),中国人民大学出版社 2007 年版,第 160 页。

第二章 立法中的"地方性事务"*

【本章提要】 "地方性事务"概念体现了立法权在中央与地方之间的分配。在我国的立法体系中,"地方性事务"具有厘定地方立法适合的存在范围、解决部门规章和地方性法规之间的冲突、辅助解释"不抵触"概念等多方面的功能。联邦制与单一制国家或地区的央地立法分权实践虽然杂乱,但仍然可从中总结出若干规律。根据我国宪法规定,并结合不同学科的学理讨论及各国制度实践,地方性事务的范围受职能下属化原则、市场统一原则和中央权威原则的影响。基于上述原则的理论内涵,可按照事务性质的不同维度构造阶梯式的地方性事务识别模式,从而相对精确地认定每一个立法条文制定权的归属。

一、"地方性事务"在我国法律体系中的功能

我国立法体系中"地方性事务"这一概念的主要功能是辅助立法权在不同层级立法机关间的分配。[①] 从表面上看,立法中的地方性事务概念是联邦制国家才需要的法律术语,因为联邦制国家须在宪法上划分中央与地方各自的权限范围。对于单一制国家来说,"地方的权力是中央赋予的,不存在只能由地方立法而中央不能立法的情况";"也就是说,地方事

---

* 本章主要内容已发表于《法商研究》2021年第4期。
① "地方性事务"概念在中央立法及司法解释中出现于三处,即《立法法》第73条第1款、《行政强制法》第10条第3款和最高人民法院《关于审理行政案件适用法律规范问题的座谈会纪要》。

务系非终局性的,地方立法并无独立、自主空间"。①从这个角度看,地方性事务概念在我国似乎并不具备直接划分央地权力的功能。但即便如此,这并不妨碍此概念具有公法上其它的重要功能,具体而言,包括以下几个方面。

首先,对地方性事务的探讨有助于认定地方立法适合的存在范围。《立法法》第81条第1款规定,设区的市的人大及其常委会可以对城乡建设与管理、生态文明建设、历史文化保护、基层治理等方面的事项制定地方性法规。其中,"城乡管理"的范围大小,以及列举之后的"等"字应如何理解等问题一直存在争议。②实际上,在规定以上领域时,立法机关主要参考了先前我国49个较大的市的立法实践,③但在理论基础的整理上相对有限;故而目前立法机关也难以从原理上直接回应地方立法适合的领域范围,只能采取个案化的方式逐步确定。对地方性事务内涵的研究也有助于从理论上反思《立法法》有关地方立法权范围设定之条款的合理性。

另外,处罚、许可、强制等三种主要行政手段的设定权在中央和地方之间如何分配,其内在标准始终晦暗不明。如《行政强制法》第10条第3款规定:"尚未制定法律、行政法规,且属于地方性事务的,地方性法规可以设定本法第九条第二项、第三项的行政强制措施。"该款中的"地方性事务"是何含义缺乏清晰解释,导致地方立法机关无所适从。《行政处罚法》《行政许可法》中虽然也对地方性法规、规章的设定权进行了具体规定,但缺乏具有统领性的基础概念或原则。《行政处罚法》强调,地方性法规不能设定限制人身自由、吊销企业营业执照的行政处罚;《行政许可法》则禁止地方立法设定需要全国统一的资格资质、企业或其他组织的设立登记及其前置性许可,同时禁止地方立法通过许可限制商品或服务的流动。

---

① 参见叶必丰:《论地方事务》,载《行政法学研究》2018年第1期,第23页;陈国刚:《论设区的市地方立法权限——基于〈立法法〉的梳理与解读》,载《学习与探索》2016年第7期,第83页。不过也有学者认为可以从我国宪法文本中解读出地方自治的固有性,其论述值得重视。参见王建学:《论地方政府事权的法理基础与宪法结构》,载《中国法学》2017年第4期。

② 时任全国人大常委会法工委主任李适时在第二十一次全国地方立法研讨会中指出"等"字应作"等内等"理解,但学术界对此大多持反对意见。参见章剑生:《设区的市地方立法权"限制条款"及其妥当性》,载《浙江社会科学》2017年第12期;王春业:《论赋予设区市的地方立法权》,载《北京行政学院学报》2015年第3期。

③ 参见郑淑娜主编:《〈中华人民共和国立法法〉释义》,中国民主法制出版社2015年版,第198页。

然而,"全国统一"该如何理解,诸如无期限扣留许可证等措施是否应比照吊销许可措施之类问题,则需要结合对设定权分配更深刻的反思方能回答。

其次,厘清地方性事务概念有助于解决部门规章和地方性法规之间的冲突。最高人民法院《关于审理行政案件适用法律规范问题的座谈会纪要》在论及地方性法规和部门规章冲突的问题时指出:"地方性法规对属于地方性事务的事项作出的规定,应当优先适用;尚未制定法律、行政法规的,地方性法规根据本行政区域的具体情况,对需要全国统一规定以外的事项作出的规定,应当优先适用。"可见,若地方性事务概念得以清晰界定,则审判活动中地方性法规和部门规章的选用问题将更为明确。这也将有效提高审判活动的效率。

再次,地方性事务可以被用于辅助解释"不抵触"概念。下位法不抵触上位法在目前的司法实践中存在较多的疑义。从字面意义上理解,所谓不抵触,即下位法不违背上位法的规定,不与上位法直接发生冲突;但是若上位法没有规定,则下位法可以规定。全国人大常委会法制工作委员会工作人员在其编著的《〈中华人民共和国立法法〉释义》中也指出,"法律、行政法规已经作出规定的,地方性法规不能与之相违背……中央立法不能一步到位的,地方可以先行立法"[①]。

不过问题在于,什么情况下才能认为"上位法未作出规定"。此时可能存在不同的理解。第一种观点认为,只要上位法就某个领域作了规定,那么下位法就不能针对这一领域再行立法,即上位法"领域优占"。第二种观点认为,虽然上位法已经调整了某一领域,但只要没有对某项特定的行为进行调整,则下位法仍然可以增加调整该项行为的制度;但若上位法已就该行为作出规定,则下位法不能进行补充,即上位法进行"制度优占"。第三种观点认为,上位法虽然已经针对具体行为作了规定,但也许并未规定完整;地方立法的补充或扩展是对上位法没有规定之情形的添附,故并不抵触。也即上位法仅对地方性法规不能直接违背的内容作了

[①] 参见郑淑娜主编:《〈中华人民共和国立法法〉释义》,中国民主法制出版社2015年版,第197页。

"冲突排除"。①

那么,在以上不同的观点之间应当如何取舍?笔者认为,选择的依据即在于对该条地方立法内容所涉事务性质的判断。若立法涉及的领域属于地方性事务,则应当赋予地方立法更多的自主权,此时应适用"冲突排除"观点;而若规范所涉领域不属于地方性事务,则地方立法权需要收缩,应当更多偏向于"领域优占"或"制度优占"观点。事实上,在我国《立法法》第82条中,以地方性事务为界,也已经有了执行性地方性法规和自主性地方性法规的区别。②法律中的这种分类富有启示意义。对执行性立法而言,其主要功能是细化上位法条文,它们是中央立法的延伸,因此不能随意创设新的规定。对自主性立法而言,由于其属于地方性事务,地方立法机关应有更大的自主性空间,自然可以进行创设性规定。因此,明确地方性事务的内涵与外延,对认定下位法是否抵触上位法将有十分积极的作用。

综合以上三个方面的制度功能,有关"地方性事务"的研究可能也有助于回应当前存在的诸多引发社会广泛关注的地方政策的合法性问题,如网约车的规制、房屋限购令、非本地户籍人员入学门槛、大中城市人口管理等。若上述事项属于地方性事务,那么地方立法将会有更大的操作空间,其合法性的认定方式也将需要重新考虑。需要说明的是,对地方性事务的判断应以具体的条文或者制度为单位,而非以整部立法或者立法领域为单位。一部立法中可能包含诸多方面的制度,其中有些属于地方性事务,有些则属于中央事务,不可一概而论。下文将在比较国内外立法事务分配之制度实践的基础上,梳理有关地方性事务的理论探讨,并试图提出立法内容分类及相应的立法权央地配置模式。

另外需要说明的是,立法权分配不同于通常所谓的"事权"分配。事权既包括规范制定权,也包括规范实施权,而立法权仅为规范制定权的一个部分。在政治学或经济学对央地权力分配的讨论中,一般不严格区分

---

① 地方立法机关在实务中十分关注地方立法增加规定上位法未规定内容的问题,其所举的例子许多涉及上述第二和第三种观点。参见姚明伟:《结合地方立法实际对不抵触问题的思考》,载《人大研究》2007年第2期。

② 《立法法》第82条第1款规定:"地方性法规可以就下列事项作出规定:(一)为执行法律、行政法规的规定,需要根据本行政区域的实际情况作具体规定的事项;(二)属于地方性事务需要制定地方性法规的事项。"

规范制定权和规范实施权,只是笼统地加以论述。但在法学领域,进一步的分类有其必要,因为这两者的纵向分配遵循不同的逻辑,其法律意义也有所差别。可以想见,某项事务由某个层级的政府负责实施,并不意味着调整这项事务的规范也应由这一层级的政府或立法机关来制定。我国绝大多数的行政管理事务由县、乡两级政府承担,但他们在处理这些事务时所依据的法律规范均由上级立法机关或行政机关制定。也即地方在掌握执法事权的同时并不意味着其也必须掌握立法事权。另外,政治学、经济学领域特别注重财权与事权的匹配问题。其所谓与财权分配相对应的事权主要是执行权,与立法权分配关系不大。因为财权与事权相匹配,意味着一级政府所承担的行政任务与其财政汲取能力相适应,而只有执行权的多少才代表了该级政府实际需要承担多少行政工作,立法权配置与日常行政任务的多寡无直接关系。本章在探讨地方性事务概念时,主要将指向立法权的纵向分配问题,而执行权分配的问题(如审批权的纵向分配)应予另文讨论。

二、立法权分配的制度实践

立法权在不同层级间如何分配是大多数国家所遇到的共同问题。本部分首先归纳部分联邦制国家和单一制国家或地区的法律规定和具体实践,从中总结立法权纵向配置的规律,然后对比我国存在的特殊性问题。当然,严格地说,联邦制国家中联邦与州的关系在法律上不能称为中央与地方关系,因为州从性质上说是具有独立性的政治实体。但若仅从功能上看,州作为国家的一个组成部分,无疑带有地方色彩。本章重点在于讨论当国家具有分层结构时,立法权于不同层级间应如何分配。因此,在不精确意义上,本章将联邦与州的关系也视为中央与地方关系。

(一)联邦制国家的立法权分配实践

在联邦制国家,立法权的纵向分配一般在宪法中规定。[①] 而不同联邦国家的宪法则展现出了不同的模式。

---

① 联邦制国家的纵向权力分配包括联邦与州之间以及州与其内部地方自治团体之间,本章关注对象限于联邦与州之间的权力分配。

第一种模式的宪法主要列举联邦的权力,而将州的权力作概括性保留,代表者如美国、澳大利亚等。以美国为例,《美国联邦宪法》第1条第8款规定了国会的权力范围,也即联邦立法的权限范围,包括税收(主要指应由联邦征管的税收)、国家名义的借贷、州际贸易、归化、破产制度、货币、度量衡、邮政、知识产权、法院设置、打击违反国际法的犯罪、军事等。第10款又从反面对州的权力作出了一定的限制,主要禁止州在外交、国防、货币以及全国性税收等方面的部分权力。而依据《美国联邦宪法》第10条修正案,宪法未授予合众国也未禁止各州行使的权力,分别由各州或由人民保留。由此,美国宪法通过反面列举的方式,为各州留下了较为广阔的权力。不过,实际上,国会通过《美国联邦宪法》第1条第8款中的"州际贸易条款"大大扩张了联邦立法的权力,从而对州的立法权形成了可观的限制。

"州际贸易条款"主要指《美国联邦宪法》第1条第8款第3项的规定,也即国会有权管理"合众国与外国的、各州之间的以及与印第安部落的贸易"。由于美国联邦宪法所列举的其他国会立法权缺乏解释空间,含义相对模糊的"州际贸易"也就成了联邦和州之间权力争议的主要战场。显然,"贸易"是一个需要讨论的概念,并非所有与贸易有关的事务都可以被纳入州际贸易的范畴中。早期的案件区分了"生产"行为和"贸易"行为,指出生产是贸易的前一个环节,其对贸易的影响是间接的,故而不能被纳入州际贸易条款的调整范围。[1]虽然生产活动和贸易活动都属于经济行为,两者也有非常密切的联系;但彼时的美国联邦法院奉行严格的字面解释,限制了联邦立法对生产行为的规制。这种判决思路遵循的是自由放任主义的经济思想,尽量减少政府对经济活动的干预。如此一来,不仅最低工资、最高工时等有关劳动者保护的法律联邦无法制定,[2]联邦试图介入制造业、采矿业、农业等生产活动的举动也将被认为与宪法不符。[3]此类保守的做法大大限制了中央政府调节经济的能力,在经济大萧条时期暴露出了较为严重的缺陷。

---

[1] United States v. E. C. Knight Co., 156 U. S. 1(1895).

[2] See Schechter Poultry Corp. v. United States, 295 U. S. 495(1935). See also Carter v. Carter Coal Co., 298 U. S. 238(1936).

[3] See Norman Redlich, John Attanasio, Joel K. Goldstein, *Understanding Constitutional Law*, LexisNexis, 2005, p.131.

经济危机发生后,基于实用主义的考虑,美国联邦最高法院在1937年的劳夫林(Laughlin)案中放弃了原来的"生产—贸易"(或"直接影响—间接影响")两分法,转而改为判断立法所涉事务对州际贸易是否产生了密切而实质(close and substantial)的影响。休斯大法官在一个案件的多数意见中写道:"尽管部分活动若孤立地看应该属于州内事务,但假如它们对州际贸易会产生密切而实质的影响,以至于管控它们对避免贸易负担、消除贸易障碍至关重要,那么国会将无可辩驳地拥有这种管控的权力。"[①]该判决意味着一个行为到底属于生产行为还是贸易行为已不再重要,重要的是这个行为与贸易的联系是否足够紧密。不过,此案中给出的"密切或实质性影响"标准并不清晰,以至于在某种程度上将州际贸易条款的适用变成了需要逐案讨论的工作。[②]后续的案件对如何理解实质性影响做了进一步的解释。如在威卡德(Wickard)案中,上诉人没有按照《农业调整法》的要求,根据给定的配额种植小麦,因此遭到了处罚。他认为自己种植小麦的活动始终发生在个人的农场中,不属于州际贸易的范围,故而联邦立法无权管辖。然而,法院意见却认为,虽然单独的个体行为可能对贸易不会有什么影响,但若大量这种个体行为汇聚起来可能影响贸易,那么就可以认为该行为具备实质性影响,国会拥有相应的立法权。[③]若按照这种理解,实际上绝大多数经济活动都应被纳入州际贸易范畴,因为再小的行为只要汇聚起来都会产生可观的影响,这意味着联邦立法范围得到了相当大的扩展。该判决思路在40年后的伦奎斯特法院时期仍然得到维系。

不过,法院在20世纪40年代之后对"贸易"的理解似乎有些过于宽泛,许多与贸易活动毫无关联的行为也借助州际贸易条款进入了联邦立法的范围。针对联邦立法领域的泛化趋势,联邦最高法院进行了一定程度的回调,标志性案件是1995年的洛佩斯(Lopez)案。[④]该案涉及的是一项禁止校园持枪的联邦立法。这部法律被最高法院认为超越了联邦的州际贸易权限,是60年中最高法院首次认定联邦立法越界。伦奎斯特法官

---

① NLRB v. Jones & Laughlin Steel Corp., 301 U. S. at 37 (1937).

② See Norman Redlich, John Attanasio, Joel K. Goldstein, *Understanding Constitutional Law*, LexisNexis, 2005, p.134.

③ Wickard v. Filburn, 317 U. S. 111(1942).

④ United States v. Lopez, 514 U. S. 549(1995).

所代表的多数意见认为,州际贸易条款所调整的行为必须属于经济或商业性的活动,而本案涉及的是一项刑事立法,无论怎么宽泛地解释都很难认定其与经济活动有关。故而,这不应属于国会立法的范畴,而应保留给各州。

美国法院对"州际贸易"这一概念的态度虽然前后存在巨大的变化,但其内在却遵循了清晰的逻辑。也即随着经济一体化程度的提高,任何经济活动都不能被排除在市场之外,所有的生产和交易活动共同构成了经济体系的整体。因此,调整这一经济体系的法律也应当由覆盖更大范围的中央政府来制定,这样才有利于凸显经济系统的规模效应。这是经济学思路在美国最高法院判决中的体现,同时也反映出了走向成熟的市场经济对规则统一性的要求。

第二种模式的联邦国家宪法则同时列举了联邦与州的权限,代表者如德国、奥地利等。《德国联邦基本法》第70条第1款规定:"本基本法没有授予联邦立法权的,各州均有立法权。"这与《美国联邦宪法》第10条修正案一样,为各州保留了一般性的立法权。不过,《德国联邦基本法》第73条和74条对联邦的专属立法权及竞合立法权均作了十分详细的列举。其中,联邦专属立法权一般只能由联邦行使,只有在联邦法律明确授权时,各州才能行使。而竞合立法权则是由联邦优先行使,只有在联邦不制定法律、不行使立法权时,各州才能立法。

以上分层次的权限设定体现了不同立法事务地方性程度的差异,而竞合立法权的制度设计则蕴含了动态调整央地立法事权的可能性。可以发现,德国基本法除了规定外交、国防等国家主权事项外,与美国扩张后的州际贸易条款相似,也将许多涉及市场交易和经济管理的事务纳入到联邦立法范围。特别是包罗万象的"经济法"条款,[①]事实上同样可以涵盖大多数与经济活动有关的生产或交易行为。除此以外,德国法还在联邦立法权中纳入了部分可能具有跨地域影响的社会管理事务。

另有美国学者曾经对阿根廷、澳大利亚、奥地利、比利时、巴西、加拿大、德国、印度、意大利、马来西亚、墨西哥、荷兰、俄罗斯、西班牙、南非、瑞士、英国、美国、委内瑞拉、欧盟等20个联邦制国家或国家联盟的法律统一化程度(uniformity)进行了大规模的调查,并根据一个量表对不同领域

---

① 《德国联邦基本法》第74条第1款第10项。

的法律统一化程度进行评分。分值分布从 1 至 7,分数越高则意味着该领域法律的统一化程度越高。根据其最终结果,不同领域得分如下:

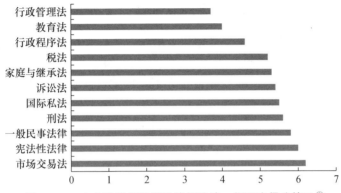

图 2.1　二十个联邦制国家法律领域统一化程度得分情况①

从图 2.1 中可以发现,内容统一化程度最高的是市场类法律制度(law of market),包括公司法、证券法、反垄断法、劳工法、知识产权法、银行法、保险法和破产法。它们的得分超过了宪法性法律。②这说明经济类规则的同质化程度甚至高于基本的政治制度。除此之外,民法、刑法、诉讼法、税法、国际私法等部门的得分也都在 5 分以上,这代表它们内部也具有较高的同质性。不过这些领域有时涉及地方特色问题,特别像家庭法和继承法这类法律与当地文化的结合更加紧密,故多元化程度高于市场类法律。得分最低的是行政管理法、行政程序法和教育类法律。行政法律制度的异质性程度较高,可能是因为在联邦制国家行政权被普遍下放给州或地方政府,而各地的行政管理所针对的事务大多具有地方特点。教育类法律得分低则可能与地方文化对教育的态度不同有关。③

上述调查从经验上揭示了各法律领域在实践中的同质性程度,并表明与市场经济相关的法律制度更趋近于"法制统一"。这说明,即便是在权力高度分化的社会中,经济类的立法权仍然适宜由中央立法机关掌握。而具体的社会管理类的规定则呈现出高度分散化的特征。值得一提的

---

① See D. Halberstam and M. Reimann, Federalism and Legal Unification, in D. Halberstam and M. Reimann (eds.), *IusGentium*: *Comparative Perspectives on Law and Justice*, Springer, 2014, p. 31.

② Ibid.

③ Ibid., p. 32.

是，联邦制国家的刑事法律和诉讼制度的统一性只是中等偏上，表明这些制度存在多元化的现实需要。

（二）单一制国家立法权分配的规定

单一制与联邦制的主要区别在于单一制下的地方不具有宪法上的独立性，但这并不意味着单一制国家的纵向权力分配模式与联邦制一定存在根本不同。地方分权的程度事实上不由国家结构形式决定，而更多地体现了一个国家或地区的政策选择。①

作为单一制国家的日本，专门制定了调整央地关系的《地方自治法》。该法第 1 条之 2 第 1 款规定："地方公共团体的根本任务在于谋求增进居民的福祉，而广泛承担自主地、综合地实施地方行政事务的职责。"紧接着第 2 款规定："为达到前款规定的目的，国家主要承担在国际社会中有关国家存立的事务、制定全国统一的国民各项活动或有关地方自治的基本准则、在全国范围内或从全国性观点出发而必须采取的措施和进行的事业以及其他国家本来应尽的职责事务等。尽量把与居民切身相关的行政事务委托给地方公共团体管理……"以上规定表明了国家事务与地方团体事务的宏观区分原则，然而诸如"全国统一"之类的概念过于抽象，难以识别具体的操作标准。其后，日本《地方自治法》第 2 条又进一步将地方自治团体的事务区分为"自治事务"和"法定受托事务"。其中的自治事务在法律上未明确具体含义，②而法定受托事务则在该法附表中做了详细列举，涉及诸如轨道法、职业安定法、国民健康保健法等多达数百项的法律与政令。③学理认为，扣除法定国家执行的事务和自治法附表中列举的事务后，其余由地方执行的事务可归为自治事务。④

可见，日本地方自治法一方面对央地权限分配作了宏观规定，另一方面则通过汇总归纳单行法的形式在微观层面上划分央地事务权限。虽然自治事务的范围仍存在模糊性，但单行法规定可以为实践部门提供较清晰的指引。只是日本法缺乏中观层面的规定，就详细的单行法尚付之阙

---

① 刘文仕：《地方制度法释义》，五南出版公司 2018 年版，第 28 页。
② 日本《地方自治法》第 2 条第 8 款称自治事务是地方公共团体处理的事务中，法定受托事务之外的事务。在《地方自治法》修改前，自治事务包括公共事务、团体委任事务、行政事务三类。
③ 参见万鹏飞、白智立主编：《日本地方政府法选编》，北京大学出版社 2009 年版，第 190 页。
④ 汝思荻：《央地政府间事权划分的法治建构方法——以日本行政事权划分制度为中心的探讨》，载《法学家》2019 年第 3 期，第 64 页。

如的国家而言,尚难以直接参照。①

(三) 我国立法权分配的制度实践与影响因素

我国《立法法》同样对中央立法事务作了列举。《立法法》第 11 条的规定主要涉及宪法性事务(主权事务、国家机构、特定区域自治制度),犯罪和刑罚,公民基本权利(政治权利、人身自由、财产权),税收制度,基本的民事和经济制度,诉讼和仲裁基本制度等。与其他国家相比,中国《立法法》的列举似乎较为简单,许多显然应当由中央立法机关规定的事务并没有见于《立法法》的规定。当然,《立法法》第 11 条尚有兜底条款——"必须由全国人民代表大会及其常务委员会制定法律的其他事项"。因此我国的中央立法事务并不止于《立法法》明确列举的项目,另比如《行政处罚法》《行政许可法》《行政强制法》等法律中也有关于央地立法权分配的规定。② 不过与此同时,刑事制度、司法制度、税收制度等在联邦制国家(甚至某些单一制国家)存在一定多元性的制度在我国则被确定为中央立法范围。特别是刑事制度和司法制度更是被《立法法》第 12 条规定为法律绝对保留事项。这体现出了单一制国家对立法权分配的不同考虑。

我国法院涉及"地方性事务"概念的判决目前数量稀少,也尚未体现出任何主导性的思路。根据笔者对"中国裁判文书网"中引用"地方性事务"概念之判决的归纳,被法院认为属于地方性事务的主要包括交通运输、风景名胜区保护、山林权认定、物业管理甚至反不正当竞争等。③ 其中,反不正当竞争、交通运输在其他国家一般被认为属于典型的中央立法事务,而在我国司法判决中却被当然地归入地方性事务领域。这说明司法实务界对地方性事务的含义及其潜在的功能的认识并不清晰。

与司法机关不同,地方立法机关则显得相对保守。从地方人大的实际立法文本看,大多数集中于与城市管理、环境保护有关的领域,而诸如科教文卫等涉及社会管理方面的立法却并不多见。在内容上,地方立法

---

① 关于日本地方自治制度的介绍可参见〔日〕盐野宏:《行政法》,杨建顺译,法律出版社 1999 年版,第 621—633 页;蔡秀卿:《地方自治法》,三民书局 2009 年版,第 154—168 页;陈鹏:《日本地方立法的范围与界限及其对我国的启示》,载《法学评论》2017 年第 6 期。
② 具体可见《行政处罚法》第 12 条、《行政许可法》第 15 条、《行政强制法》第 10 条。
③ 参见浙江省高级人民法院(2016)浙行终 433 号行政判决书、广东省佛山市中级人民法院(2006)佛中法行终字第 116 号行政判决书、山东省青岛市中级人民法院(2015)青行终字第 448 号行政判决书、杭州市拱墅区人民法院(2015)杭拱行初字第 94 号行政判决书等。

一般也谨守界限，不作过多的创制性规定，甚至大篇幅重复上位法已有的内容。①这可能是因为我国地方立法机关存在较强的风险规避意识。有地方人大官员指出，我国《立法法》所规定的"民事基本制度"、"基本经济制度"以及"地方性事务"等概念过于模糊、原则，使地方立法边界不清。各地即便有创制新规定的需要，但为了避免超越地方立法的界限，往往不愿付诸行动。中央立法机关对各地请示的答复也通常采取保守态度。②此外，全国人大始终在各种场合着力强调法制统一的问题，要求地方立法要与国家立法保持一致，不得违反上位法。这进一步加强了地方立法机关紧缩立法范围的倾向。

可见，就我国而言，目前在实质上影响地方立法范围的主要不是经济因素，而是政治因素，其背后的逻辑是单一制大国对政治权力集中的追求。在这一逻辑的支配下，法制统一是一个不需要过多讨论的前提，也是贯穿于整个法律体系的重要理念。而在前文探讨的其他国家，法制统一并非是一种毫无疑问理念或原则，相反，法制多元化的主张可能会赢得更多的支持。不同的宪法理念本身无可厚非，问题的关键在于必须清晰划定法制统一的范围。因为一个幅员辽阔、人口众多的大国不可能在所有的问题上完全实现法制统一，只能实现在部分关键领域中的统一。对于那些不影响经济一体化、不会助长政治离心倾向的事务，没有必要苛求统一；相反，可以为地方立法机关划定边界，以发挥地方的积极性。当前，我国立法中没有条文规定剩余立法权的归属问题，在实践中，地方性事务的判断也并无清晰的边界可供遵循。这种缺乏清晰界限同时又施加法制统一压力的现状已在较大程度上制约了我国地方立法积极性的发挥，并间接助长了红头文件的泛滥。

（四）小结

总体上，单一制与联邦制的差异在于政治方面的统一性，如司法制度在日本为中央事务，但在美国，联邦宪法并不规定州法院的设置，在德国，司法制度则属于竞合立法权。政治上的差异本身也是单一制和联邦制的

---

① 参见孙波：《试论地方立法"抄袭"》，载《法商研究》2007年第5期；汤善鹏、严海良：《地方立法不必要重复的认定与应对——以七个地方固废法规文本为例》，载《法制与社会发展》2014年第4期。

② 参见向立力：《地方立法发展的权限困境与出路试探》，载《政治与法律》2015年第1期。

最主要区别,但有一些政治性事务即便在联邦制国家也不会由州来负责规定,比如与国籍和归化事务。不过,有关经济、社会类事务的规定,单一制和联邦制之间并未出现明显的不同:单一制的国家和地区同样倾向于将带有社会公共服务性质的事务交给地方自治团体规定,而联邦制国家也会将货币、交易等流通性经济事务收归联邦立法。

另外,从上述对联邦制和单一制国家或地区的梳理中可以作如下几点概括或延伸。其一,在对事务权限的列举式规定中总是存在相对模糊的概念,如《美国联邦宪法》中的"州际贸易",《德国联邦基本法》中的"经济法",日本《地方自治法》中的"自治事务"。这些不确定法律概念或许有利于中央或地方立法根据实际情况扩展自己的领地,但也给实践中的判断带来了困扰。其二,除了典型中央事务和典型的地方事务外,还有一些事务属于央地共管。但共管事务存在的原因主要是用以概括这一事务领域的概念较为模糊(如公共交通),一旦概念清楚地指向某件具体的事务(如公交车站点设置),该事务应当属于中央还是地方就会变得清晰。其三,尽管不同国家或地区在立法权分配的实践上存在差异,领域分布较为杂乱,但仍然存在隐约可见的规律。任何一个国家立法权的央地分配方案都是该国独特的经济与政治因素共同作用的结果。其中经济性的影响具有普遍性,市场统一构成了法制统一最好的黏合剂。而政治性影响则需要结合国家特征进行具体分析,但至少涉及主权和国家安全的事项一般由中央立法规定。绝大多数的社会管理事项可以由地方立法负责,不过也需要具体分析该事项的性质。本章下一步的工作将主要从原理上指出划分中央事务和地方事务所遵循的原则,以利于相对准确地把握地方性事务的范围。

三、地方性事务认定的理论框架与原则

通过对域外实践的考察,可以发现,鉴于事务领域概念的空洞性,直接在宪法或统一立法中将地方性事务界定清楚较为困难。可以考虑的一种思路是模仿日本法模式,主要依靠各个领域单行法的规定来认定地方性事务。但这种模式需要单行法规定完整且细致,在当前阶段,我国单行

立法尚难达到此种程度。①针对我国目前的立法现状,可以考虑的方式是,根据《宪法》的宏观规定,在理论上构建地方性事务的中观层面判断模式,同时在微观层面结合全国人大及其常委会制定的单行法。具体的判断方法分为两点:第一,若单行立法有具体划分,在其不违背宪法的情况下即按照单行法认定;第二,若单行法未明确规定,则按照中观理论层面的判断标准进行识别。本部分首先基于宪法讨论宏观层面的理论框架,然后在此基础上构建中观层面的权限配置模式。

我国《宪法》对于央地权力划分的基本原则规定于第3条第4款:"中央和地方的国家机构职权的划分,遵循在中央的统一领导下,充分发挥地方的主动性、积极性的原则。"该款对国家机构纵向职权分配的要求包括两个部分,其一是"中央的统一领导",其二是"充分发挥地方的主动性、积极性"。这两个要求相互间存在一定的紧张关系,那么它们的含义应当如何理解?毛泽东曾在《论十大关系》中指出:"我们的国家这样大,人口这样多,情况这样复杂,有中央和地方两个积极性,比只有一个积极性好得多……为了建设一个强大的社会主义国家,必须有中央的强有力的统一领导……同时,又必须充分发挥地方的积极性,各地都要有适合当地情况的特殊。"这段话指出,中央统一领导的意义在于"建设一个强大的社会主义国家"。至于中央统一领导与建设一个强大的社会主义国家之间的关系,中国人大网公布的《中华人民共和国宪法通释》解释指出:"我国是单一制的国家,国家只有一部宪法和一个最高立法机关,只有地方接受中央的统一领导,才能维护国家的统一和法制统一。"②可见,中央统一领导的目的可转化概括为维护国家统一和法制统一。另外,《论十大关系》中的这段话也阐明了发挥地方积极性的意义,即可以有效处理当地特殊情况,或者说提升地方治理的效能。

因此,通过对《宪法》第3条第4款的解释,我们可以得出央地权力分配中的三项基本原则:国家统一原则、法制统一原则、地方治理效能原则。这三项原则中,国家统一原则具有绝对性,而法制统一原则和地方治理效

---

① 比如我国现实中道路交通领域出现的众多问题的规定权限在交通立法中并无明确体现。参见余凌云:《论道路交通安全法上的地方事权》,载《行政法学研究》2019年第2期。
② 《中华人民共和国宪法通释》,载中国人大网·法律释义与问答,http://www.npc.gov.cn/npc/c13475/flsyywd_list.shtml,最后访问时间:2023年7月21日。引文见《第一章 总纲》部分。

能原则可互为边界——不能因为过度强调法制统一而损害地方治理效能,同样也不能因为追求地方治理效能而破坏法制统一。故而,我们需要进一步对法制统一原则和地方治理效能原则进行解释,分析其背后的理论意涵和所追求的目的,进而明确两者之间的关系。2016 年出台的《国务院关于推进中央与地方财政事权和支出责任划分改革的指导意见》(国发〔2016〕49 号,以下简称《意见》)的内容,对于进一步理解上述宪法原则具有一定的积极意义。该《意见》要求将体现国家主权、维护统一市场以及受益范围覆盖全国的基本公共服务确定为中央事权,将所需信息量大、信息复杂且获取困难的基本公共服务优先作为地方的财政事权。从内容上说,国家主权事项与维护国家统一密切相关,可为国家统一原则容纳;维护市场统一则与法制统一具有天然的联系,全国统一的市场必然需要全国统一的法制;而公共服务的覆盖面大小以及信息获取的难易程度则关系着公共物品的提供效率,属于地方治理效能原则的范畴。

上述《意见》的内容主要反映了经济学和管理学领域的讨论成果,① 部分体现了"财政联邦主义"的理论观点。财政联邦主义虽然含有"财政"两字,但并非仅局限于财政领域,而是用于确定政府职能在不同层级之间分配的一整套理论体系。② 该理论在讨论公共管理事务层级分配时的基本逻辑可被归纳为两个层次。第一个层次,社会管理的权力应该被尽可能地下放给较低层级的政府。原因在于,行政管理者与民众的距离越近,则对信息的掌握就越全面,也就越能清晰地知晓本地的实际需要。而中央政府因为对各地差异化的信息不敏感,因此只能提供一刀切的公共产品,这会造成较大的效率损失。即便中央政府有充分的信息可以为各地提供差异化的公共产品,其结果也很难令人满意。因为中央掌握的资源来自全体国民的纳税,若完全按照各地的需求来提供公共产品,那一定会导致部分地区纳税少却获得了更多的服务,另一部分地区纳税多却缺乏

---

① 参见刘银喜:《财政联邦主义视角下的政府间关系》,载《中国行政管理》2008 年第 1 期;吴帅:《分权、代理与多层治理:公共服务职责划分的反思与重构》,载《经济社会体制比较》2013 年第 2 期。

② 在经济学上,存在第一代财政联邦主义理论和第二代财政联主义制理论之分。其中,第一代财政联邦主义理论强调的是公共产品的供给效率,及使供给效率最大化的权力分配方式;第二代理论的视角则从权力分配转换到了地方政府发展经济的动因,强调分权给地方政府带来了更多的激励。鉴于第二代理论的问题意识与本章讨论不同,本章所称"财政联邦主义"理论主要着眼于第一代财政联邦主义理论。

对等的回报。所以,将职能直接下放给各个地方政府既有利于效率,也有利于公平。第二个层次,职能也不应该无限制下放给最低层级的政府,而是需要有一定的限度。若权力下放层级过低,致使政府的管辖范围小于其所提供之公共产品的受益范围,那么就意味着本地财政承担了本区域以外的服务供给,长此以往挫伤该政府提供此类公共产品的积极性。[①] 简单来说,财政联邦主义主张将公共事务管理权交给管辖范围正好等于该公共事务影响范围的政府,并将具有外部效应的职能交给覆盖范围更大的上级政府。

根据上述理论,可以归纳出两项原则:其一可被称为"职能下属化原则"(the principle of subsidiarity),[②] 即公共职能应尽可能下放给最靠近群众的政府部门;其二是范围对等原则,即公共产品覆盖范围应不大于提供该产品之政府的管辖范围。这两项原则均是从公共产品的供给效率出发进行考虑,相互之间存在一定的平衡和制约关系。在一般情况下,范围对等原则构成对职能下属化原则的限制,避免因过度放权导致公共产品的供给普遍存在外溢效应而降低供给效率。但这一限制并不绝对,因为在某些情况下,地方可能对特定公共产品具有十分强烈的需求;虽然可能存在其他地区搭便车的问题,但本地居民也仍然愿意加强对这种公共产品的供给。所以,根据职能下属化原则,就算某项事务存在外溢效应,也至少应将相关立法权限向较低的层级下放,以使地方政府具有提供这类公共产品的权力。这体现了立法权分配与执法权分配的不同之处。对于立法权来说,范围对等原则的重要性程度相对较低。地方完全可以制定具有外溢效应的立法,以满足本地特殊化或阶段化的需求。假如地方政府因为外溢效应的存在不愿供给某项公共产品,则可以不行使有关该事务的立法权,但这并不排除其未来仍有立法的可能性。可见,外溢效应(正外部性)不是规范制定权层级配置的主要影响因素,不必然阻止立法职能的下放。

不过,若地方立法在某些领域可能产生负外部效应,那么这些领域将

[①] See Mancur Olson, Jr., The Principle of Fiscal Equivalence: The Division of Responsibilities among Different Levels of Government, 59 *The American Economic Review* 479, 1969, pp. 482-485. See also Wallace E. Oates, An Essay on Fiscal Federalism, 37 *Journal of Economic Literature* 1120, 1999, pp. 1120-1124.

[②] "职能下属化"原则也可被翻译为"辅助性"原则。

不再适用职能下属化原则,典型的如全国市场的统一与开放。市场统一与开放对国家整体以及具有要素优势的地区而言至关重要,因为这是促进资源合理配置的最基本条件,有利于经济发展质量的提高。然而对于许多地方来说,设置市场壁垒可以保护本地落后企业,进而保护本地税源。此时,中央与地方所追求的目标存在差异。若将该权力交由地方,可能会带来相当多的机会主义行为,产生显著的负外部性,从而破坏全国统一市场的建设。即便部分地方政府追求开放的全国市场,但事实上他们也欠缺相应的能力来进行全国范围的市场维护。若没有一个统一的协调者,地方政府促进市场开放的愿望只能通过区际合作协议来实现,这在范围和效果上都无法和中央政府直接运用强制力促进市场开放相比。所以,为保持整体秩序的稳定,与市场统一相关的职能应由中央政府负责。如前文所述,各国均把与市场交易相关的立法权上收中央政府,该现象有其必然性。其背后的原则即可被称为"市场统一原则"。

除前述经济层面的影响因素以外,政治或法律领域的研究者在讨论央地立法权分配时,还会关注经济因素以外的其他方面。比如有学者指出,"为维护国家共同体的存在所必需的事项和维护一个国家基本的政治生活、经济生活和社会生活统一性与和谐性所必需的事项"应当由中央规定。[①]这主要涉及对政治性影响的考量。事实上,部分立法事务的纵向配置逻辑在经济层面难以得到十分圆满的解释。比如刑法制度其实完全可以由各个地方自行规定,这不仅有助于根据地方情况实现刑事惩戒中的"罪刑相适应"原则,而且也不会直接影响全国市场的统一(只需严格限制与经济有关犯罪的规定)。但在实践中,以我国为例,犯罪与刑罚是《立法法》第 12 条中规定的法律绝对保留事项,除法律以外的其它规范性文件在任何情况下均不得涉及。立法工作人员针对这一条款的释义指出:"刑罚是统治阶级以国家名义惩罚犯罪的强制方法。……是以国家强制力为后盾的最严厉的处罚措施……以何种刑罚去惩罚犯罪则是一项严肃的国家行为和国家权力,必须由国家法律予以规定。"[②]这展现的逻辑是,较为严厉的国家暴力行为的设置应由中央政府垄断,防止合法的暴力权力遭到滥用。同时,这种对强制力的垄断也是中央政府权威的重要体现,若授予

[①] 封丽霞:《中央与地方立法事权划分的理念、标准与中国实践——兼析我国央地立法事权法治化的基本思路》,载《政治与法律》2017 年第 6 期,第 23 页。

[②] 郑淑娜主编:《〈中华人民共和国立法法〉释义》,中国民主法制出版社 2015 年版,第 37 页。

地方则会在一定程度上削弱中央权威。

经济学、行政学上一般将政府的财政职能归纳为资源配置职能、再分配职能和经济稳固职能三个方面。其中再分配职能和经济稳固职能应当由中央政府行使,资源配置职能则需根据公共产品的属性分别由中央政府或地方政府提供。① 也有学者将政府权力分为发展权、财政权、行政权和政治权四大类,并指出分权主要针对财政权和行政权。② 上述理论分类的启示是,政治类或经济稳固类等与国家稳固密切相关的事务领域应当交由中央负责,而具体资源该如何分配使用,则可以交由地方负责。

一般从政治角度说,大多数国家会把外交、国防、国家安全等体现国家主权或权威的事务确定为中央事务;但在一个中央集权型的单一制国家,因政治考量而需被上收的立法权力不限于传统领域。例如,税收、发行公债等涉及财政资源汲取的权力,根据财政联邦主义理论应当交给各个地方自主规定,以实现高效率的资源配置。③ 然而在一个地方政府预算软约束的环境中(预算体支出超过收入时,并不会被清算破产,而是可以得到支持体的资金救助),中央政府实际上对全国地方政府的财政风险以及其背后的社会稳定风险承担最终责任。地方政府认为反正有中央政府托底,所以可能会有恃无恐,扩大举债规模,最终造成公地悲剧。另一方面,在地方民主制度尚不十分健全的国家,地方政治容易被大型企业或利益集团俘获,成为后者谋求私利的工具。比如地方的税收立法可能会在利益集团的游说下,不公平地削减某些领域的税负,或增加某类行业的税负。部分经济欠发达地区甚至可能进行掠夺性征税。已有研究表明,在中央政府未进行强有力管制的印度,地方政府大量的过度放牧行为导致了巨额的全国性财政赤字。而在俄罗斯,由于对地方较大规模的分权,中央政府难以施加有效影响,从而造成地方政府被寡头俘获。④ 所以,若一个国家既缺乏预算硬约束,同时其地方民主政治也难以对抗大型利益集团的俘获;那么,出于避免系统性财政危机以及防止地方政治失控的考量,应当将税收、发债等财政汲取方面的立法权上收中央,由中央政府为

---

① 参见冯兴元:《财政联邦制:政府竞争的秩序框架》,载《制度经济学研究》2011年第1期。

② 参见殷存毅、夏能礼:《"放权"或"分权":我国央—地关系初论》,载《公共管理评论》第12卷,清华大学出版社2012年版。

③ See Wallace E. Oates, An Essay on Fiscal Federalism, 37 *Journal of Economic Literature* 1120,1999, pp. 1124-1126.

④ 参见杨其静、聂辉华:《保护市场的联邦主义及其批判》,载《经济研究》2008年第3期。

地方设定行为边界。否则地方政府大量的不负责任行为或资本与地方政治权力的勾结,将可能导致政治不稳定甚至造成国家分裂。

中央对财税立法权的垄断与中央对军事制度、国家安全事务、国家象征乃至宏观经济调控的垄断一样,都是为了树立和保障中央政府的权威。其目的在于维护全国范围的社会稳定、经济稳定,进而保障政治稳定和国家统一。我们可以将这背后的考虑称为"中央权威原则"。

至此,可以在理论上将中央与地方立法权的分配原则归纳为三个层次。首先,最为基础的是职能下属化原则。该原则意味着若没有特殊情形,立法事务应该尽量授权给较低层级的政府实施,尤其是带有服务性或供给性的事务应当尽量下放。因为这些工作大多是授益行为,下放一般不会产生破坏统一或稳定的问题,且由基层政府规定可以提高这类公共服务的供给效率。其次是市场统一原则。若立法事务可能会影响市场的统一或经济的整体性,则不应再将其认定为地方性事务,而需由中央政府负责立法。但鉴于市场秩序维护的复杂性,地方仍然可以保留实施性规则的制定权。最后是中央权威原则。对于那些可能影响政治安全、国家统一的事务,地方将没有任何权力规定,甚至也没有执行的权力。

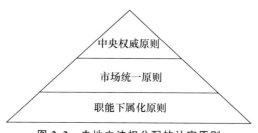

图 2.2 央地立法权分配的认定原则

以上理论分析得出的三项原则恰好可以构成宪法上国家统一原则、法制统一原则、地方治理效能原则在操作层面的展开。首先,维护国家统一应当包括维护国家主权的统一与完整,维护国家整体的安全与稳定。从对内的角度来说,这就要求增强中央政府在政治、经济、军事等各个方面的权威性和影响力。所以,在央地权力分配中贯彻国家统一原则,就是要强化中央权威。其次,法制统一最核心的目的在于全国市场的统一,而非所有方面的法制统一。明确这一原则的理论边界可以避免法制统一原则过度泛化,而将重点放在与市场交易有关的法律的一体化。最后,即便在单一制国家,绝大多数与政治、经济统一性无关的管理权力也应当下放给较低层级的政治主体,这样才有利于充分发挥地方的积极性,提高治理效能。贯彻职能下属化原则是保障地方治理效能原则的必由之路。

四、事务性质的分类与地方性事务认定的阶梯模式

上文已结合宪法规定对央地权力划分的基本原理进行了分析,指出宪法上所要求的国家统一、法制统一、地方积极性等目标,在实施层面可具体转化为中央权威原则、市场统一原则和职能下属化原则。然而,即便如此,分配权限的概念框架仍然显得较为宏观。本部分将经由对事务性质的分类进一步指出不同原则适用的空间,从而确定央地事务分配在中观层面的理论模式。具体的方法是,通过对事务性质的阶梯式细分,不断缩小判断范围,从而使地方性事务的识别过程更加有序、科学。

必须强调,在进行事务分类时,应以条文或具体制度为单位,通过条文的客观可能效果确定其类别归属,而非以某个立法文件为单位。因为立法文件(一部法律或法规)涉及条文过多,无法具体判断整个文件究竟属性如何,唯有具体到某个条文或制度,才有清晰界定的可能。另外,之所以将条文的客观可能效果而非条文的制定目的作为归类依据,是因为在很多情况下,立法条文所宣称的制定目的并不一定与其客观效果吻合。若制定目的与可能的客观效果冲突,则应当以客观效果作为归类依据。

另外,如本章开头所交代的,在我国,地方性事务概念本身并不排斥中央立法,其主要作用在于确保地方立法机关的安全空间。从这个角度说,我国没有必要设置央地共同立法事务,凡不是必须只能由中央立法的,都应将此事项归类为地方性事务。这样有利于实现地方立法的最大空间,充分发挥地方积极性。

以下具体阐述不同原则的对应事务类别,及地方性事务的判断识别步骤:

第一步,区分统治类事务和非统治类事务。

根据中央权威原则,统治类事务应属中央立法事务。这类事务包括国家主权、政治外交、军事与国家安全、宏观经济调控等制度;在我国目前的历史条件下,如前所述,还应包括财政税收、公债发行等与财力汲取相关的制度。统治类事务由于涉及国家作为一个共同体的尊严、存续、稳

定,属于典型的法律保留事项,应当由中央担负立法职责,其归类和识别较为简单,应无争议。

统治类事务的识别采用的是事务领域分类法,而其他不属于统治类事务的条文,则不宜再以事务领域进行划分。因为概括其他事务领域的概念并不具有十分明确的中央或地方指向。如"教育事务"这个概念的覆盖范围中,既存在需要中央立法的事项,也存在需要地方立法的事项。因此用这个概念就无法进一步区分其中到底哪些才属于地方性事务。故而,在排除统治类事务后,下一步对非统治类事务的区分应通过其它维度的标准进行。

第二步,将非统治类事务区分为"服务供给类"和"非服务供给类"。

根据职能下属化原则,公共服务的供给应当交给最基层的政府来提供,由他们进行具体的资源配置。不过,经济学和行政学中的公共服务含义过广,既包括给付性行为也可能包括干预性行为。在法律上,给付行为和干预行为的性质完全不同。给付行为,如营造公共设施、提供物质帮助,属于服务提供型的资源配置,完全可以由较低层级的主体来实施。但干预行为,如处罚、许可、强制则不然,它们体现的不是一种狭义的服务,而更多是一种剥夺,是对公民自由、权利的侵犯。[①] 所以,对干预行为的控制似乎应该比对给付行为更强一些。

基于上述理由,在第二步中,本章将非统治类事务区分为"服务供给类"和"非服务供给类"。服务供给在此取狭义概念,是指通过规定物资发放、公共设施建设等行为提供公共福利;而非服务供给类条文则包括但不限于对权属、标准以及许可、处罚、强制等手段的规定,更多体现为权属界定或秩序维护等功能。例如,某地方立法条文规定当地政府应建造全民健身设施,则该条文属于服务供给类;但若同一部立法的其它条文谈及公民破坏这些设施的处罚,那么这些条文就属于非服务供给类。如果另有条文规定,政府提供的健身设施质量不达标时应对主要负责人予以处理,则这类条文又应属于服务供给类,因为条文本身的实施效果主要有助于保证公共服务的质量。相似地,在卫生类规范中,如果地方立法要求政府根据人口密度设置卫生站,提供疫苗接种服务,这就属于服务供给类条

---

① 德国法上有"秩序行政"和"给付行政"的区别,但其分类标准与本章有一定出入。参见〔德〕哈特穆特·毛雷尔:《行政法学总论》,高家伟译,法律出版社2000年版,第8页。

文。而若在传染病暴发时,立法要求政府实施强制疫苗接种或强制隔离,这就应属于非服务供给类条文。

按照职能下属化原则,服务供给类立法属于地方性立法事务,应下放至具有立法权的最低层级主体。公共服务的供给需要直接和居民的需求相对接,而离居民越近的政府对居民的需求了解也就越清楚,由地方承担这类事务有利于展现地方特色。比如地方立法可以对公共健身设施的设置密度、规格,图书馆的容纳量、博物馆的定期免费开放等作出规定。对于有差别的公共服务,地方也可以规定付费者使用,或者基于公平原则提供给特定群体,如优质教育资源优先供给在本地纳税的居民或在本地长期居住的居民等。

即便某项服务的范围具有全国性或跨地域性,也仍然应认定为地方立法事务。因为地方政府完全可能在中央政府所提供的服务的基础上,增加新的内容,提高服务水平。举例来说,社会保障作为再分配职能,有外溢效应,适合由中央政府来主要实施。不过中央政府担负的基本社会保障供给,只是确保全国社保水平均处在底线之上,并不排斥地方在社会保障领域增加新的供给,形成有地区差别的更好服务。当这一公共产品外溢效应十分显著时,地方政府自然会根据本地情况缩减供给规模。因此,社会保障领域尽管需要中央政府的介入,在执行上部分属于中央事务;但从立法的角度说,应肯定其地方性事务属性,从而赋予地方立法机关更大的空间。

第三步,在非服务供给类事务中区分"涉流通、交易事务"和"非涉流通、交易事务"。

根据市场统一原则,与流通、市场交易等有关的事务也应被排除出地方性事务范畴。不过,服务供给类事务通常不会影响全国市场的统一性,即便是与市场交易有关的服务供给,如修建道路、科技推广、财政支持等,也不会直接影响市场流通或交易。同时,经济性的服务供给行为常常涉及产业政策的实施,而我国地方政府实际承担推动本地区经济发展的责任,产业政策是实现政府促进发展作用的重要手段,宜由地方规定相关实施手段。所以,服务供给类的地方性事务属性不因市场统一原则而有变化。

但另一个方面,非服务供给类行为,特别是秩序维护性质的行政干预行为,常常成为地方政府抑制市场流通、实施地方保护的重要手段。这类与流通有关的措施、手段不应由地方立法规定。若地方立法可以随意介入市场流通规则的设置,则大量地方性的贸易保护措施将使"诸侯经济"难以避免。目前国内地方政府之间存在的 GDP 竞争,导致"以邻为壑"成为常态。许多"土政策"故意提高外地产品的准入门槛和技术标准,令其难以进入本地市场或与本地产品相比丧失价格优势。此外,由于各地市场规则不统一,也造成流通成本居高不下。举例说,一车货在 A 省不算超载,在 B 省却被认为超载;在甲市能进入主城区,在乙市就要绕行。[①] 若能将全国市场规则统一化、标准化,那么市场活力将得到更大程度的释放,且也有利于高质量的经济发展。即便是传统的本地化市场,其相关规则也应全国统一。举例来说,建筑工程市场原先限于大型设备和材料供应问题,长期以来采取本地化经营的模式,并受到当地政府的保护。这就导致许多建设成本高、施工能力弱的建筑企业有恃无恐。2015 年,住房和城乡建设部发布《关于推动建筑市场统一开放的若干规定》(建市〔2015〕140 号),推动各地建筑市场的开放。业内认为,从长期看,市场开放将致使大量地方建筑企业被市场清理,仅有少数实力较强的企业可以继续生存。这反映出由中央政府来规定市场规则有利于促进市场竞争,提高行业的整体水准。

与流通、交易有关的立法条文可能涉及民商事制度、知识产权、金融、市场准入型许可、反不正当竞争、反垄断、物流配送、价格、产品质量、食品药品监管、消费者保护、计量标准、检验检测、认证认可、交通(非市政交通)、通信等方面。上述事项有的直接涉及交易行为或者流通运输行为,有的涉及作为交易对象的产品或服务,还有的涉及市场主体的法律地位和权属认定。总之,若有关这些事务的条文规定可能直接影响市场交易的效率与效果,即需由中央立法机关负责。

可能有疑义的是劳动者保护、安全生产等主要调整生产领域的立法条文是否涉及流通与交易。在不同国家的不同历史阶段,工农业生产管理的归属存在变化。如美国一开始将这类事务保留给州,后来又通过对州际贸易条款的解释将其划归联邦事务。尽管生产管理行为可能会对市场交易产生间接影响,但在我国目前的发展阶段,仍应将其纳入地方性事

---

① 杜海涛、王珂、林丽鹂、齐志明:《我国的流通成本为啥高?每个环节加价 5%以上》,载《人民日报》2017 年 6 月 12 日第 17 版。

务领域。原因是在发展型国家的背景下，需要赋予担负经济发展责任的地方主体更大的权限，因此对流通、交易不产生直接影响的立法条文可交由地方立法主体制定。未来随着经济发展方式的转变，生产管理行为可能需与流通管理行为一道作为中央事务。

第四步，在非涉流通、交易事务中区分"有负外部性事务"和"无负外部性事务"。

在去除上述三步所涉事务后，剩余的绝大多数行为主要涉及一般社会管理，如维持社会治安、保持城市整洁、引导市政交通秩序等。这些社会管理事务大多仅与本地居民相关，不具有全国性的影响，故可以由地方立法根据本地情况进行调整，应属于地方性事务。但有一些社会秩序维护行为可能会产生超出本地的外部影响，即行为的外部性。此时若外部性为正，那么该事务仍然归属于地方性事务，若可能产生负外部性，则不应属于地方性事务。例如，传染病的预警行为应由较高级别立法规定，因为低级别主体随意发布消息可能带来邻近地区的社会恐慌或者混乱，属于可能产生负外部性的行为。而像环境保护类的条文则应属于地方性立法事务，因为各地的环保举措对邻近地区主要产生的是正外部效应；中央立法在规定环保标准底线后，各地即可以结合本地情况自行规定。

第五步，在无负外部性事务中区分"涉重要权益事务"和"非涉重要权益事务"。

在我国这样的单一制国家，为维护中央权威，应由中央立法规定较为严重的剥夺公民、法人或其他组织合法权益的行为。这主要是为了加强对惩戒等行为的控制，避免地方滥用影响相对人合法权益的手段，体现了中央权威原则。因此，对没有外部性的立法条文，我们还需要判断其对公民、法人、其他组织权利义务的影响程度。若干预措施涉及人身自由等重要权利，或者虽然不涉及重要权利，但对合法权益影响较大，则不宜认定为地方性事务。因此，征收征用财产、限制人身自由、剥夺政治权利、较为严厉的行政处罚（直至刑罚）与行政强制，以及较为重大的行政许可事项等应不属于地方性事务。事务重大与否的判断可结合法律保留原则的理论内涵以及处罚法、许可法、强制法及其它单行法的规定进行。

至此，根据宪法规定和有关理论解释，本章构建了地方性事务认定的阶梯式框架。现就具体流程总结如下：(1) 判断某条文是否属于统治类事务，若是，则非地方性事务，若不是，则进入下一步；(2) 判断该条文是否为服务供给类事务,若是,则为地方性事务,若不是,则进入下一步;(3)判断该条文是否涉及流通、交易,若是,则非地方性事务,若不是,则进入下一步;(4)判断该条文的实施是否具有负外部性,若是,则非地方性事务,若不是,进入下一步;(5)判断该条文是否涉及重要权益,若是,则非地方性事务,若不是,则为地方性事务。上述步骤可用图2.3表达:

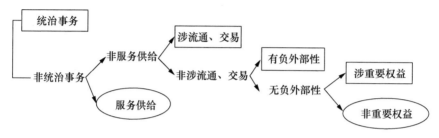

图 2.3 地方性事务的判断流程

注:图中圆框内为地方性事务,方框内为非地方性事务,无框的是需要进一步分类的中间节点。

五、本 章 小 结

上文论述已经提供了一个地方性事务分配的中观理论框架,其优势在于,通过层层递进式的推理,可以逐一检视各项影响因素,相对细致地定位每个具体条文的归属。下面本章以相对复杂的交通领域为例说明,分别分析四组行为的性质,作为小结。

第一组:关于城市道路、停车场等设施的建造标准、数量、运营时间的规定。显然城市交通设施并不涉及统治类事务,因此跳过第一步。在第二步中,可以判断,交通设施的建造标准、数量、运营时间应属于服务供给类条文,为地方性事务。

第二组:通过限制车辆数量进行交通拥堵治理。以限制车辆数量形式治理拥堵看似涉及交通出行,但事实上其与交通流动并无直接关系,而是道路资源的分配问题。例如,某市决定通过摇号分配机动车牌照的行为,事实上是在决定本地道路资源主要为哪些群体提供服务。因此,这种行为应属服务供给类,为地方性事务。

第三组:与道路行驶有关的交通标志、交通安全规则、驾驶员标准等规定。上述规定带有秩序维护性质,不是要给付某种服务,因此属于非服务供给类;同时,这些规定会直接影响道路交通行驶,属于涉流通秩序管理行为。可以想象,若各地对以上内容规定不一致,势必影响交通运行效率,故应为非地方性事务。

第四组:针对乱停车等的管理。治理乱停车看似交通领域问题,但实则与流通无关,因为车辆此时处于静止状态。这应当属于非服务供给类中的非涉流通、交易行为,因此需要进入第四步判断。一般来说,治理乱停车的规范实施效果限于本地,不会对外地产生负面影响,故可最终进入第五步判断。若乱停车治理规定的法律后果不涉及对公民权益的重大影响,则可以认定该规定内容属于地方性事务。

第三章 地方立法和规范性文件领域分布情况:以设区的市为例*

【本章提要】 2015年修改的《立法法》将设区的市的立法权限制在城乡建设与管理、环境保护和历史文化保护等方面,其中"城乡管理"概念存在较大的模糊空间。如何在《立法法》的框架下确定设区的市的立法领域范围,需要基于既有设区的市的立法实践进行讨论。通过对杭州、长沙、兰州三市2000年至2015年间的地方性法规、地方政府规章和温州、佛山、长沙三市相同时段内市政府发布的规范性文件所涉及领域的归纳,可以发现:一方面,在不同地域、不同类别的规范中确实存在共同的高频领域;但另一方面,各个城市之间,各个类别的文件之间在领域分布上也存在显著的区别,体现了不同发展阶段城市和不同规范制定主体在关注点上的差异。设区的市立法领域的安排应当在《立法法》条文合理的解释空间内,尽量实现覆盖高频领域、协调城市间差异以及照顾不同规范制定主体的目标。

一、设区的市立法权的边界问题

2015年3月15日修改的《立法法》对设区的市的地方立法权作出了重大调整。[①]其中,第72条第2款规定:"设区的市的人民代表大会及其

---

* 本章主要部分已发表于《法制与社会发展》2017年第5期。
① 《立法法》于2023年再次修改,但本章所作实证分析均针对2015年修改的《立法法》条文。故若未作特别说明,本章范围内的《立法法》均指2015年修改后、2023年修改前的《立法法》。

常务委员会根据本市的具体情况和实际需要,在不同宪法、法律、行政法规和本省、自治区的地方性法规相抵触的前提下,可以对城乡建设与管理、环境保护、历史文化保护等方面的事项制定地方性法规……"第82条第3款规定:"设区的市、自治州的人民政府根据本条第一款、第二款制定地方政府规章,限于城乡建设与管理、环境保护、历史文化保护等方面的事项。"根据上述条款,我国"城市立法俱乐部"的成员范围大大扩张,从原先的49个较大的市扩充到282个设区的市,是一次大规模的立法放权。但与此同时,《立法法》(2015)对授予各个设区的市的立法权进行了领域上的限制,设区的市的地方性法规和地方政府规章只能就"城乡建设与管理、环境保护、历史文化保护等方面的事项"进行规定。那么此处所称的城乡建设与管理、环境保护、历史文化保护分别具有何种外延?所谓的"等方面的事项"中的"等"字究竟是"等内等"还是"等外等"?对这些问题的回答关系到设区的市立法范围的实际大小,并进一步涉及央地之间的权力分配。

全国人大常委会法工委工作人员在《〈中华人民共和国立法法〉释义》(以下简称《释义》)中就设区的市的立法领域作了举例说明:

> 根据《第十二届全国人民代表大会常委会法律委员会关于〈中华人民共和国立法法修正案(草案)〉审议结果的报告》,"城乡建设与管理、环境保护、历史文化保护等方面的事项"范围是比较宽的。比如,从城乡建设与管理看,就包括城乡规划、基础设施建设、市政管理等;从环境保护看,按照环境保护法的规定,范围包括大气、水、海洋、土地、矿藏、森林、草原、湿地、野生生物、自然遗迹、人文遗迹等;……①

《释义》中的说明在一定程度上增进了外界对于《立法法》(2015)第72条、82条的理解,但并没有实质解决问题。事实上,环境保护和历史文化保护属于较为清晰的概念,在实践中不容易产生歧义,但是城乡建设与管理中的"城乡管理"究竟包含哪些内容则并不那么容易确定。根据《释义》,城乡管理似乎应当对应于市政管理,那么接下来的问题变成了市政管理又应该包含什么内容。实际上,市政管理却与城乡管理一样,都属于

---

① 郑淑娜主编:《〈中华人民共和国立法法〉释义》,中国民主法制出版社2015年版,第198页。

不确定法律概念。① 因此,从《释义》中,我们同样很难获得更多的信息。

若从法律条文出发,"城乡建设与管理、环境保护、历史文化保护等方面的事项"这一语句可能存在窄、中、宽三种不同的解释方案。较窄的解释方案将"等"字解释为"等内等",即设区的市的立法范围仅包括法律已经列举的三项,不能扩展到其他领域;同时,城乡管理这一概念作狭义理解,解释为市容环卫管理等涉及城市面貌的管理领域,即主要包括目前各城市相对集中行使处罚权的领域,②而不包括对城市中经济社会生活的管理。不过,这一解释方案似乎与《立法法》的修改精神不符:在2014年8月的立法法修正案草案的一审稿中,有关立法领域的问题规定为"城市建设、市容卫生、环境保护等城市管理方面的事项",而到了二审稿中即已经变为"城市建设、城市管理、环境保护等方面的事项"。立法机关在修改过程中以更具有一般性的"城市管理"替代"市容卫生",说明对于"城乡管理"的理解不应限于狭义。

中等程度的解释方案在确认对"等"字作"等内等"理解的同时,对"城乡管理"持更为开放的态度,即城乡管理不仅包括市容卫生管理,同时也包含其他城市管理领域。不过城乡管理究竟可以延伸解释到何种程度仍然是一个棘手的问题,社会保障、教育、卫生、交通等领域的管理能否纳入城乡管理的范畴亦是无法仅仅通过文义或体系解释所能解决的。时任全国人大常委会法工委主任李适时在第二十一次全国地方立法研讨会上的

---

① 有学者引用《中共中央国务院关于深入推进城市执法体制改革改进城市管理工作的指导意见》中对城市管理的定义或城市管理学中对城市管理的定义来解释《立法法》中的这一概念。参见陈国刚:《论设区的市地方立法权限:基于〈立法法〉的梳理与解读》,载《学习与探索》2016年第7期,第82—83页;程庆栋:《论设区的市的立法权:权限范围与权力行使》,载《政治与法律》2015年第8期,第55页。这些定义虽然有助于我们理解日常语言中城市管理的含义,但尚未上升成为具有法律性质的定义,故而对"城市管理"概念的解读仍有较大空间。

② 参照住房和城乡建设部在2016年8月19日发布的《城市管理执法办法(征求意见稿)》第8条的界定,城市管理执法的行政处罚权范围包括以下方面:(1)住房城乡建设领域法律法规规章规定的全部行政处罚权。(2)环境保护管理方面社会生活噪声污染、建筑施工噪声污染、建筑施工扬尘污染、餐饮服务业油烟污染、露天烧烤污染的行政处罚权。环境保护管理方面城市焚烧沥青塑料垃圾等烟尘和恶臭污染、露天焚烧秸秆落叶烟尘污染、燃放烟花爆竹污染等的行政处罚权。(3)工商管理方面户外公共场所无照经营、违规设置户外广告的行政处罚权。(4)交通管理方面在城市道路上违法停放机动车辆的行政处罚权。(5)水务管理方面向城市河道倾倒废弃物和垃圾、违规取土、城市河道违法建筑物拆除等的行政处罚权。(6)食品药品监管方面户外公共场所的食品销售和餐饮摊点无证经营、违法回收贩卖药品等的行政处罚权。

发言中指出:"城乡管理除了包括对市容、市政等事项的管理,也包括对城乡人员、组织的服务和管理以及对行政管理事项的规范等。"①此处"城乡管理"概念的覆盖范围较《释义》而言更大,不过"对城乡人员、组织的服务和管理"究竟对应于什么领域仍不甚清楚。若从广义上说,所有的立法领域都可以被认为是对人或组织的服务与管理,但扩张到如此程度应当不是立法者的原意。且在第二十二次全国地方立法研讨会上,李适时主任又根据中共中央和国务院《关于深入推进城市执法体制改革改进城市管理工作的指导意见》以及《关于进一步加强城市规划建设管理工作的若干意见》对"城市管理"的范围进行了限缩。②可见,目前在立法机关内部,对"城乡管理"这一概念仍然没有形成固定的意见。

  宽泛程度的解释则更进一步,在承认对城乡管理概念作开放式理解的同时,对"等"字作"等外等"的解释,即设区的市的立法领域不仅仅限于目前条文列举的三个方面,还应包括其他领域。当然,不能将这一解释方案推向极致,否则修改后的《立法法》条文的列举将变得毫无意义。并且,从法工委李适时主任在第二十一次全国地方立法研讨会上的表态看,立法机关更倾向于将"等"字解释为"等内等"。③

  综上所述,关于设区的市之立法领域的解释可能更多偏向于上述中等程度方案,但是该方案在"城乡管理"这一个关键概念上存在一定的模糊空间,需要进一步究明。立法机关采取一种不甚明确的表达也许是在为地方具体的探索留出余地,避免在实践未充分展开的情况下将央地权力关系规定得过死。不过,49个较大的市乃至当时没有立法权的设区的市的制规实践已经为法律修改后即将开展的立法活动积累了大量的经验,我们可以通过对这些城市既有实践的观察来为《立法法》合理的解释方案提供基础。

  在研究设区的市地方立法权分配方案时要研究先前不同城市的实

---

  ① 李适时:《全面贯彻实施修改后的立法法——在第二十一次全国地方立法研讨会上的小结》,载中国人大网,http://www.npc.gov.cn/zgrdw/npc/lfzt/rlyw/2015-09/28/content_1947314.htm,最后访问时间:2023年3月25日。

  ② 李适时:《在第二十二次全国地方立法研讨会上的小结》,载中国人大网,http://www.npc.gov.cn/zgrdw/npc/lfzt/rlyw/2016-09/18/content_1997525.htm,最后访问时间:2023年3月25日。

  ③ 李适时指出:城乡建设与管理、环境保护、历史文化保护三个事项后的"等","从立法原意讲,应该是等内,不宜再作更加宽泛的理解"。

践,并不意味着之前已有的实践必然成为今后《立法法》解释方案设计的决定因素,毕竟修改后的《立法法》在规范上对设区的市立法添加领域上的限制的目的之一就在于缩减设区的市一级的立法范围。但偏离既有实践而进行的方案设计很有可能因不符合地方立法的现实需求和实际特点而使制度不能有效实现其效用,从而无法达成充分发挥地方主动性和积极性的目标。[1]

从实际立法工作的角度说,地方立法是本地发展和管理需求的体现,不考虑设区的市地方立法现实需求的解释方案可能会压缩部分城市必要的立法空间。就已有的实证资料看,目前我们不能完全确定地方立法存在较大需求的领域是否已被《立法法》所规定的领域覆盖,若在实践中属于高频立法领域的事项不能纳入设区的市的立法范围,则地方通过立法所进行的治理活动会受到较大的制约。另外,各个地方因为发展阶段和地理环境不同,立法需求有很大区别,不能用统一的标准来衡量。比如,后文将述,经济先发地区在经济管理方面已无太大的立法诉求,但经济后发地区在该方面的立法需求可能还处在逐步上升阶段。假如完全限制各地上述经济管理类立法的制定权,则可能对部分后发城市的发展造成不利影响,也可能导致城市之间立法权力的隐性不平衡。同时,分别作为地方性法规和地方政府规章制定主体的地方人大和地方政府在立法领域选择上也可能并不完全同步,正式立法文件和一般规范性文件在领域分布上亦有所差异。地方立法权设置除了保障人大立法工作需要外,还应适当回应政府的规章乃至考虑规范性文件的制定需要,否则也可能会造成部分规范制定需求被压抑。故而,为了使此次立法权的下放能更好地促进地方能动性的发挥,立法权分配方案的设计者就要清楚地了解不同城市、不同立法主体有差异的立法诉求,并相应地予以"关照"。

而要了解各个地方在立法上的诉求有何不同则需要通过经验性的调查方能实现。此类调查可以针对目前各个设区的市的未来立法意愿,但这种针对未来意愿的调查并不见得能够反映真实的情况,因为未来的计划可能会受到《立法法》当前设定的权限范围的影响。更加客观的调查应

---

[1] 党的十八届三中全会提出逐步增加有地方立法权的较大的市的数量,十八届四中全会进一步明确提出依法赋予设区的市地方立法权。这就要求遵循在中央的统一领导下,充分发挥地方主动性和积极性的原则通过修改立法法赋予设区的市地方立法权。参见郑淑娜主编:《〈中华人民共和国立法法〉释义》,中国民主法制出版社2015年版,第194—195页。

当针对《立法法》修改以前的立法行为。原因在于当时法律对较大的市的立法权并未进行列举式规定,各地可以较大程度地根据各自实际需要进行规范制定,其形成的结果更加能够反映立法需求的自然分布。除此以外,还应当研究《立法法》修改以前不属于较大的市的设区的市的"立法"情况。这些一般设区的市当初在没有立法权的条件下,其规范性文件重点处理何种方面的问题,可以反映此类城市主要的立法需求。

先前已有部分研究者从地方立法实践出发,通过数量统计研究地方立法的具体领域。① 比如,江材讯对 1979 年至 2004 年间地方人大的立法领域进行了归纳分析,他指出:"地方立法所涉及到的领域不断拓宽,不仅涉及到政治、经济、民族、政权和社会方面,还发展到资源与环境、文物以及教育、科技、城市建设与管理等多个领域。按调整对象划分,经济类法规有 3602 件,占立法总数的 48.36%。属于人大制度方面的法规数量也较多,有 740 件,占 10.0%……"② 逯金冲对上海、广东、山东、青海等 4 个省市 1990 年至 2014 年间的地方性法规和规章分布进行了研究。他发现,在这四省市中,"经济管理类的立法数量居于首位,占到地方创制性立法总数的 27%,财政税收类居于次席,但也占到地方创制性立法总数的 16%,其他所占比重较大的立法分别为劳动与社会保障类(12%)与政府职能类(10%)",这四类相加已经超过全部创制性立法的一半。另外,地处沿海的广东省在资源开发、城市建设方面的创制性立法数量低于西部的青海省,而地处东部的山东省和上海市的创制性立法除了在几个范畴内的立法数量比例较为相近外,没有其他显著差异。③ 涂艳成将地方立法领域分为 54 个小类,并对从 2000 年 7 月 1 日至 2008 年 12 月 31 日间发布的省及较大的市立法中抽取的 494 件地方性法规进行了归类统计。根据她的结论,国家机关组织和活动原则(12.14%)、环境与资源保护(6.07%)、自然保护区管理(5.87%)、公司企业个体工商户发展(5.06%)、人才市场与劳动力市场(4.85%)、市政工程与公共设施管理(4.45%)、房地产管理

---

① 虽然目前笔者已知的针对地方立法领域的此类研究主要面向省一级的地方性法规,但鉴于此前省一级与较大的市一级在立法领域上较为一致,对省一级立法领域的考察也具有一定的参照意义。

② 该文作者并没有在文章中明确其立法领域统计的样本范围,只能大致作为地方人大立法领域的参考。参见江材讯:《地方立法数量及项目研析》,载《人大研究》2005 年第 11 期,第 30 页。

③ 参见逯金冲:《地方创制性立法研究》,山东大学 2014 年硕士学位论文,第 29 页。

(4.25%)和市场管理(4.04%)占据了立法领域中的前几位。①

涂艳成与前述江材讯和逯金冲的研究在统计结果上出入较大,特别是在江材讯和逯金冲文中占比较高的经济管理类法规在涂艳成的统计中并无明显体现。这有可能源于不同研究者对地方性法规不同的归类方法,但更可能是由样本本身的不同所造成的。江材讯的研究对象时间跨度为 1979 年至 2004 年,逯金冲的研究对象跨度为 1990 年至 2014 年,而涂艳成所做的统计时间跨度为 2000 年至 2008 年。可见,涂艳成研究所针对的样本在时间上相对偏后一些,主要是《立法法》制定以后的地方立法,这可能会影响立法领域分布的结果。就一般规律而言,在经济起飞的早期,经济管理类的立法会占绝大多数,而当经济取得一定发展,立法重心则会相应偏向于社会管理方面的立法。② 在《立法法》刚刚制定的 2000年,我国经济已经历了 20 年的高速发展,经济管理领域的立法日趋成熟,此时,各地的立法重心向经济管理以外的其他领域转移是符合法治发展规律的。另外,涂艳成在研究中还将地方政府规章纳入了考虑范畴,这在某种程度上也可能对立法领域分布产生影响,当然,这需要更深入的实证研究予以确认。

总体而言,当前已有的实证研究显著丰富了我们对地方立法现象的认识,但仍然存在一定的问题。其一,目前实证研究的重点主要在省一级的地方立法,对于较大的市或设区的市地方立法的关注比较有限。虽然省一级的立法可能与设区的市的立法存在领域上的相似性,但省级立法毕竟是针对一个包含城乡的相对较大的区域,而非仅仅面向一个城市,在立法内容的选择上可能有所不同。其二,既有研究在立法领域的分类上比较粗糙,影响了对统计结果的表达。比如逯金冲将立法领域分为环境保护、劳动与社会保障、经济管理、城市建设、财政税收、资源开发、政府职能及文化生活等,但这个分类中诸如经济管理、文化生活等概念相对较为模糊,并不能很好涵盖卫生、教育、公共安全等诸多社会领域的立法。而涂艳成虽然将立法领域分为 54 个小类,更加细化,但是其中"行政处罚类""行政许可类"与其它按领域划分的小类在分类方法上并不统一,"环

---

① 参见涂艳成:《地方创制性立法之"地方性事务"研究》,上海交通大学 2009 年硕士学位论文,第 30—31 页。
② 罗干:《我国地方立法权扩张的政治后果分析》,载《行政与法》2012 年第 7 期,第 96 页。

境、资源保护"与"义务植树、植物保护"以及"污染防治"等领域的划分存在上下位概念交叉的问题,"食品安全"与"清真食品管理"等则存在领域上的重复。这些分类瑕疵也将影响最终结果呈现的准确性。其三,目前所有的统计针对的均是"法源"层面的规范,尚未有直接探讨各地政府所制定之规范性文件的分布情况,并将其与地方性法规和规章等法源性文件做对比的研究。

本章试图对相关研究有所推进,从原属较大的市的地方性法规和地方政府规章以及设区的市具有立法替代性的规范性文件入手展开研究,通过相对清晰科学的分类揭示设区的市地方立法的实际图景,以丰富关于地方立法领域的研究。通过经验性的调查,我们可以相对精确地掌握设区的市立法的可能需求,从而在设计新《立法法》设区的市立法权的解释方案时不至于过度压制地方的立法需要,也不至于盲目地扩张地方的立法权限。同时,对地方立法实际领域分布的清楚掌握,也能促使我们更好地理解何谓《立法法》(2015)第73条所称的"地方性事务"。

本章第二部分将以浙江省杭州市、湖南省长沙市、甘肃省兰州市三个前较大的市2000年至2015年间制定的所有地方性法规和地方政府规章为样本,从经验角度研究设区的市立法领域的分布及其相关规律;第三部分则以2000年至2015年间浙江省温州市、广东省佛山市和湖南省长沙市三个设区的市的规范性文件为样本,对比研究较大的市和非较大的市规范性文件的制定情况。第四部分将在前文基础上讨论设区的市立法领域的合理分配方案。

二、杭州、长沙、兰州地方性法规和规章之领域分布情况及其比较

本章对于前较大的市立法领域的考察主要基于浙江省杭州市、湖南省长沙市、甘肃省兰州市自2000年3月15日至2015年3月15日止15年间所制定的所有至2015年3月15日时止仍然有效的地方性法规和地方政府规章。

选取杭州、长沙、兰州三市的地方立法作为研究对象,原因如下:第一,杭州、长沙、兰州分别位于我国的东部、中部和西部地区,具有不同的经济社会文化特征,体现了不同地理环境的差异,在一定程度上代表了我

国内地不同的地域区块。第二,三市的经济发展程度呈现梯度分布。以2015年为例,杭州市当年地区生产总值为10053.58亿元,①长沙市为8510.13亿元,②兰州市为2095.99亿元,③三者在经济总量上存在一定的级差,可以大致代表不同经济规模的城市。第三,杭州、长沙、兰州均为省会城市,分别是各自所在省的政治、经济、文化、交通和科教中心,在立法选择上能够较好地体现一个综合城市的立法需求。第四,三市皆非经济特区所在地的市或计划单列市,不具有经济特区所在地的市破格立法、先行立法的权力,也没有省一级的经济管理权限,因此其在立法领域上更加接近一般设区的市。第五,三市均不属于资源型城市、沿海开放城市等负载特殊功能的城市。杭州、长沙、兰州皆未被国务院纳入资源型城市的名单,④经济发展不依赖大型矿藏的开采;同时,市辖范围也没有大型港口,也无其他海洋作业的需要。所以,此三城市在立法上不会偏重于资源利用、海洋作业管理、港口管理等较为特殊的领域。

总之,笔者在研究中所选择的代表性城市力图符合两项标准,一是该城市不具有个别化的特征,能够反映一般设区的市的立法特点;二是被选的三个城市之间的差异可以体现为类别之间的差异,从而在一定程度上反映不同种类设区的市的差异。当然,三个城市的代表性势必有限,研究只有在有限范围内才大致体现了我国设区的市的立法领域分布情况。

(一)立法领域分布总体情况

本章在立法领域的归类上以国务院各部、各委员会、各直属机构、有行政管理权的各直属事业单位的职能划分为基础,将立法领域分为68类(见表3.1)。其中,部分较为细节性的职能类别被综合归并,比如监狱管理、律师管理、法制宣传、法律援助、公证工作、司法鉴定等工作均归入"司法事业"项下;而分属不同部门的相同性质的职能也被归并,比如民政、住房与城乡建设部门的社会救助职能并入人力资源和社会保障部门的社会保障职能项下,住房与城乡建设、水利、园林等部门拥有的公共设施管理

---

① 《2015年杭州市国民经济和社会发展统计公报》。
② 《2015年长沙市国民经济和社会发展统计公报》。
③ 《2015年兰州市国民经济和社会发展统计公报》。
④ 《全国资源型城市可持续发展规划(2013—2020年)》中所列262个城市不包括本章所涉三市。

职能统一归入公共设施管理项下。如此分类的目的在于确保所分之立法领域具有中等程度的覆盖范围,不至于过度细节化而使统计结果上的领域分布过于分散,也不至于过度粗疏而使统计本身无法为《立法法》进一步的解释提供参照意义。

表 3.1　立法领域分类

1. 人大议事规则和程序	2. 政府组织与职权	3. 产业园区
4. 行政程序	5. 外交、港澳台事务	6. 国防
7. 价格	8. 投资	9. 产业、企业促进
10. 教育	11. 科技	12. 工业
13. 通信业	14. 民族事务	15. 公共安全
16. 国边境管理	17. 出入境管理	18. 消防
19. 政府监督	20. 国家安全	21. 地名区划
22. 社会组织	23. 防灾救灾	24. 公益活动
25. 基层政权	26. 民事	27. 政府债务
28. 司法事业	29. 财务管理	30. 劳动者保护
31. 社会保障	32. 就业与劳动力市场	33. 资源
34. 土地管理	35. 环境保护	36. 公共设施管理
37. 城市综合管理	38. 城乡规划与建设	39. 历史文化保护
40. 房地产	41. 市容环卫	42. 水利
43. 交通	44. 邮政	45. 特许经营
46. 农业	47. 国际贸易	48. 人口
49. 文化事业	50. 卫生	51. 国有资产管理
52. 金融	53. 审计	54. 流通领域监管
55. 海关	56. 税务	57. 检验检疫
58. 知识产权	59. 质量监督和标准化	60. 安全生产
61. 新闻出版及广播影视事业	62. 体育	63. 林业
64. 食品药品	65. 统计	66. 档案
67. 旅游	68. 宗教	

在上述领域分类的基础上,笔者利用"北大法宝"数据库对杭州、长沙、兰州三市人大及其常委会以及当地人民政府自 2000 年 3 月 15 日至 2015 年 3 月 15 日之间发布的所有地方性法规和地方政府规章作了逐一归类统计。鉴于在 15 年的时间中有大量地方立法被修改,为避免重复统计,本章只计算了至 2015 年 3 月 15 日时止仍然有效的地方性法规和地

方政府规章,最后共得三地地方性法规 126 件,地方政府规章 209 件,合计 335 件,涉及立法领域 50 类。地方立法领域总体分布情况见下表 3.2 及图 3.1 所示[①]。

表 3.2 杭州、长沙、兰州地方性法规和地方政府规章立法领域分布总体情况(2000.3.15—2015.3.15)

立法领域	次数	百分比	累积百分比	立法领域	次数	百分比	累积百分比
城乡规划与建设	28	8.4	8.4	流通领域管理	4	1.2	83.0
环境保护	26	7.8	16.1	民事	4	1.2	84.2
交通	26	7.8	23.9	人口	4	1.2	85.4
公共设施管理	22	6.6	30.4	消防	4	1.2	86.6
市容环卫	22	6.6	37.0	知识产权	4	1.2	87.8
房地产	15	4.5	41.5	城市综合管理	3	0.9	88.7
土地管理	13	3.9	45.4	档案	3	0.9	89.6
行政程序	11	3.3	48.7	国防	3	0.9	90.4
历史文化保护	10	3.0	51.6	旅游	3	0.9	91.3
资源	10	3.0	54.6	社会组织	3	0.9	92.2
公共安全	9	2.7	57.3	体育	3	0.9	93.1
政府监督	8	2.4	59.7	质量监督和标准化	3	0.9	94.0
社会保障	7	2.1	61.8	产业、企业促进	2	0.6	94.6
卫生	7	2.1	63.9	地名区划	2	0.6	95.2
农业	6	1.8	65.7	防灾救灾	2	0.6	95.8
人大议事规则和程序	6	1.8	67.5	公益活动	2	0.6	96.4
食品药品	6	1.8	69.3	区划地名	2	0.6	97.0
水利	6	1.8	71.0	司法事业	2	0.6	97.6
政府组织与职权	6	1.8	72.8	投资	2	0.6	98.2
安全生产	5	1.5	74.3	宗教	2	0.6	98.8
财务管理	5	1.5	75.8	林业	1	0.3	99.1

---

① 文内所有表格当中,百分比列与累积百分比列的数值均省略了百分比符号(%),在饼状图中展现所占比率的数字同样省略了百分比符号(%)。部分无法整除的数据采用了四舍五入的方法保留至小数点后一位,由此可能导致表内或图内数字直接加总后并非正好是 100% 的情况,特此说明。

(续表)

立法领域	次数	百分比	累积百分比	立法领域	次数	百分比	累积百分比
产业园区	4	1.2	77.0	审计	1	0.3	99.4
价格	4	1.2	78.2	特许经营	1	0.3	99.7
教育	4	1.2	79.4	邮政	1	0.3	100.0
科技	4	1.2	80.6	总计	335	100.0	
劳动者保护	4	1.2	81.8				

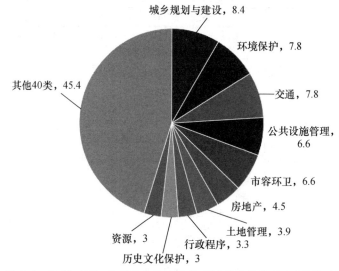

图 3.1　杭州、长沙、兰州三市地方立法领域分布总体情况(单位:%)

从表 3.2 中首先可以发现,城乡规划与建设、环境保护、交通、公共设施管理、市容环卫、房地产、土地管理、行政程序、历史文化保护和资源等 10 个领域占据了设区的市立法总数的 50% 左右,是各个立法领域中出现频率最高的。这些领域大多涉及对城市容貌与秩序的维护或者对城市范围内不动产的管理。同时可以发现,外交与港澳台事务、工业、通信业、民族事务、国边境管理、出入境管理、基层政权、政府债务、就业与劳动力市场、国际贸易、文化事业、金融、国有资产管理、海关、税务、检验检疫、新闻出版及广播影视事业、统计等 18 个领域在对以上三市的统计中没有出现。上述领域中的外交与港澳台事务、民族事务、国边境管理、出入境管理、基层政权、国际贸易、金融、海关、税务等涉及《立法法》(2015)第 8 条规定的法律保留事项,地方立法确实应当避免涉及。而工业、通信业等属于涉及国民经济重要行业的事项,文化事业和新闻出版及广播影视事业属于文化领域的事项,这些立法领域没有出现说明重要经济领域与文化领域的立法在设区市立法中并不占据重要地位。最后,教育、卫生、劳动者保护等社会管理领域的立法数量也相对较少,说明社会性立法在设区的市所受重视程度同样有限。

(二)地方性法规和地方政府规章立法领域比较

对三市地方性法规和地方政府规章的汇总统计见下表3.3、表3.4:

表3.3 杭州、长沙、兰州地方性法规立法领域分布总体情况
(2000.3.15—2015.3.15)

立法领域	次数	百分比	累积百分比	立法领域	次数	百分比	累积百分比
环境保护	15	11.9	11.9	劳动者保护	2	1.6	81.7
交通	13	10.3	22.2	旅游	2	1.6	83.3
公共设施管理	9	7.1	29.4	民事	2	1.6	84.9
城乡规划与建设	7	5.6	34.9	农业	2	1.6	86.5
历史文化保护	7	5.6	40.5	人口	2	1.6	88.1
市容环卫	7	5.6	46.0	司法事业	2	1.6	89.7
人大议事规则和程序	6	4.8	50.8	政府监督	2	1.6	91.3
资源	5	4.0	54.8	产业、企业促进	1	0.8	92.1
产业园区	4	3.2	57.9	档案	1	0.8	92.9
房地产	4	3.2	61.1	地名区划	1	0.8	93.7
安全生产	3	2.4	63.5	价格	1	0.8	94.4
教育	3	2.4	65.9	社会保障	1	0.8	95.2
食品药品	3	2.4	68.3	特许经营	1	0.8	96.0
水利	3	2.4	70.6	体育	1	0.8	96.8
土地管理	3	2.4	73.0	消防	1	0.8	97.6
卫生	3	2.4	75.4	知识产权	1	0.8	98.4
公共安全	2	1.6	77.0	质量监督	1	0.8	99.2
公益活动	2	1.6	78.6	宗教	1	0.8	100.0
科技	2	1.6	80.2	总计	126	100.0	

从表 3.3 中可以看到,三市 126 项地方性法规共涉及立法领域 37 类,占据前 50% 左右的立法领域主要是环境保护、交通、公共设施管理、城乡规划与建设、历史文化保护、市容环卫与人大议事规则和程序等 7 项。在这之中,与前不同的是人大议事规则和程序,共出现 6 次,占全部地方性法规的 4.8%。这反映出人大内部的运作规则在地方性法规的立法中占有一定分量。

表 3.4 杭州、长沙、兰州地方政府规章立法领域分布总体情况
(2000.3.15—2015.3.15)

立法领域	次数	百分比	累积百分比	立法领域	次数	百分比	累积百分比
城乡规划与建设	21	10.0	10.0	水利	3	1.4	82.8
市容环卫	15	7.2	17.2	消防	3	1.4	84.2
公共设施管理	13	6.2	23.4	知识产权	3	1.4	85.6
交通	13	6.2	29.7	安全生产	2	1.0	86.6
房地产	11	5.3	34.9	档案	2	1.0	87.6
环境保护	11	5.3	40.2	防灾救灾	2	1.0	88.5
行政程序	11	5.3	45.5	科技	2	1.0	89.5
土地管理	10	4.8	50.2	劳动者保护	2	1.0	90.4
公共安全	7	3.3	53.6	民事	2	1.0	91.4
社会保障	6	2.9	56.5	区划地名	2	1.0	92.3
政府监督	6	2.9	59.3	人口	2	1.0	93.3
政府组织与职权	6	2.9	62.2	体育	2	1.0	94.3
财务管理	5	2.4	64.6	投资	2	1.0	95.2
资源	5	2.4	67.0	质量监督和标准化	2	1.0	96.2
流通领域管理	4	1.9	68.9	产业、企业促进	1	0.5	96.7
农业	4	1.9	70.8	地名区划	1	0.5	97.1
卫生	4	1.9	72.7	教育	1	0.5	97.6
城市综合管理	3	1.4	74.2	林业	1	0.5	98.1
国防	3	1.4	75.6	旅游	1	0.5	98.6
价格	3	1.4	77.0	审计	1	0.5	99.0
历史文化保护	3	1.4	78.5	邮政	1	0.5	99.5
社会组织	3	1.4	79.9	宗教	1	0.5	100.0
食品药品	3	1.4	81.3	总计	209	100.0	

根据表3.4,三地209项地方政府规章共涉及立法领域45类,位于前列的立法领域主要包括城乡规划与建设、市容环卫、交通、公共设施管理、房地产、环境保护、行政程序和土地管理。与地方性法规相似,市容环卫、交通、公共设施管理等领域在规章中也同样属于高频立法领域;但与地方性法规相比,地方政府规章对城乡规划与建设、房地产、土地管理领域的立法似乎更加重视,三者分别占到了10.0%、5.3%和4.8%(地方性法规中的占比为5.6%、3.2%和2.4%)。而环境保护与历史文化保护在规章中则相对次要,前者占比5.3%,后者仅占1.4%(地方性法规中的占比为11.9%和5.6%)。地方性法规和地方政府规章在立法领域上的差异在一定意义上说明人大与政府在立法分工上的可能区别:担负经济发展责任的地方政府对于城市建设、土地、房地产等涉及城市发展和财政收入的资本要素更为重视,而人大作为立法机关,虽然也制定涉及本地经济发展的地方性法规,但相比于政府,则将更多的精力投入环保、历史文化保护等消除经济发展负面影响的立法领域。另外,与人大立法关注自身程序与议事规则类似,政府内部的行政程序事项在地方政府规章中同样占据显著地位,比例达5.3%。参见图3.2、图3.3。

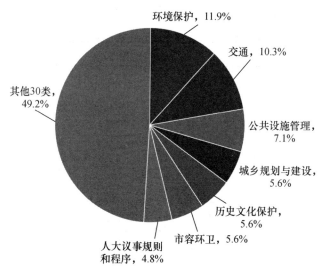

图3.2 杭州、长沙、兰州三市地方性法规立法领域分布总体情况

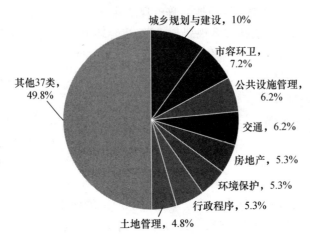

图 3.3　杭州、长沙、兰州三市地方政府规章立法领域分布总体情况

(三) 不同城市立法领域比较

除了地方性法规和地方政府规章之间可能存在领域分布差异之外,不同城市在立法领域方面也可能存在差别,现将杭州、长沙、兰州的统计分别列入表 3.5、表 3.6 和表 3.7 之中。

表 3.5　杭州市地方性法规和地方政府规章立法领域分布总体情况
(2000.3.15—2015.3.15)

立法领域	次数	百分比	累积百分比	立法领域	次数	百分比	累积百分比
交通	16	8.9	8.9	财务管理	2	1.1	82.2
城乡规划与建设	14	7.8	16.7	地名区划	2	1.1	83.3
环境保护	13	7.2	23.9	防灾救灾	2	1.1	84.4
市容环境	13	7.2	31.1	流通领域监管	2	1.1	85.6
公共设施管理	11	6.1	37.2	民事	2	1.1	86.7
房地产	8	4.4	41.7	社会保障	2	1.1	87.8
土地管理	8	4.4	46.1	社会组织	2	1.1	88.9
历史文化保护	6	3.3	49.4	食品药品	2	1.1	90.0
行政程序	6	3.3	52.8	司法事业	2	1.1	91.1
公共安全	5	2.8	55.6	政府监督	2	1.1	92.2
水利	5	2.8	58.3	质量监督	2	1.1	93.3

(续表)

立法领域	次数	百分比	累积百分比	立法领域	次数	百分比	累积百分比
安全生产	4	2.2	60.6	产业、企业促进	1	0.6	93.9
政府组织与职权	4	2.2	62.8	产业园区	1	0.6	94.4
城市综合管理	3	1.7	64.4	公益活动	1	0.6	95.0
档案	3	1.7	66.1	国防	1	0.6	95.6
教育	3	1.7	67.8	价格	1	0.6	96.1
科技	3	1.7	69.4	林业	1	0.6	96.7
劳动者保护	3	1.7	71.1	人口	1	0.6	97.2
旅游	3	1.7	72.8	审计	1	0.6	97.8
农业	3	1.7	74.4	特许经营	1	0.6	98.3
人大议事规则和程序	3	1.7	76.1	体育	1	0.6	98.9
卫生	3	1.7	77.8	消防	1	0.6	99.4
知识产权	3	1.7	79.4	宗教	1	0.6	100.0
资源	3	1.7	81.1	总计	180	100.0	

在本章统计范围内,杭州市共有地方性法规 79 项,地方政府规章 101 项,合计 180 项,涉及立法领域 47 类。相对于长沙和兰州,杭州市在立法数量和领域覆盖范围上均遥遥领先。其中,交通、城乡规划与建设、环境保护、市容环卫、公共设施管理、房地产、土地管理、历史文化保护和行政程序等 9 类的累积百分比占到了全部立法的 52.8%。(表 3.5)

表 3.6 长沙市地方性法规和地方政府规章立法领域分布总体情况
(2000.3.15—2015.3.15)

立法领域	次数	百分比	累积百分比	立法领域	次数	百分比	累积百分比
环境保护	5	8.8	8.8	公益活动	1	1.8	77.2
房地产	4	7.0	15.8	教育	1	1.8	78.9
公共设施管理	4	7.0	22.8	流通领域管理	1	1.8	80.7
交通	4	7.0	29.8	民事	1	1.8	82.5
城乡规划与建设	3	5.3	35.1	农业	1	1.8	84.2
历史文化保护	3	5.3	40.4	区划地名	1	1.8	86.0
土地管理	3	5.3	45.6	社会保障	1	1.8	87.7

(续表)

立法领域	次数	百分比	累积百分比	立法领域	次数	百分比	累积百分比
资源	3	5.3	50.9	水利	1	1.8	89.5
公共安全	2	3.5	54.4	卫生	1	1.8	91.2
人大议事规则和程序	2	3.5	57.9	消防	1	1.8	93.0
人口	2	3.5	61.4	邮政	1	1.8	94.7
市容环卫	2	3.5	64.9	政府监督	1	1.8	96.5
体育	2	3.5	68.4	知识产权	1	1.8	98.2
行政程序	2	3.5	71.9	质量监督	1	1.8	100.0
安全生产	1	1.8	73.7	总计	57	100.0	
产业园区	1	1.8	75.4				

长沙市在统计范围内共有地方性法规27项,地方政府规章30项,合计57项,涉及立法领域30类。其中,环境保护、房地产、公共设施管理、交通、城乡规划与建设、历史文化保护、土地管理和资源类立法相对数量较多,占到全部立法的一半左右。(表3.6)

表3.7 兰州市地方性法规和地方政府规章立法领域分布总体情况
(2000.3.15—2015.3.15)

立法领域	次数	百分比	累积百分比	立法领域	次数	百分比	累积百分比
城乡规划与建设	11	11.2	11.2	农业	2	2.0	80.6
环境保护	8	8.2	19.4	投资	2	2.0	82.7
公共设施管理	7	7.1	26.5	土地管理	2	2.0	84.7
市容环卫	7	7.1	33.7	消防	2	2.0	86.7
交通	6	6.1	39.8	政府组织与职权	2	2.0	88.8
政府监督	5	5.1	44.9	产业、企业促进	1	1.0	89.8
社会保障	4	4.1	49.0	科技	1	1.0	90.8
食品药品	4	4.1	53.1	劳动者保护	1	1.0	91.8
资源	4	4.1	57.1	历史文化保护	1	1.0	92.9
财务管理	3	3.1	60.2	流通领域管理	1	1.0	93.9
房地产	3	3.1	63.3	民事	1	1.0	94.9
价格	3	3.1	66.3	区划地名	1	1.0	95.9

第三章 地方立法和规范性文件领域分布情况：以设区的市为例 075

（续表）

立法领域	次数	百分比	累积百分比	立法领域	次数	百分比	累积百分比
卫生	3	3.1	69.4	人大议事规则和程序	1	1.0	96.9
行政程序	3	3.1	72.4	人口	1	1.0	98.0
产业园区	2	2.0	74.5	社会组织	1	1.0	99.0
公共安全	2	2.0	76.5	宗教	1	1.0	100.0
国防	2	2.0	78.6	总计	98	100.0	

兰州市在统计范围内共有地方性法规20项，地方政府规章78项，合计98项，涉及立法领域33类。其中，城乡规划与建设、环境保护、公共设施管理、市容环卫、交通、政府监督、社会保障、食品药品和资源类立法的合计占比达到57.1%。虽然统计至"社会保障"时累计百分比已接近50%，但由于社会保障、食品药品和资源类立法所占比例相同，故本处将此三类全部列出，见表3.7。

对比三市的立法领域可以发现：第一，交通、城乡规划与建设、环境保护、公共设施管理在所有城市中尽管排序不同，但均为立法重点；第二，土地管理、房地产、历史文化保护类立法在杭州与长沙受到重视，但在兰州相对次要；第三，价格、投资等经济管理领域的立法主要是兰州市在制定的；第四，资源类立法方面，长沙和兰州市的立法比例高于杭州；第五，杭州市较为注重行政程序建设，兰州市注重对政府监督类立法的制定；第六，兰州市对社会保障、食品药品监管等问题在立法上相对更加重视；第七，市容环卫类立法在杭州与兰州均较多，但在长沙市相对较少。参见图3.4、图3.5、图3.6。

以上现象反映出了三个城市在地方立法过程中不同的侧重点，进一步反映了不同城市立法需要的不同。而在立法需求的背后则体现了各个城市所处的不同发展阶段，以及有区别的社会经济环境。比如，2014年杭州市房地产开发投资2301.08亿元，2015年为2472.07亿元；而兰州市2014年、2015年的房地产开发投资分别为145.39亿元和152.96亿元，[①]这代表了当年两市在房地产市场活跃程度的差异，同时也能间接映

---

① 参见2014年与2015年杭州市与兰州市《国民经济和社会发展统计公报》。

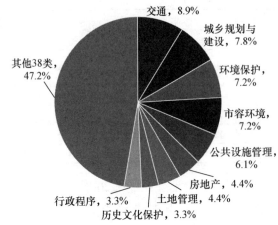

图 3.4　杭州市地方立法领域分布

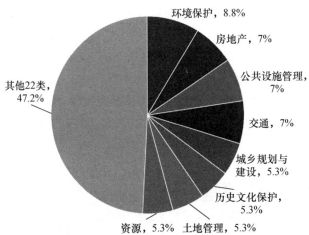

图 3.5　长沙市地方立法领域分布

衬出与房地产相关的土地领域交易的活跃程度。这种差异并非仅存在于 2014 和 2015 年，而是两城市在一个较长时期中一直存在的差异。① 因此，可以合理推断杭州市在土地与房地产领域的立法上应多于兰州市，事实也确实如此。又比如，在统计中有关投资、价格、产业企业促进等经济管理事项的立法共有 8 部，其中 6 部是由兰州市人大或政府制定的。兰州

---

① 参见两市各年度《国民经济和社会发展统计公报》。

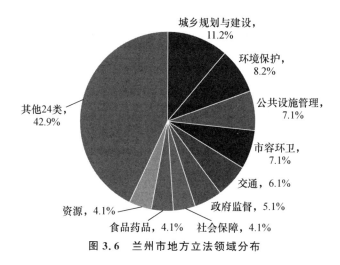

图 3.6 兰州市地方立法领域分布

市 2015 年的经济总量是杭州市的五分之一,长沙市的四分之一,相对于其他两个城市而言具有更大的经济发展空间;其在有关经济管理的立法领域重点立法,符合兰州在本阶段的发展需要,同时也印证了前文引述的在经济发展早期阶段经济管理类立法比例较高的判断。

需要说明的是,本章在讨论热点立法领域时,以立法在该地区立法总数中的占比而非立法的绝对数量为指标。某立法领域在某地地方立法总数中所占比例较高并不意味着该地该领域立法绝对数量较大,例如杭州市与长沙市在资源方面的立法均为 3 部,但由于两地立法总数的差异,资源类立法在长沙市地方立法中占 5.3%,而在杭州市地方立法中仅占 1.7%。特定立法领域在立法总数中的占比反映的是当地人大与政府对其有限立法资源的分配思路,某立法领域所占比例越高,该领域的工作一般在该地区也就越重要。以此为指标可以更加清晰地展现各地对不同领域的立法需求。

(四) 小结

综合本部分讨论,本章将有关事实归纳如下:

第一,城乡规划与建设、交通、环境保护、公共设施管理、市容环卫类立法在不同类型的城市和各城市不同类的立法中均占据较高比例,属于设区市立法中的高频领域。

第二,地方政府规章的数量较地方性法规而言占据明显优势,且地方政府规章相比之下更注重土地、房屋、投资等城市资本或城市发展领域的立法;地方性法规对环境保护、历史文化保护等可持续发展领域的立法更感兴趣。

第三,产业行业发展等涉及宏观经济层面的领域及文化和广播影视等涉及意识形态层面的立法三地均未触及,社会保障、科教、卫生、安全生产等社会性立法各地有所涉及,但所占比例较小。

第四,作为经济相对欠发达城市的兰州在经济管理、产业园区、政府财务管理等领域的立法相对较多,而作为经济相对发达地区的杭州、长沙则将立法资源更多分配给房地产、交通等领域。

第五,地方立法中存在大量规范人大或政府行为的程序性规则或监督类规则,且不存在地域之间的明显区分。

第六,关于税收、海关、金融、外贸等法律保留的事项,虽然《立法法》规定法律只保留这些领域的基本制度,但事实上三地的立法基本上避开了这些领域。

三、温州、佛山、长沙规范性文件领域分布情况及其比较

对《立法法》修改前较大的市立法情况的考察,可以反映先前已经获得立法权的城市于立法性文件中表达出来的管理需求。那么当时未获得立法权的城市是否也具有相似的需求?对此,我们可以通过对不属于较大的市的其他设区的市之规范性文件的梳理,了解这些城市在规范供给方面的总体情况。另外,即便在较大的市中也并非所有重要问题都得到了立法规制,规范性文件在一定程度上也可能替代立法;因此同样有必要了解较大的市的规范性文件制定情况,并与其自身的立法文件进行对比。对于设区的市规范性文件的研究将补充我们对立法领域分布规律的认识。

鉴于各西部城市规范性文件可获取程度大多不佳,本章选取的样本城市限于中东部地区,包括浙江省温州市、广东省佛山市两个非较大的市,以及湖南省长沙市这一较大的市。温州市2015年地区生产总值为

4619.84亿元,佛山市为8003.92亿元,①处于两个不同的经济总量级别,可以分别代表不同经济发展程度的城市。同时,温州市和佛山市在法律修改前即在谋求成为"较大的市",②说明这两个城市具有很强的立法意愿,对其规范性文件的研究也能够较好体现非较大的市的"立法需求"。长沙市经济总量与佛山市相似,其作为先前就具有立法权的城市,可以与后者形成对比;并且,长沙市的地方立法与规范性文件之间的比较也具有重要意义。

本部分选择作为样本的规范性文件主要是在三市人民政府官方网站或法制办公室网站上公布的以三市政府或政府办公室名义发布的文件,包括"温政发""温政办发""佛府发""佛府办法""长政发""长政函"等类型,而不包括下属各区县及各个委办局的规范性文件。这样选择的原因在于由设区的市政府或政府办公室直接发布的规范性文件主要是站在城市全局角度的考虑,能够体现出本级政府关注的重点领域,也与地方性立法相对更加接近。统计的时间段与前述地方立法一致,为2000年3月15日至2015年3月15日。最终共获得规范性文件文本共计699个,其中温州市233个,佛山市262个,长沙市204个。

(一)规范性文件与立法之间的关系比较

温州、佛山、长沙三市规范性文件总体领域分布情况如下表3.8及图3.7所示:

表3.8 温州、佛山、长沙三市规范性文件领域分布情况

立法领域	次数	百分比	累积百分比	立法领域	次数	百分比	累积百分比
社会保障	94	13.4	13.4	产业园区	7	1.0	87.8
产业、企业促进	60	8.6	22.0	审计	7	1.0	88.8
城乡规划与建设	46	6.6	28.6	水利	7	1.0	89.8
环境保护	40	5.7	34.3	资源	7	1.0	90.8
交通	32	4.6	38.9	民事	6	0.9	91.7
教育	29	4.1	43.0	知识产权	6	0.9	92.6

---

① 参见两市2015年度《国民经济与社会发展统计公报》。
② 杨小军:《"较大的市"背后》,载《光明日报》2013年4月4日第07版。

(续表)

立法领域	次数	百分比	累积百分比	立法领域	次数	百分比	累积百分比
土地管理	28	4.0	47.1	城市综合管理	5	0.7	93.3
市容环卫	24	3.4	50.5	财务管理	4	0.6	93.8
就业与劳动力市场	20	2.9	53.4	档案	4	0.6	94.4
流通领域管理	18	2.6	55.9	价格	4	0.6	95.0
政府组织与职权	18	2.6	58.5	旅游	4	0.6	95.6
房地产	17	2.4	60.9	通信业	4	0.6	96.1
公共设施管理	17	2.4	63.4	外交、港澳台事务	4	0.6	96.7
科技	14	2.0	65.4	税务	3	0.4	97.1
农业	14	2.0	67.4	统计	3	0.4	97.6
历史文化保护	12	1.7	69.1	地名区划	2	0.3	97.9
投资	11	1.6	70.7	国防	2	0.3	98.1
安全生产	10	1.4	72.1	社会组织	2	0.3	98.4
防灾救灾	10	1.4	73.5	司法事业	2	0.3	98.7
公共安全	10	1.4	75.0	新闻出版及广播影视事业	2	0.3	99.0
劳动者保护	10	1.4	76.4	公益活动	1	0.1	99.1
卫生	10	1.4	77.8	国际贸易	1	0.1	99.3
消防	10	1.4	79.3	环保	1	0.1	99.4
政府监督	10	1.4	80.7	基层政权	1	0.1	99.6
金融	9	1.3	82.0	文化事业	1	0.1	99.7
人口	9	1.3	83.3	质量监督和标准化	1	0.1	99.9
行政程序	9	1.3	84.5	质量监督与标准化	1	0.1	100.0
国有资产管理	8	1.1	85.7	总计	699	100.0	
食品药品	8	1.1	86.8				

从总体上看,三地规范性文件共涉及68个类别中的56个,覆盖范围超过了地方立法。包括外交与港澳台事务、通信业、基层政权、就业与劳动力市场、国际贸易、文化事业、金融、国有资产管理、税务、新闻出版及广播影视事业、统计等地方立法中未涉及的事项在规范性文件中均有反映,

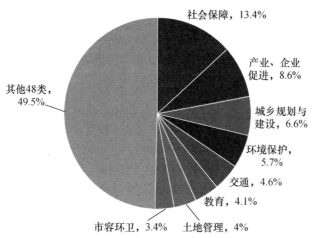

图 3.7　温州、佛山、长沙三市规范性文件领域分布总体情况

其中,就业与劳动力市场、金融、国有资产管理等更是占到了一定比例。当然,也有诸如宗教、林业、邮政、人大议事规则和程序、特许经营等领域在规范性文件中没有出现,但总体而言,地方政府发布的规范性文件相比立法来说更加全面地体现出了地方政府的职能。

若将前文关于杭州、长沙、兰州的地方立法的领域统计和本部分关于温州、佛山、长沙的规范性文件的领域统计相叠加,可以发现民族事务、国边境管理、出入境管理、国家安全、海关、政府债务等领域在地方制度中从来没有出现。其中原因一方面在于这些领域具有较强的中央性,地方不便插手,另一方面也可能在于本章选取的城市未包含民族自治地方或边境城市等特殊城市。而传统被认为属于中央事务的外交与港澳台侨事务以及国防在地方制度中出现则在一定程度上与本章分类相关。统计中,外交与港澳台侨事务项下的规范性文件主要是佛山市的涉侨规定,不涉及传统外交领域;有关国防的文件则主要是各地有关人民防空的规定,与地方建设相关,也不涉及国防的核心领域。

就高频领域而言,规范性文件在社会保障、产业企业促进、城乡规划与建设、环境保护、交通、教育、土地管理、市容环卫方面规定较多。此处,与地方立法的高频领域相重合的包括城乡规划与建设、环境保护、交通、土地管理、市容环卫等,充分表征了这些领域在地方治理中的核心地位。对于没有地方立法权的城市而言,常常使用规范性文件替代立法调整这些领域,有时也需要隐晦地涉及权利义务关系。比如《温州市区没收建筑物管理暂行办法》第13条规定:"没收的建筑物和其他设施具有下列情形的,予以拆除……(四)阻碍城市市政建设、城中村改造、农房改造、征地、拆迁等重大项目推进的……"《佛山市城市绿化管理规定》设定了绿地最低标准,要求各个建设单位出资营造绿地。类似这样带有义务创设性的规定,在具有立法权的城市中更大可能会以正式立法而非规范性文件的形式出现。例如,《长沙市城市容貌规定》以地方政府规章的形式对市容环卫领域的法律关系作出了调整,因此,该市市容环卫领域的规范性文件少见一般性规定,多是针对具体目标的"专项整治通知"。①这说明具有地方立法权的城市会更多地将城市管理事务纳入正式法规轨道。

除了重合领域外,规范性文件涉及的部分高频领域和地方立法的高频领域存在显著的区别,其中规范性文件数量多于立法的主要包括社会保障(13.4%对2.1%)、产业企业促进(8.6%对0.6%)、教育(4.1%对1.2%)、就业与劳动力市场(2.9%对0%)等。首先,上述事项大量出现且排序靠前,说明民生保障、产业发展、提升教育、促进就业是地方政府的核心关切。其次,这些领域之所以在规范性文件中比例可观而在地方立法中出现寥寥,与其规范的内容具有短期性不无关联。社会保障类规范性文件往往涉及社会保障的给付标准,这些标准随着经济发展处于不断变化之中,因此以规范性文件的形式调整更加灵活。而产业企业促进、教育、就业和劳动力市场类的规范性文件,从内容上看大多属于"促进类",②反映了当地政府于某个时间段内的重点支持对象,同样带有临时性色彩。并且,"促进类"规范性文件大多规定的是财政、金融、准入方面的扶持手段,表现为行政给付、行政奖励等行为,一般不涉及义务性规定,所以地方政府一般也愿意使用更快捷的规范性文件来进行调整。不过,虽然这些领域规范的内容从目前来看短期性较强,但也并不能排除长期制度建设的需要;上一部分所统计的各较大的市即制定有《杭州市学前教育促进条例》《兰州市促进和保障非公有制经济发展办法》等"促进类"的

---

① 包括《长沙市人民政府关于开展城市社区环境综合整治的通告》《长沙市人民政府关于在全市城区主要干道两厢和重要节点周边开展建构筑物外墙立面整治的通告》《长沙市人民政府关于实施城乡结合部环境综合整治的通告》《长沙市人民政府关于开展餐厨垃圾专项整治的通告》《长沙市人民政府关于依法整治违法设置户外广告的通告》等。

② 如《温州市人民政府办公室关于印发大力支持个体工商户转型升级为企业若干政策措施的通知》《佛山市人民政府办公室关于促进民办教育规范特色发展的暂行实施意见》。

地方性法规。

高频领域中,规范性文件数量少于立法的主要是历史文化保护(1.7%对3.0%)、公共设施管理(2.4%对6.6%)和行政程序(1.3%对3.3%)。其中,地方立法和规范性文件在历史文化保护领域产生分布差异的原因可能同样可以归结为本章第二部分所述的立法机关与行政机关之间的职能差异,即立法机关相对政府而言更加关注非经济社会发展类事项。所以,历史文化保护不论在政府规章之中还是在规范性文件中比例均相对较低。公共设施管理和行政程序领域地方立法的比例高于规范性文件,则可能是因为此二领域涉及公民、法人之间较复杂的权利义务关系或政府与公民、法人之间的权利义务关系,需要通过正式法规的形式予以规定,而不适合仅仅以规范性文件作为依据来源。因此,没有立法权的城市在这些领域的规范制定需求可能在一定程度上受到压制。

除了对规范性文件与地方立法在整体上进行比较,本章还选择对长沙市的地方立法和规范性文件领域分布情况进行比较。长沙市地方立法情况在前表6中已述,规范性文件情况见表3.9和图3.8:

表3.9 长沙市规范性文件领域分布情况

立法领域	次数	百分比	累积百分比	立法领域	次数	百分比	累积百分比
社会保障	21	10.3	10.3	价格	3	1.5	82.8
城乡规划与建设	16	7.8	18.1	统计	3	1.5	84.3
产业、企业促进	14	6.9	25.0	消防	3	1.5	85.8
环境保护	14	6.9	31.9	金融	2	1.0	86.8
土地管理	11	5.4	37.3	科技	2	1.0	87.7
交通	10	4.9	42.2	历史文化保护	2	1.0	88.7
市容环卫	10	4.9	47.1	民事	2	1.0	89.7
公共安全	7	3.4	50.5	人口	2	1.0	90.7
教育	7	3.4	53.9	社会组织	2	1.0	91.7
公共设施管理	6	2.9	56.9	税务	2	1.0	92.6
食品药品	6	2.9	59.8	投资	2	1.0	93.6
水利	6	2.9	62.7	政府监督	2	1.0	94.6
资源	5	2.5	65.2	政府组织与职权	2	1.0	95.6

(续表)

立法领域	次数	百分比	累积百分比	立法领域	次数	百分比	累积百分比
产业园区	4	2.0	67.2	知识产权	2	1.0	96.6
房地产	4	2.0	69.1	财务管理	1	0.5	97.1
流通领域管理	4	2.0	71.1	国际贸易	1	0.5	97.5
审计	4	2.0	73.0	劳动者保护	1	0.5	98.0
卫生	4	2.0	75.0	农业	1	0.5	98.5
行政程序	4	2.0	77.0	通信业	1	0.5	99.0
安全生产	3	1.5	78.4	文化事业	1	0.5	99.5
防灾救灾	3	1.5	79.9	质量监督与标准化	1	0.5	100.0
国有资产管理	3	1.5	81.4	总计	204	100.0	

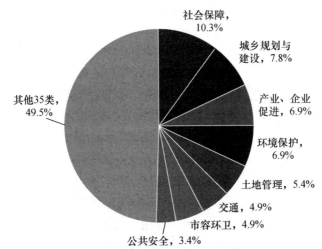

图 3.8 长沙市规范性文件领域分布

通过表 3.6 和表 3.9 的对比可以发现,长沙市地方立法与规范性文件高频领域重合的部分包括环境保护、交通、城乡规划与建设、土地管理。这与前文概括的地方立法和规范性文件在整体上的重合领域相似。从另一个方面看,在长沙市地方立法中占比高于规范性文件中占比的领域主要为房地产、公共设施管理、历史文化保护和资源;在规范性文件中占比高于地方立法中占比的领域主要为社会保障、产业企业促进、市容环卫、公共安全和教育。其中,公共设施管理、历史文化保护、社会保障、产业企业促进和教育领域的对比情况亦与前述规范性文件和地方立法的总体区别基本相符合。市容环卫类规范性文件在长沙市存在较多原因主要是不少临时性的"整治通知"被纳入统计,若剔除这一因素,该领域立法和规范性文件之间的实际比例差别并不大。资源类和房地产类在长沙市规范性文件中虽然没有进入高频领域的行列,但依然占比2.5%和2.0%,属于政府相对重视的领域,很难认为其与地方立法之间存在显著区别。总的来说,长沙市立法和规范性文件之间的领域差异与前文讨论的地方立法与规范性文件的整体性差异相比并无明显特殊之处。我们可以大致从中得出的结论是,立法与规范性文件之间在领域分布上的区别主要源于两类文件自身的特点,而与城市是否拥有立法权关系不大;政府并不会因为在某个领域有更多的立法而减少在某个领域规范性文件的供给,尽管规范性文件在内容上会更加具有实施性。换句话说,**赋予设区的市立法权虽然可能会影响规范性文件的内容,使其涉及权利义务的条款减少,但对其领域分布情况不会造成很大影响。**

(二)经济总量不同之城市规范性文件分布领域的比较

对经济总量不同之城市规范性文件领域的对比主要在温州市和佛山市之间展开,两市的规范性文件领域分布情况见表3.10、表3.11和图3.9、图3.10:

表3.10 温州市规范性文件领域分布情况

立法领域	次数	百分比	累积百分比	立法领域	次数	百分比	累积百分比
社会保障	30	12.9	12.9	公共安全	3	1.3	86.3
产业、企业促进	25	10.7	23.6	审计	3	1.3	87.6
政府组织与职权	14	6.0	29.6	消防	3	1.3	88.8
城乡规划与建设	10	4.3	33.9	财务管理	2	0.9	89.7
环境保护	10	4.3	38.2	产业园区	2	0.9	90.6
就业与劳动力市场	10	4.3	42.5	城市综合管理	2	0.9	91.4
土地管理	10	4.3	46.8	地名区划	2	0.9	92.3
教育	8	3.4	50.2	历史文化保护	2	0.9	93.1
流通领域管理	8	3.4	53.6	民事	2	0.9	94.0

(续表)

立法领域	次数	百分比	累积百分比	立法领域	次数	百分比	累积百分比
投资	8	3.4	57.1	人口	2	0.9	94.8
安全生产	6	2.6	59.7	新闻出版及广播影视事业	2	0.9	95.7
交通	6	2.6	62.2	档案	1	0.4	96.1
金融	6	2.6	64.8	公益活动	1	0.4	96.6
劳动者保护	6	2.6	67.4	环保	1	0.4	97.0
市容环卫	6	2.6	70.0	基层政权	1	0.4	97.4
防灾救灾	5	2.1	72.1	科技	1	0.4	97.9
公共设施管理	5	2.1	74.2	水利	1	0.4	98.3
政府监督	5	2.1	76.4	税务	1	0.4	98.7
房地产	4	1.7	78.1	司法事业	1	0.4	99.1
国有资产管理	4	1.7	79.8	质量监督与标准化	1	0.4	99.6
农业	4	1.7	81.5	资源	1	0.4	100.0
卫生	4	1.7	83.3	总计	233	100.0	
行政程序	4	1.7	85.0				

表 3.11　佛山市规范性文件领域

立法领域	次数	百分比	累积百分比	立法领域	次数	百分比	累积百分比
社会保障	43	16.4	16.4	档案	3	1.1	88.2
产业、企业促进	22	8.4	24.8	劳动者保护	3	1.1	89.3
城乡规划与建设	20	7.6	32.4	通信业	3	1.1	90.5
环境保护	16	6.1	38.5	政府监督	3	1.1	91.6
交通	16	6.1	44.7	防灾救灾	2	0.8	92.4
教育	14	5.3	50.0	国防	2	0.8	93.1
科技	11	4.2	54.2	民事	2	0.8	93.9
就业与劳动力市场	10	3.8	58.0	食品药品	2	0.8	94.7
房地产	9	3.4	61.5	卫生	2	0.8	95.4
农业	9	3.4	64.9	政府组织与职权	2	0.8	96.2
历史文化保护	8	3.1	67.9	安全生产	1	0.4	96.6

(续表)

立法领域	次数	百分比	累积百分比	立法领域	次数	百分比	累积百分比
市容环卫	8	3.1	71.0	财务管理	1	0.4	96.9
土地管理	7	2.7	73.7	产业园区	1	0.4	97.3
公共设施管理	6	2.3	76.0	国有资产管理	1	0.4	97.7
流通领域管理	5	1.9	77.9	价格	1	0.4	98.1
人口	5	1.9	79.8	金融	1	0.4	98.5
旅游	4	1.5	81.3	司法事业	1	0.4	98.9
外交、港澳台事务	4	1.5	82.8	投资	1	0.4	99.2
消防	4	1.5	84.4	行政程序	1	0.4	99.6
知识产权	4	1.5	85.9	资源	1	0.4	100.0
城市综合管理	3	1.1	87.0	总计	262	100.0	

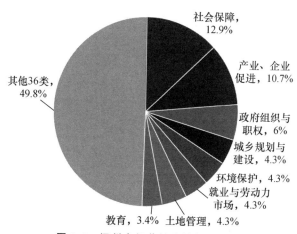

图 3.9 温州市规范性文件领域分布

根据以上信息,温州市规范性文件的高频领域主要是社会保障、产业企业促进、政府组织与职权、城乡规划与建设、环境保护、就业与劳动力市场、土地管理、教育、流通领域监管、投资等;佛山市则主要是社会保障、产业企业促进、城乡规划与建设、环境保护、交通、教育、科技等。比较两地,除了相同的事项外,温州和佛山在规范性文件领域的区别主要表现在两个方面。第一,温州市对政府组织的规范较多,而经济较发达的佛山在此

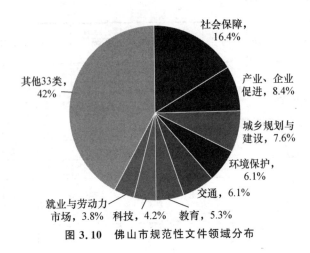

图 3.10 佛山市规范性文件领域分布

方面规定有限(长沙则与佛山类似)。这可能意味着在经济快速增长时期,政府结构和职权会随之进行更多的变动,即所谓经济基础对上层建筑的影响。若观察其中的具体机制,温州市相对于佛山市在政府组织与职权领域更多的主要是审批权方面的规范,这体现了温州市政府简化审批,创造良好投资软环境的意愿;因为对于一个其他资源或资本禀赋不高的城市而言,优化政府服务是吸引投资的一项重要措施。第二,温州市更加重视流通领域管理或投资方面的事务,而佛山在科技领域的规范性文件则较为突出。说明温州市的市场规范还在进行进一步的调整与完善中,同时对短期内拉动经济增长的投资领域较为关注;而经济相对发达的佛山市则对从长期来说提高经济发展质量的科技领域更感兴趣。

(三) 经济总量相似之城市规范性文件分布领域的比较

若比较表 3.9 长沙市规范性文件领域分布情况与表 3.11 佛山市的规范性文件领域分布情况,可以发现经济总量相似但拥有立法权不同的两个城市,在规范性文件高频领域上似乎没有太大的区别。若与前文所述对比,那么这一方面说明经济总量相似的城市在规范性文件重点领域方面相比于经济总量有区别的城市而言更接近;另一方面则再一次说明一个城市是否有立法权对规范性文件领域分布并无实际影响。

(四) 小结

根据本部分归纳,规范性文件领域分布的规律大致可以总结为如下几项:

第一,地方政府发布的规范性文件相比地方立法来说更加全面地体现出了地方政府的职能,但中央性较强或具有特殊性的部分领域在规范性文件中亦无体现。

第二,与地方立法的高频领域相重合的包括城乡规划与建设、环境保护、交通、土地管理、市容环卫等,表征了这些领域在地方治理中的核心地位。不具有立法权的城市在这些领域的规范性文件会更多含有权利义务性规定的内容。

第三,高频领域中规范性文件数量显著多于地方立法的领域包括社会保障、产业企业促进、教育、就业和劳动力市场等,反映了这些领域的工作重要但具有短期性的特点。

第四,高频领域中规范性文件数量显著少于地方立法的领域包括历史文化保护、公共设施管理、行政程序等,一方面体现了立法机关和行政机关之间隐含的职能分配,另一方面则反映出部分领域可能更加适合制定正式的立法性规则。

第五,赋予设区的市立法权虽然可能会影响规范性文件的内容,使其涉及权利义务的条款减少,但对其领域分布情况不会造成很大影响。

第六,经济总量相对较低的城市在政府组织与职权(主要为减少审批权)、流通领域管理、投资等短期促进经济发展之领域的规范性文件数量较多;经济较发达的城市则在科技等保障经济长期发展的方面制定规范较多。

四、设区的市立法领域的再探讨

上文研究了在《立法法》于2015年修改以前,不同类型城市之地方立法和规范性文件的领域分布,此种分布状况在某种程度上反映了各个设区的市通过规则实施管理的需求。虽然,这并不意味着针对未来设区的市立法领域的解释方案需要完全遵循原有的情形,但本章通过实证研究所发现的设区的市立法领域集中分布情况、不同设区的市立法领域分布的差异情况和不同类文件之间的区别情况,在立法者规划设区的市立法权时理应得到考虑。笔者认为,为保证对设区的市的立法领域的合理分配,解释方案在《立法法》合理的解释空间内应当尽量满足如下条件:首先,解释方案应与先前设区的市在实践中频繁涉及的立法领域相协调,因为频繁立法的领域往往代表在该领域存在较大的规范需求。其次,解释方案应当尽量覆盖不同城市间立法领域分布的显著区别之处。显著区别之处一般代表了不同城市各自的特点,这一方面可能是自然环境与地理位置不同导致的,另一方面也可能是社会经济发展阶段相异造成的。下放立法权给设区的市的一个重要目的就在于适应各地多样化的立法实践,若不考虑各市在立法领域上的不同特点,则会背离法律的初衷。最后,还应当照顾不同类规范之间领域的差异。从2015年《立法法》修改过程中全国人大各位常委的发言看,立法机关主要考虑的是地方性法规的情况,对于地方政府规章或非较大的市制定的替代立法的规范性文件考虑有限;①而事实上,地方性法规和地方政府规章于立法领域方面存在着一定的不同,规范性文件与正式立法文件之间也存在不同。这种不同反映的是不同规范供给主体之间工作重点的区别,故而在确定设区的市立法权具体分配方案时,需要将各类文件一并纳入进来统筹考虑。

但接下来的问题是,什么才是《立法法》条文合理的解释空间,如何在地方性制度需求和中央控制之间取得平衡。就目前的立法框架而言,对于设区的市的立法范围除了"城乡建设与管理、环境保护、历史文化保护等方面的事项"的限制以外,《立法法》(2015)第8条、第73条第1款和第82条第2款还规定了其它的限制条件。其中,第8条列举了11项法律保留事项,对其只能制定法律或者授权国务院先行制定行政法规,即属于中央立法权。②第73条第1款则规定地方性法规可以就"为执行法律、行政法规的规定,需要根据本行政区域的实际情况作具体规定的事项"和

---

① 从目前公开发表的文献资料观察,参与设区的市立法权讨论的主要是各级立法机关的工作人员,所依据的材料也主要是地方性法规的制定实践,地方政府规章的相关讨论较为有限。

② 《立法法》第11条规定:"下列事项只能制定法律:(一)国家主权的事项;(二)各级人民代表大会、人民政府、人民法院和人民检察院的产生、组织和职权;(三)民族区域自治制度、特别行政区制度、基层群众自治制度;(四)犯罪和刑罚;(五)对公民政治权利的剥夺、限制人身自由的强制措施和处罚;(六)税种的设立、税率的确定和税收征收管理等税收基本制度;(七)对非国有财产的征收、征用;(八)民事基本制度;(九)基本经济制度以及财政、海关、金融和外贸的基本制度;(十)诉讼和仲裁制度;(十一)必须由全国人民代表大会及其常务委员会制定法律的其他事项。"

"属于地方性事务需要制定地方性法规的事项"进行规定,即设定了地方性法规的"执行性"或"地方性"的前提。相似地,第82条第2款也规定地方政府规章可以就"为执行法律、行政法规、地方性法规的规定需要制定规章的事项"或"属于本行政区域的具体行政管理事项"作出规定,设定了地方政府规章的"执行性"或"具体性"的前提。其中,根据全国人大常委会法工委工作人员的解释,"具体行政管理事项"是指地方政府在其职权范围内管理的具体事项,①似乎应当属于职权立法的范畴,地方政府具有一定的自主性空间。然而这种自主性空间应当受到前置定语"属于本行政区域的"的限制,同样带有地方性事务的色彩,与对地方性法规的限制相互呼应。2015年修改后的《立法法》对设区的市立法范围所增设的限制与上述限制条款相互协调:城乡建设与管理、环境保护、历史文化保护等基本属于地方性事务的范畴,一般不牵涉中央事权,将这三个领域单列出来,在某种程度上也是对修改前的《立法法》中的"地方性事务"这一概念的阐发。

2015年《立法法》修改以前,对较大的市立法范围的限制主要体现为上述中央事权限制和地方性事务限制。不过,地方性事务限制由于缺乏明确的列举,在实践中产生了诸多疑问,并引发了众多讨论。根据笔者的观察,大多数相关研究从宏观角度出发,指出地方立法应当具有地方专属性,主要反映地方特色,在内容上应体现因地制宜的必要性,而不适宜由中央来统一规定。②另有学者提出了诸如"影响范围""重要程度""行政性的事务""区域性的事务""具体性的事务""实施性的事务"等概念来作为区分中央和地方的立法范围的标准。③

直接针对设区的市立法领域的研究则主要围绕修改后的《立法法》中

---

① 在解释中,全国人大常委会法工委工作人员还进行了一定的列举,包括以下几个方面:一是有关行政程序方面的事项,包括办事流程、工作规范等;二是有关行政机关自身建设的事项,包括公务员行为操守、工作纪律、廉政建设等;三是不涉及创设公民权利义务的有关社会公共秩序、公共事务或事业的具体管理制度,如公共场所的管理规定,市场的管理秩序,学校秩序管理规定等。参见郑淑娜主编:《〈中华人民共和国立法法〉释义》,中国民主法制出版社2015年版,第230页。
② 参见周旺生:《关于地方立法的几个理论问题》,载《行政法学研究》1994年第4期,第32页;李力:《我国地方立法权限问题探讨》,载《法商研究》1999年第4期,第51页;孙波:《论地方专属立法权》,载《当代法学》2008年第2期,第120页。
③ 参见封丽霞:《中央与地方立法权限的划分标准:"重要程度"还是"影响范围"?》,载《法制与社会发展》2008年第5期,第37页;张淑芳:《地方立法客体的选择条件及基本范畴研究》,载《法律科学》2015年第1期,第86—87页。

"城乡管理"这一模糊概念展开。陈国刚通过对全国人大常委会法工委李适时主任的讲话和《中共中央国务院关于深入推进城市执法体制改革改进城市管理工作的指导意见》中对城市管理的说明,将城乡管理解释为"城市和农村中的公共设施建设与管理、公共秩序、交通环境、应急管理以及对城乡人员、组织的管理等事项"。① 程庆栋在介绍了城市管理学中有关城市管理的定义之后,认为设区的市的立法权应当包括城乡规划方面的事务、房地产事务的建设与管理、基础设施的建设与相关事务的管理、环境保护方面的事项和历史文化保护方面的事项等方面。②

上述讨论为央地立法权的分配提供了富有启发性的视角,但在宏观的原则和具体的领域分配方面缺乏相关性说明,对某个领域为何属于设区的市立法范畴尚未作出理论上的充分阐释。实际上,修改后的《立法法》中"城乡管理"的概念是"地方性事务"概念在设区的市的立法领域中的具体表达,对"城乡管理"概念的理解应当基于对"地方性事务"内涵与外延的研究。

理论上,地方政府的权力可以分为事权、人事权和财政权,③我们所讨论的有关"地方性事务"的立法权应当属于"事权"的范畴。笔者认为,事权内部根据运作方式不同可以分为规范制定权和规范实施权,根据领域不同又可以大致分为经济事务管理权和社会事务管理权(参见下表3.12)。

表3.12 事权的分类

事权分类	经济事务管理权	社会事务管理权
规范制定权	经济事务规范制定权	社会事务规范制定权
规范实施权	经济事务规范实施权	社会事务规范实施权

目前,理论与实务界关于事权央地分配的讨论重点集中在经济事务

---

① 陈国刚:《论设区的市地方立法权限:基于〈立法法〉的梳理与解读》,载《学习与探索》2016年第7期,第82—83页。
② 参见程庆栋:《论设区的市的立法权:权限范围与权力行使》,载《政治与法律》2015年第8期,第55页。
③ 参见吴帅:《分权、制约与协调:我国纵向府际权力关系研究》,浙江大学2011年博士学位论文,第65页。

的规范实施权上,主要表现为名目繁多的审批权的上收与下放问题,①"计划单列市""扩权强县""扩权强镇"等提法均与此相关。②其中,除部分事务的管理层级目前由各个单行法律法规设定外,较大比例的事项仍由一般规范性文件设定管理权限,③体现出了权力分配的随意性与不稳定性。不过,虽然略显不正式,但经济事务的规范实施权至少在层级划分方面存在较为全面细致的规范依据,体现出了中央事务和地方性事务的区分,而社会事务的规范实施权以及两类事务的规范制定权的分配方案则尚不存在较为系统详细的设计。若从财政经费支出看,在一些事务中,中央政府投入很少,更像是承包给了地方政府,各地可以根据自己的资源进行调配。有研究者发现,在城乡社区建设与管理、医疗卫生事务、环境保护、社会保障与就业、教育、农林水事务、公共安全、文化体育与传媒方面,地方政府是绝对主要的服务提供者;而在其中,省级政府对应的事权主要为省级基础设施建设、农业发展事务和社会保障,地市级政府主要对应区域基础设施建设和基础教育,县乡两级政府主要对应基本公共服务和地方行政管理。④这说明社会管理事务的规范实施权实际上掌握在各级地方政府手中,尤其是县乡两级。基于此,我们可以认为,尽管法律上并不明晰,但规范实施权在不同层级地方政府间分配确属现实存在。

当然,规范实施权的实然分配模式并不直接代表中央性事务和地方性事务的应然区别;但绝大多数管理权力实际上由较低层级的政府掌握,说明将权力配置给更加贴近基层群众的政府部门在实践操作中具有更高

---

① 比如《中共浙江省委办公厅、浙江省人民政府办公厅关于扩大部分县(市)经济管理权限的通知》中下放与经济管理有关的权限包括"有关发展计划审批管理权限""有关经济贸易审批管理权限""有关外经贸审批管理权限""有关国土资源审批管理权限""有关交通审批管理权限""有关建设、环保审批管理权限""有关财政、税务、体改审批管理权限""有关农、林、水利、海洋与渔业审批管理权限""有关劳动、人事、民政审批管理权限""有关科技、教育、信息产业审批管理权限""有关工商、技术监督、药品监督审批管理权限""有关旅游审批管理权限"等12个大类313个小项。

② 参见史宇鹏、周黎安:《地区放权与经济效率:以计划单列为例》,载《经济研究》2007年第1期;张占斌:《政府层级改革与省直管县实现路径研究》,载《经济管理与研究》2007年第4期;孙学玉:《强县扩权与省直管县(市)的可行性分析》,载《中国行政管理》2007年第6期;陈剩勇、张丙宣:《强镇扩权:浙江省近年来小城镇政府管理体制改革的实践》,载《浙江学刊》2007年第6期。

③ 参见何显明:《从"强县扩权"到"扩权强县"——浙江"省管县"改革的演进逻辑》,载《中共浙江省委党校学报》2009年第4期。

④ 吴帅:《分权、制约与协调:我国纵向府际权力关系研究》,浙江大学2011年博士学位论文,第68—72页。

的效率。规范制定权从理论上说也是如此,一般而言,公共职责通常最好由那些最接近居民的政府加以实施,集权化的选择导致供给的同一性,无法考虑到各地方的不同偏好,因而全国范围内同一化的服务会导致消费者剩余的损失。①质言之,就信息获取便利程度而言,低层级的政府能够最为全面地掌握本地情况,并进行制度上的灵活调整;所以,将主要的公共管理和服务事项划入地方性事务范畴有利于"公共产品"的有效供给。然而,从另一个方面说,尽管地方政府在信息收集和及时作出反应方面具有天然优势,但上下级之间的信息不对称往往会导致地方机会主义行为,形成地方割据,从而对全国统一市场构成威胁。历史上,我国先后对海关、国土、税务、工商、质监等部门实施中央垂直管理或省以下垂直管理,以"条条"方式打破"块块"分割;十六届三中全会通过的《中共中央关于完善社会主义市场经济体制若干问题的决定》也强调,要通过事权的合理划分保证国家法制统一、政令统一和市场统一。可见,维护全国统一性是探讨分权问题时的一个重要方面,对地方性事务的认定不能违背这一前提。

那么,前文实证研究发现的地方立法与规范性文件中的高频领域、不同城市间的差异领域以及不同类型规范间的差异领域是否可以被纳入"地方性事务"的范畴?

首先,根据前文分析,城乡规划与建设、交通、环境保护、公共设施管理、市容环卫等领域的立法,不论在立法总体统计,还是在分城市、分类别的统计中都占据显著地位,基本可以确定为城市立法的高频领域。这些高频领域与《立法法》条文存在诸多重合,其中,"城乡建设"和"环境保护"两项已直接被《立法法》(2015)第72条第2款和82条第3款所列举;"城乡规划"根据《释义》属于"城乡建设与管理"项下;"市容环卫"在立法法修正案草案一审稿中即已被纳入,后被更加宽泛的"城乡管理"概念替代,所以"城乡管理"在含义上也应当包含了市容环卫。略需探讨的是"公共设施管理"和"交通"能否为"城乡建设与管理"中的"城乡管理"这一概念所包含。本章所统计的"公共设施管理"类立法,主要是指如《杭州市市政设施管理条例》《杭州市城市排水管理办法》《杭州市地下管线盖板管理办法》《长沙市城市桥梁安全管理条例》《长沙市城市供水用水管理条例》《长

---

① 殷存毅、夏能礼:《"放权"或"分权":我国央—地关系初论》,载《公共管理评论》第12卷,清华大学出版社2012年版,第25页。

沙市机动车停车场管理办法》《兰州市无障碍设施建设管理规定》《兰州市城镇燃气管理条例》①等涉及城市公用设施和公益设施建设、运营、维护的法规和规章。这些法规和规章的内容包括了对这些公共设施本身的维护管理以及基于这些公共设施所进行的市政管理。上述行为必须紧密围绕城市公共设施展开，与具体地点联系密切，且这些设施在安排上需要符合地方规划，结合不同地域的地理条件，具有地域差异性，其管理主体也主要是市政部门和本市公用企业。因此，"公共设施管理"理应被纳入"城乡管理"的范畴。而本章所研究的"交通"类立法，主要是指《杭州市公共汽车客运管理条例》《杭州市水上交通管理条例》《杭州市客运出租汽车管理条例》《长沙市轨道交通管理条例》《长沙市公路管理规定》《兰州市航道管理条例》《兰州市机动车维修管理规定》等涉及市政交通秩序和交通基础设施管理的法规和规章。交通问题需要由各个城市根据各自不同的情况在微观上进行调节，根据实际情况有针对性地兴建交通设施，或采取其它交通管理手段，并且本地的交通状况产生的外部影响十分有限。因此，交通领域同样具有地域性和城市间差异性，同时也属于城市日常管理中的重要内容，宜将其归入"城乡管理"项下。

其次，设区的市的立法领域应当协调各个城市间的差异。从对不同城市立法领域和规范性文件领域的比较看，目前各城市规范制定方面的区别主要体现在对经济管理事务的不同侧重上。一般而言，经济总量较小的城市在产业园区、政府财务管理、流通领域管理、投资等与经济发展直接相关的方面关注较多；而经济总量较大的城市则更多注重科技、交通、房地产等与经济发展间接相关的管理事务上。所以在设定立法领域时，应当关注不同类型城市的核心关切，如此才能较为全面地反映一个幅员辽阔且发展并不平衡的大国多样化的立法需求。不过，经济管理领域的立法则相对来说较为复杂，部分事项属于城乡管理，另一部分事项属于行业管理。在笔者看来，如产业园区设置、投资、房地产等领域的立法关涉到本地区经济发展的总体布局，具有较强的地域属性和地区差异性，应当纳入城乡管理的范畴。而诸如食品药品管理、质量监督等流通领域的问题，虽然各个城市都需要实施，但这些领域的管理方式与某个特定地点

---

① 本条例已于2019年《兰州市燃气管理条例》施行时废止，但在本章统计的时段结束时为有效的地方性法规，类似情形（如第97页提到的《杭州市流动人口服务管理条例》）不再赘述。

联系不大,不同城市之间一般也区别较小。因此,它们属于行业管理的范畴,可以采用全国统一的规定,没有必要由各市分别制定,以避免对于某个行业叠床架屋的规则造成的过度规制或地方政府利用权力实施机会主义行为。至于科技领域,虽然该领域规范(主要是促进科技发展类规范)所产生的科技进步效果不一定限制于本地,但这种外部性通常为正外部性,有利于带动其他地区科技水平的提高,故而由地方立法规定相对较为有利。

最后,地方性法规和地方政府规章之间的区别以及正式立法与规范性文件之间的区别,反映了不同规范制定机关关注点之间的差异;立法领域的设置除了包含总体上的立法高频领域外,还应当关注不同类文件中部分有差异的事项。根据本章第二部分对地方性法规和规章比较后的结论,在解释设区的市立法范围时应当将土地管理、房地产等地方政府规章时常涉及的领域纳入设区的市立法的范畴。事实上,上述领域也确实基本存在于《立法法》(2015)条文的覆盖范围之内。从地方立法项目上看,土地管理和房地产领域的立法主要包括土地储备、闲置土地管理、征地补偿、土地价格评估、房屋登记、房屋拆迁、房地产开发、房地产交易、房屋租赁、物业管理等等。土地与房屋作为不动产,与具体的地点联系紧密,宜由不动产所在地分别管理,同时它们也关系到城市规划、城市发展战略等涉及城市间差异性的事项,在城市化的不同阶段,各城市对于土地与房地产的立法需求会有所不同。故而此二类别与公共设施管理一样,属于"城乡管理"的范畴,应由设区的市的立法者来自主规定。

在规范性文件中,虽然处于高频领域的社会保障、产业企业促进、教育、就业与劳动力市场等事项的相关文件具有短期性的特点,从目前的状态看似乎不宜纳入立法领域;但若从制度可预期性的角度来说,以规范性文件形式设定促进政策并不是最优选择,以立法形式来保障发展才能使制度体系更加稳定。作为地方政府的"核心业务",对这些领域也有必要进行地区异质性和地域限制性的检验,以决定是否将其纳入地方立法的范畴。笔者认为,社会保障领域中的保障范围、保障标准等内容需要各地根据实际情况确定,具有较强的地区异质性;同时本地的社会保障政策产生的作用效果在目前户籍制度框架下主要限于本地,也具有地域限制性。产业企业促进同样是各地政府根据本地区情况进行的选择性支持,体现了处于"GDP竞争"中的地方政府不同的策略选择,具有地区异质性;而各类促进政策所产生的主要外部效应也是对其他地区的正向激励作用，一般不产生负外部性，因此也具有地域限制性。相比较而言，就业与劳动力市场、教育领域的地区异质性相对不强，可以考虑直接采用中央统一规定的模式，而不再赋予地方以立法权。

此外，还有部分立法领域与城市的地理环境或地域特征结合紧密，也具有显著的地域性和城市间差异性，属于城乡管理的范围。具体来说，如《杭州市钱塘江防潮安全管理办法》《长沙市公共安全视频图像信息系统管理办法》《兰州市燃放烟花爆竹安全管理规定》等公共安全领域的立法，《杭州市流动人口服务管理条例》《长沙市城镇暂住人口登记管理办法》《长沙市人才居住证制度暂行规定》等人口管理领域的立法均体现了不同城市个性化管理的需要，属于城市管理的必要内容，应纳入设区的市的立法范围。这么做有利于保证城市立法的灵活性，为未来这些方面立法需求可能的提升预留空间。

综上所述，《立法法》（2015）第72条和82条中的"城乡建设与管理、环境保护、历史文化保护等方面"在解释上除了包含较为明确的城乡建设、环境保护、历史文化保护外，还应当通过"城乡管理"这一不确定概念纳入城乡规划、市容环卫、交通、公共设施管理、土地管理、房地产、产业园区、产业企业促进、投资、社会保障、公共安全、人口管理等具有地域限制性和城市间差异性的领域。

2016年8月24日发布的《国务院关于推进中央与地方财政事权和支出责任划分改革的指导意见》（国发〔2016〕49号）中要求"逐步将国防、外交、国家安全、出入境管理、国防公路、国界河湖治理、全国性重大传染病防治、全国性大通道、全国性战略性自然资源使用和保护等基本公共服务确定或上划为中央的财政事权"；"逐步将社会治安、市政交通、农村公路、城乡社区事务等受益范围地域性强、信息较为复杂且主要与当地居民密切相关的基本公共服务确定为地方的财政事权"；"逐步将义务教育、高等教育、科技研发、公共文化、基本养老保险、基本医疗和公共卫生、城乡居民基本医疗保险、就业、粮食安全、跨省（区、市）重大基础设施项目建设和环境保护与治理等体现中央战略意图、跨省（区、市）且具有地域管理信息优势的基本公共服务确定为中央与地方共同财政事权"。通过对照可以发现，《指导意见》中列举的中央财政事权在本章统计的设区的市的立法范围中几乎没有涉及，地方财政事权则已基本为本章解释方案所覆盖，而央地共同财政事权则被部分覆盖。对于中央与地方共同财政事权这样的中间地带来说,地方是否能够掌握相应的立法权还需根据地域限制性和城市间差异性进行判断,毕竟财政事权的分配和立法权的分配并不一定完全重合。

五、本章小结

通过对我国地方立法实践的总结,可以发现,城乡规划与建设、交通、环境保护、公共设施管理、市容环卫等事项在地方规定中出现频率较高,而税收、海关、金融、外贸等法律保留事项在地方规定中基本被回避。经济总量较小的城市在产业园区、政府财务管理、流通领域管理、投资等与经济发展直接相关的方面关注较多;而经济总量较大的城市则更多注重科技、交通、房地产等与经济发展间接相关的管理事务。相比地方立法而言,地方规范性文件更多关注社会保障、产业企业促进、教育、就业和劳动力市场等变化较多的事务。在解释《立法法》有关设区的市立法权的相关条款时,应适当考虑地方立法的实践情况,将地方有迫切需要的事项纳入其中。

第二部分
中央立法与地方立法的关系

第四章 中央立法和地方立法谁更受法院青睐*

【本章提要】 实践表明,我国的地方立法非但没有架空上位法,反而处于被边缘化的尴尬境地。根据针对执法人员和司法人员的访谈调查,地方立法被弃用的原因主要包括适用地域性和审级制度下的风险规避、地方立法制度功能缺失以及传播成本和规则认知便宜化等三个方面,表现出了法律适用中的"上位法依赖"倾向。但与此同时,仍然有部分地方立法规范在实践中较为活跃。通过对这些立法文件所涉司法案件的抽样分析,可以发现适用较活跃的立法条文可被归入解释或充实上位法概念、设定地方性标准、确认行政主体地位、确定行政处罚或强制行为、规定当事人权利义务、填补上位法漏洞等情形之中,进而分为细化操作型、赋权确认型和漏洞填补型三类,体现了法律适用中的"实用性考量"。结合正反两方面的经验,要使地方立法具有更强的实效性,则应做到根据需求实施立法供给、强化规范的确定性、有效平衡"安全立法"和"有用立法"的关系并降低立法的传播与学习成本。

一、架空上位法还是被边缘化
——地方立法适用的总体情况

我国中央立法和地方立法之间的关系长期以来受到理论和实务界的

---

* 本章主要部分已发表于《法学家》2017年第6期。

重视。从中央立法机关对"法制统一"原则的反复强调①可以发现,目前对于地方立法的一大担忧是地方立法机关出于地方保护的目的架空中央立法。现实中,从本地利益出发所进行的立法并不鲜见。比如,部分地方以立法手段提高市场准入标准、质量技术标准、增加行政事业性收费、对异地投资企业实行双重征税,从而保护地方利益;也有某些地区通过要求外地企业在本地注册,对外地企业不予备案的方式压制外地企业。②这些带有地方保护色彩的规定客观上造成了市场的分割,违背了上位法的精神。③

但以上讨论处在立法层面,仅仅是问题的一个方面;在笔者看来,决定下位法是否架空上位法的因素主要不在立法方面,而在法律的适用上,即行政机关和司法机关在日常工作中主要适用的是哪个层级的规范。唯有适用法律的各个部门主要关注地方立法而忽视中央立法,我们才能说地方立法有架空中央立法之嫌。不过从较为系统的实践描述看,中国法院对地方立法的运用十分有限。例如河南省高院曾于2013年开展过地方性法规适用情况调查,结果发现,在5年的跨度中,河南省现行有效的179部地方性法规仅有"约30余部"被法院适用过,一共涉及4573件行政案件和7658件民事案件。④无论从被适用地方性法规的数量还是这些法规所涉及的案件数来看,河南当地的地方性法规均处于较低的利用水平上。不仅是河南,经济相对发达的上海也存在类似的情况。根据研究者对上海市地方性法规在司法审判中的适用情况的统计,上海市行政审判中地方

---

① 全国人大常委会近年来的历次工作报告大多会提及"法制统一"问题,法律委员会主任委员乔晓阳在第二十一次全国地方立法研讨会上更是以《地方立法要守住维护法制统一的底线》为题明确指出:"(地方立法)要与国家立法保持一致,不得违反上位法。在国家已经立法的领域,地方立法的任务是把国家的法律、法规与本地的实际情况结合起来,进一步具体化,保证其在本行政区域内得到贯彻实施。这类实施性的地方立法,要特别注意和国家法律、行政法规保持一致,不得违反上位法。"

② 参见朱詠:《浅析地方市场准入立法的混乱及其原因》,载《社会和谐之经济法治理念:湖北省法学会经济法研究会2006年年会暨第八次学术研讨会文集》,武汉大学出版社2007年版;黄兰松:《立法中地方利益本位的原因释析及对策》,载《时代法学》2016年第6期。

③ 再比如,在交通运输部起草的《网络预约出租汽车经营服务管理暂行办法》将"车辆的具体标准和营运要求"交由地方规定后,各地普遍出台了严于该规章设定条件和社会预期的网约车规定,被业界视为对中央政策的"软抵制"。刘远举:《网约车四地新政:一个软抵制的典型例子》,载金融时报中文网,更新于2016年10月10日,http://www.ftchinese.com/story/001069637?archive,最后访问时间:2023年3月26日。

④ 王少禹、王福蕾、李继红:《依法适用地方性法规努力提高审判质量——河南省高院关于地方性法规适用情况的调研报告》,载《人民法院报》2013年11月21日第8版。

性法规的适用率为0.25%,民事审判中的地方性法规适用率为0.32%。①除了法院对适用地方性立法不积极外,行政机关的适用情况同样惨淡。一项针对贵州省卫生厅卫生监督局行政处罚情况的调查显示,该局2006—2009年所进行的所有处罚的依据均为《医疗机构管理条例》及《医疗机构管理条例实施细则》,从来没有适用过贵州当地制定的《贵州省实施〈医疗机构管理条例〉办法》。②其他学者的调研也从宏观上指出了地方立法在适用中不受重视的现状。③

就以上研究结论看,我国的地方立法在整体的法制图景中占据的地位似乎无足轻重,非但没有"架空"上位法,反而自身处于被边缘化的尴尬境地。这种现象可能存在多种理论假设,包括地方立法实用性不强、受众程度不高等,但事实上究竟是何原因则有赖于更加全面深入的调查。对地方立法被执法和司法机关弃用现象的深刻理解也有助于我们思考降低地方立法闲置率的策略。从另一个方面说,宏观上的平淡并不能完全否认微观上的丰富,尽管有大量地方性立法在实践中处于沉睡状态,但是仍然有一部分表现相对活跃。什么因素导致这些立法性文件在整体适用死气沉沉的情况下异军突起?通过这些相对活跃的地方立法的研究,我们或许可以揭示出较有实效的地方立法所具有的特点。

鉴于地方立法在实践中普遍适用程度较低的现实已为较多经验研究所确认,下文对此现象将不再赘述,重点在于探求其背后的发生机理;而适用较活跃的立法条文目前尚欠缺充分的经验研究,故笔者将结合司法判例对这一现象进行描述。本章第二部分首先对13部笔者通过各种途径获知的适用率较高的地方性法规和地方政府规章所涉及的司法案例进行抽样分析,了解法院裁判文书所引用的法规、规章条文,并从中区分不同的情形,归纳地方立法在司法适用中的特点。第三部分结合对法官和执法人员的访谈调研,从理论上探讨地方立法在法律实践过程中被选用或弃用的机理,对正反两个方面的现实作出解释。第四部分结合前文的

---

① 涂艳成:《地方创制性立法之"地方性事务"研究》,上海交通大学2009年硕士学位论文,第35—37页。
② 俞俊峰:《地方政府规章适用的实证研究——以贵州省卫生厅适用情况为分析视角》,载《河北法学》2011年第6期,第145页。
③ 参见胡敏洁:《行政审判中的地方立法——逡巡于"不予适用"与"适用"之间》,载《南京大学法律评论》2013年秋季卷,法律出版社2013年版;吕芳:《中国法院10年(2000—2010)法律适用问题探讨》,载《法学》2011年第7期。

论述，提出增强地方立法实效性的建议，为制定更加"有用"的地方立法提供支持。

二、较活跃地方立法的适用情形

鉴于各地制定的地方性法规和地方政府规章数量极为庞大，无法进行十分全面的统计和归纳，因此很难对实践中所有活跃的地方立法文本进行分析。本章首先选取了被其他研究认定为司法引用频率较高的地方立法，包括《河南省工伤保险条例》《河南省道路交通安全条例》《河南省物业管理条例》[①]以及《上海市房地产登记条例》[②]等；其次，通过在山东省青岛市、广东省深圳市和浙江省杭州市的调研，将当地立法、执法、司法机关认为适用频率较高的《山东省国有土地上房屋征收与补偿条例》《深圳经济特区欠薪保障条例》《深圳经济特区社会养老保险条例》《深圳经济特区环境保护条例》《浙江省机动车排气污染防治条例》《杭州市城市市容和环境卫生管理条例》纳入统计范围；最后，本章还选取了在媒体报道中频繁出现的《湖南省行政程序规定》和《山东省行政程序规定》进行考察。[③]需要说明的是，限于资料来源，本章目前仅从司法案例的角度切入研究地方立法条文。必须承认，司法适用频率的高低并不能完全反映某项立法的实效性，被规制领域法律活动的多寡和争议出现的可能性都会影响相关司法案例的数量；另外，部分立法在实践中可能得到了较好的遵从，并没有在司法案件中表现出来，单纯以司法案件数量多寡进行衡量可能并不全面。但是，我们还是有理由认为，被较多适用的地方立法条文必然在某种程度上反映了其本身所具有的适用优势，这即是本研究所需要了解的对象之一。

笔者利用"聚法案例"数据库对上述地方性法规和规章进行了检索，

---

① 王少禹、王福蕾、李继红：《依法适用地方性法规努力提高审判质量——河南省高院关于地方性法规适用情况的调研报告》，载《人民法院报》2013年11月21日第8版。
② 涂艳成：《地方创制性立法之"地方性事务"研究》，上海交通大学2009年硕士学位论文，第35—37页。
③ 本章所统计的地方立法，有的目前已失效，如《深圳经济特区环境保护条例》已在2021年《深圳经济特区生态环境保护条例》生效施行的同时废止，但在本章统计时点为在行有效的地方立法。针对立法多次修改的情形，笔者也在引用时括注了具体版本的公布年份；虽经修改但相关具体条文无变化的，不再赘述。

并将"本院认为"部分涉及上述地方立法的案例提取出来。在被提取案例按照时间顺序排列的情况下分别对所有法规规章所涉案件按照"抽取率不低于1‰"和"抽取样本数不少于5个"的原则进行等距抽样(系统抽样)。鉴于数据库使用权限的问题,对于案件数量超过1000的情形,只取前1000作为抽样的总体。抽样情况如表4.1所示:

表4.1 较活跃地方立法抽样情况

名称	总量	抽样范围	抽取个数
河南省道路交通安全条例	2610	前1000	10
河南省工伤保险条例	1347	前1000	10
河南省物业管理条例	43	全部	5
湖南省行政程序规定	369	全部	5
山东省行政程序规定	175	全部	5
山东省国有土地上房屋征收与补偿条例	76	全部	5
上海市城镇职工养老保险办法	76	全部	5
上海市房地产登记条例	340	全部	5
浙江省机动车排气污染防治条例	16	全部	5
杭州市城市市容和环境卫生管理条例	8	全部	5
深圳经济特区欠薪保障条例	7	全部	5
深圳经济特区社会养老保险条例	159	全部	5
深圳经济特区环境保护条例	8	全部	5

注:本表案例基于2017年6月17日"聚法案例"数据库的收录情况,以等距抽样方式获得。

针对被抽取的75个案例,笔者进行了逐一阅读分析,对其中法院引用的地方性规定作了梳理与归并。除3个案件无法判断是否确实适用地方立法外,其余72个案件中被引用的地方性法规或规章的条文至少可以被归入以下7种情形之中[①]:

(一)解释或充实上位法概念

在全部72个案件中有16个案件的法院所引用的地方性立法条文主要对上位法的概念进行了解释,占全部案件数的22.2%。在这16个案

---

① 少数案件在引用地方立法时涉及多个被归入不同类别的条文,本章在不同类别中均予以计算,故各部分比例若直接相加则略微超过100%。

件中,有8个涉及的是《河南省道路交通安全条例》第42条。① 该条规定:"机动车与非机动车驾驶人、行人之间发生交通事故,机动车一方有事故责任的,对超出机动车交通事故责任强制保险责任限额的部分,由机动车一方按照下列规定承担赔偿责任:(一)机动车一方在交通事故中负全部责任的,承担百分之百的赔偿责任;(二)机动车一方在交通事故中负主要责任的,承担百分之八十的赔偿责任;(三)机动车一方在交通事故中负同等责任的,承担百分之六十的赔偿责任;(四)机动车一方在交通事故中负次要责任的,承担百分之四十的赔偿责任。"以上规定是针对《中华人民共和国道路交通安全法》(以下简称《道路交通安全法》,2007、2011、2021同)第76条第1款第2项的解释和说明,该上位法规定中仅仅指出"有证据证明非机动车驾驶人、行人有过错的,根据过错程度适当减轻机动车一方的赔偿责任";其中,"过错程度""适当减轻"等属于不确定法律概念,在实践中缺乏可以依托的抓手,降低了该规定的可操作性。《河南省道路交通安全条例》将机动车的过错程度和赔偿责任承担额度相挂钩,明确了"根据过错程度适当减轻"这一模糊上位法规定的含义。

又比如,"董艳荣与兰陵县人民政府行政征收案"② 中,法院引用的《山东省国有土地上房屋征收与补偿条例》第13条第2款涉及对征收补偿方案具体内容的规定。③ 作为其上位法的国务院《国有土地上房屋征收与补偿条例》第10条仅仅指出了"征收补偿方案"的存在,并未就其具体内容进行展开,山东省的规定为征补方案细节的规范化指出了方向,充实

---

① "陈新兴与张圣杰、国元农业保险股份有限公司河南分公司机动车交通事故责任纠纷案",(2016)豫14民终3955号;"芦小玲诉被告谭水才、中国太平洋财产保险股份有限公司济源中心支公司道路交通事故人身损害赔偿纠纷案",(2012)济民二初字第493号;"白静文诉被告刘召东、南召县宏运出租车有限责任公司、人保财险南召支公司机动车责任纠纷案",(2014)宛龙民一初字第490号;"谢洪亮诉向洁、赵军超、中国大地财产保险股份有限公司洛阳中心支公司机动车交通事故责任纠纷案",(2013)洛龙民初字第295号;"孙彦莲与靳彦东机动车交通事故责任纠纷案",(2016)豫07民终2515号;"中国人民财产保险股份有限公司商丘市分公司与被上诉人马梦振、沈其锋机动车交通事故责任纠纷案",(2015)商民三终字第274号;"刘艳霞、申婉璐、申家林、申成岩与邵洪星、中国人民财产保险股份有限公司宝应支公司机动车交通事故责任纠纷案",(2015)延民初字第1647号;"焦保朝与胡东亮、漯河宏运汽车运输集团有限公司、永安财产保险股份有限公司漯河中心支公司道路交通事故损害赔偿纠纷案",(2009)舞民初字第669号。

② (2016)鲁行终1267号。

③ 该款规定:"征收补偿方案应当包括下列内容:(一)房屋征收部门、房屋征收实施单位;(二)房屋征收范围、征收依据、征收目的、签约期限等;(三)被征收房屋的基本情况;(四)补偿方式、补偿标准和评估办法;(五)用于产权调换房屋的地点、单套建筑面积、套数,产权调换房屋的价值认定;(六)过渡方式和搬迁费、临时安置费、停产停业损失补偿费标准;(七)补助和奖励等。"

了这一概念的内容。另外,"孙建雄与杭州市公安局交通警察支队江干大队交通管理处罚案"①、"绍兴奥恒纺织品有限公司为与浙江省环境保护厅环保行政许可案"②、"孙桂花与浙江省环境保护厅行政许可案"③、"朱良永与绍兴市柯桥区公安局交通警察大队行政处罚案"④、"陈仲俊与浙江省环境保护厅行政许可案"⑤中涉及的《浙江省机动车排气污染防治条例》(2013)第11条、第13条、第14条和第17条在内容上分别构成了对《中华人民共和国大气污染防治法》第53条和第96条的细化。"运丰电子科技(深圳)有限公司与深圳市宝安区环境保护和水务局行政处罚案"⑥涉及的《深圳经济特区环境保护条例》(2009)第25条形成了对《中华人民共和国环境保护法》(以下简称《环境保护法》,2014)第45条的细化;"吴某某与上海市社会保险事业基金结算管理中心行政其他案"⑦涉及的《上海市城镇职工养老保险办法》(2010)第9条为对《中华人民共和国社会保险法》第57条的细化。⑧

(二) 设定地方性标准

在另一些案件反映出来的条文中,地方立法设定了当地进行某项补偿或分配的标准。此类情况在所有案例中共存在15个,占20.8%。在这其中,有8个案件涉及《河南省工伤保险条例》第27条⑨,3个案件涉及

---

① (2016)浙行申433号。
② (2015)浙杭行终字第309号。
③ (2015)杭西行初字第317号。
④ (2016)浙06行终104号。
⑤ (2015)杭西行初字第237号。
⑥ (2015)深盐法行初字第191号。
⑦ (2011)黄行初字第144号。
⑧ 本章所举部分下位法制定时间早于对应的上位法,但在相关条文被适用的当时,下位法的内容客观上构成了对上位法相关条文的细化。
⑨ "河南开普集团有限公司、王晓阳与河南开普集团有限公司工伤保险待遇纠纷案",(2015)豫法民提字第00194号;"郑州煤炭工业(集团)二耐煤矿有限责任公司诉李国干劳动争议纠纷案",(2012)登民一初字第3627号;"荥阳市贾峪东辉石料厂与张帅劳动争议案",(2015)荥民初字第2222号;"孙元超与安阳新顺成陶瓷有限公司劳动争议案",(2016)豫05民终字第1686号;"张翠英与被上诉人漯河市郾城金鑫食品厂工伤事故损害赔偿纠纷案",(2012)漯民一终字第6号;"刘林与夏邑县宏发粉业有限公司劳动争议案",(2012)夏民初字第1176号;"河南中原劳务派遣管理有限公司与李朝兰劳动争议案",(2015)中民一初字第368号;"赵自治与河南平禹煤电有限责任公司四矿、禹州市万帮劳务派遣有限公司工伤保险待遇纠纷案",(2015)禹民一初字第926号。

《山东省国有土地上房屋征收与补偿条例》第 28 条第 4 款①,2 个案件涉及《河南省物业管理条例》第 41 条②,2 个案件涉及《深圳经济特区社会养老保险条例》第 22 条③。

《河南省工伤保险条例》第 27 条是对五级至十级工伤职工与用人单位解除或者终止劳动关系时一次性工伤医疗补助金和伤残就业补助金的支付标准的规定。事实上,《工伤保险条例》(2004)第 34 条第 2 款和第 35 条第 2 项在提及"工伤医疗补助金"和"伤残就业补助金"的同时,将上述"两金"的规定权交由省、自治区、直辖市人民政府。河南省以地方性法规的形式制定了地方标准,提供了操作性指南,在实践中得到了反复适用。《山东省国有土地上房屋征收与补偿条例》第 28 条第 4 款规定了因房屋征收部门的责任延长过渡期限时,临时安置费的支付问题,要求自逾期之日起按照双倍标准支付。作为上位法的国务院《国有土地上房屋征收与补偿条例》第 22 条只要求房屋征收部门在产权调换房屋交付前向被征收人支付临时安置费,未规定逾期交付的情形。山东省的规定补充设置了双倍安置费标准,明确了操作依据。《河南省物业管理条例》第 41 条则是关于物业管理用房面积的规定,要求物业开发建设单位配套修建不低于总建筑面积千分之二至四的业主自治监督和物业管理用房;而国务院《物业管理条例》第 30 条只原则性规定:"建设单位应当按照规定在物业管理区域内配置必要的物业管理用房。"另外,《深圳经济特区社会养老保险条例》第 22 条规定了深圳本地统筹养老金、个人账户养老金、过渡性养老金、调节金的具体计发办法,亦设定了本地养老金发放的标准。

---

① 本章虽然采用等距抽样方法,但是由于部分法院针对同一案件的不同当事人分别制作裁判文书,其数量之多有时会大大超越组距,因此结果也会出现基本事实和法律问题相同的情况,如此处三个案件:"孙长余与梁山县梁山街道办事处不履行房屋征收补偿安置行政协议案",(2015)嘉行初字第 209 号;"孙久增与梁山县梁山街道办事处不履行房屋征收补偿安置行政协议案"(2015)嘉行初字第 214 号;"孙成银与梁山县梁山街道办事处不履行房屋征收补偿安置行政协议案",(2015)嘉行初字第 204 号。

② "再审申请人新乡市新日房地产开发有限公司与被申请人新乡市红旗区梦萦小区业主委员会、一审被告新乡市永安物业管理有限公司物业纠纷案",(2013)豫法立二民申字第 02038 号;"信阳市浉河区胜利南路盆景园小区业主委员会与信阳市浉河区房产管理中心侵权纠纷案",(2010)信浉民初字第 1727 号。

③ "欧阳简与深圳市社会保险基金管理局行政其他案",(2015)深福法行初字第 333 号;"马春秀与深圳市社会保险基金管理局行政其他案",(2014)深中法行终字第 646 号。

(三) 确认行政主体地位

有 14 个案件涉及的地方立法条文主要明确了行政机关或其它管理公共事务组织的职权,法院引用的目的在于确认涉诉组织的行政主体地位,占比 19.4%。例如,涉及《上海市城镇职工养老保险办法》的所有 5 个案例中的法院均以此《办法》认定上海市社会保险事业基金结算管理中心的相应职能。在"盛新华与上海市社会保险事业基金结算管理中心社会保障行政管理纠纷上诉案"[①]等 3 个案件中,[②]法院引用了《上海市城镇职工养老保险办法》第 8 条,认定市社保中心具有统一经办基本养老保险业务的法定职权。该《办法》第 8 条设定了社保经办机构收缴养老保险费和支付养老金,管理个人养老保险帐户以及接受单位和在职人员、退休人员对养老保险情况的查询等职能。在其它法律文件尚没有明确规定的情况下,《办法》赋予社保中心以行政主体地位。另外,在"杨某某特殊工种工作年限不予认定决定案"[③]和"胡某与某中心行政其他案"[④]中,法院并没有引用具体条文,而是直接根据《上海市城镇职工养老保险办法》认定上海市社保中心负有核定本市职工从事特殊工种工作年限的职能;这可以理解为法院认为核定工作年限的职权自然应属于养老保险账户管理权限项下,进而认定社保中心在该事务上构成行政主体。相似地,《浙江省机动车排气污染防治条例》第 5 条规定了环境保护部门对机动车排气污染的监管权。[⑤]《深圳经济特区社会养老保险条例》第 29 条规定了市人力资源和社会保障部门调整养老金水平的职权依据,[⑥]《深圳经济特区环境保护条例》(2009)第 5 条规定了深圳市、区两级环保部门及其派出机构的职责。[⑦]

[①] (2004)沪二中行终字第 311 号。
[②] 另两案为"苏某某与上海市社会保险事业基金结算管理中心行政其他案",(2009)黄行初字第 103 号;"吴某某与上海市社会保险事业基金结算管理中心行政其他案",(2011)黄行初字第 144 号。
[③] (2011)沪二中行终字第 242 号。
[④] (2013)黄浦行初字第 308 号。
[⑤] "陈仲俊与浙江省环境保护厅行政许可案",(2015)杭西行初字第 237 号。
[⑥] "陈蕾与深圳市社会保险基金管理局行政其他案",(2016)粤 03 行终 334 号。
[⑦] "贾晓轩与深圳市人居环境委员会行政其他案",(2015)深福法行初字第 789 号;"运丰电子科技(深圳)有限公司与深圳市宝安区环境保护和水务局行政处罚案",(2015)深盐法行初字第 191 号。

地方性法规也可能在具体案件中被用于否认某组织的行政主体地位。如在"于某某与上海市虹口区房地产登记处行政其他案"①中,法院引用《上海市房地产登记条例》第 5 条第 2 款的规定,认定区县房地产登记处仅是受市登记处委托具体办理房地产登记事务的组织,不具有行政主体资格。

(四) 确定行政处罚或强制行为

部分地方立法条文明确了行政处罚行为的幅度标准或规定了行政强制措施,这一类型共有 8 个案例,占总数的 11.1%。如"杭州蓝天印刷技术开发有限公司与杭州市下城区城市管理行政执法局行政处罚案"、②"杭州××××广告有限公司与上诉人杭州××司承揽合同纠纷案"③和"杭州函丽广告有限公司与杭州八方广告有限公司承揽合同纠纷案"④均涉及《杭州市城市市容和环境卫生管理条例》(2005)第 31 条。该条规定:"设置大型户外广告,应当经市容环卫主管部门批准后,按照有关规定办理审批手续。违反规定设置户外广告的,由行政执法机关责令限期拆除,并可处以二千元以上二万元以下罚款;逾期不改正的,可予以强制拆除。"在国务院《城市市容和环境卫生管理条例》(1992)中,对户外广告相关违法行为的法律后果规定为"限期清理、拆除或者采取其他补救措施,并可处以罚款",⑤杭州市的规定对处罚行为的幅度作出了具体的限定。与之类似,"陈德林与杭州市公安局拱墅区分局祥符派出所治安其他行政行为案"⑥所涉及的《杭州市城市市容和环境卫生管理条例》(2005)第 38 条是对《城市市容和环境卫生管理条例》(1992)第 34 条所未明确的处罚条款的说明。而"东宇纸品(深圳)有限公司与深圳市宝安区人民政府、深圳市宝安区环境保护和水务局行政处罚案"⑦和"某甲公司与某乙区环境保护和水务局行政处罚案"⑧中涉及的《深圳经济特区环境保护条例》(2009)

---

① (2009)沪二中行终字第 263 号。
② (2007)下行初字第 17 号。
③ (2011)浙杭商终字第 1624 号。
④ (2010)杭拱商初字第 675 号。
⑤ 《城市市容和环境卫生管理条例》(1992)第 36 条。
⑥ (2016)浙 01 行终 346 号。
⑦ (2016)粤 03 行终 756 号。
⑧ (2013)深宝法行初字第 39 号。

第68条第2项则是在1994年《环境保护法》第37条等条款及2014年修订的《环境保护法》第63条第3项的基础之上对处罚幅度的规定。

还有的地方立法在上位法已经规定处罚幅度的基础之上作了进一步的要求。在"窦伟朋与郑州市公安局交通警察支队第一大队交通行政处罚案"①中,法院适用了《河南省道路交通安全条例》第58条第6项的规定,即"违反规定停放车辆,影响其他车辆、行人通行的",处二百元罚款,因此支持了被告行政机关的决定。但是上位法《道路交通安全法》第93条第2款的规定是"机动车驾驶人不在现场或者虽在现场但拒绝立即驶离,妨碍其他车辆、行人通行的,处二十元以上二百元以下罚款"。可见,河南省的规定对《道路交通安全法》的相关罚则作了顶格规定,虽然这种做法严格来说属于对上位法范围的限缩,涉嫌抵触上位法,但是在实践中似乎还是得到了部分执法和司法机关的支持。

除处罚行为外,有被法院引用的地方立法条文涉及行政强制措施的规定。如在"许炳灿、彭惠君与深圳市人居环境委员会其他案"②中,法院引用的《深圳经济特区环境保护条例》(2009)第33条规定:"有下列情形之一的,环保部门应当依法作出处理,并可以对有关设施、物品予以查封或者扣押:(一)非法贮存、转移、处置危险废物的;(二)非法转移、处置、排放放射性物以及含传染病病原体或者有毒污染物的;(三)在夜间和中午违法进行建筑施工等产生环境噪声污染作业,拒不改正的;(四)未领取排污许可证排放污染物的,或者排污许可证被依法吊销后仍然继续排放污染物的。"上位的《环境保护法》(2014)第25条在查封、扣押方面仅笼统规定为"企业事业单位或其他生产经营者违反法律法规规定排放污染物,造成或者可能造成严重污染",并无具体行为的说明,深圳特区的地方规定明确了行政强制措施的具体依据。

(五) 规定当事人权利义务

第5种情形是对规定所涉及的当事人法律地位(权利或义务)的明确,共10个案件,占13.9%。其中,有4个案件涉及的是《深圳经济特区欠薪保障条例》第23条。该条规定:"员工领取垫付欠薪后,区劳动行

---

① (2016)豫01行终961号。
② (2015)深福法行初字第151号。

政部门取得已垫付欠薪部分的追偿权;未获垫付的欠薪,员工有权继续追偿。区劳动行政部门垫付欠薪后应当依法向用人单位追偿,因追偿欠薪产生的直接费用由用人单位承担,区劳动行政部门应当一并追偿。"比如,在"深圳市人力资源和社会保障局与深圳市好诗迪装饰材料有限公司追偿权纠纷案"①中,原深圳市劳动和社会保障局根据规定,从深圳市欠薪保障基金委员会欠薪保障基金中支出了被告公司拖欠的53名员工的工资,但被告始终没有归还,故社保局发起民事诉讼,要求被告归还其代付的员工薪资。②深圳通过欠薪追偿规定设定了劳动部门相对于企业的追偿权,相应指出了企业的承担拖欠薪资和追偿费用的义务,且没有上位法规定相对应,属于地方立法的创制性举动。另有2个案件涉及的是《深圳经济特区社会养老保险条例》第32条,③该条规定参加该市基本养老保险实际缴费年限累计满六个月的参保人或者退休人员因病或者非因工死亡的,其遗属有权按规定领取丧葬补助金和抚恤金,亦属于对公民权利的确认。

此外,在"南阳市光彩物业管理有限公司诉侯涛物业服务合同纠纷案"④中,被告长期拒绝向原告缴纳物业费。法院在判决中引用了《河南省物业管理条例》第27条中有关物业管理企业权利的规定,⑤判定被告应当向原告支付拖欠的物业费、水电费和违约金。河南省的这一有关物业管理企业权利的规定未出现在国务院《物业管理条例》之中。上位法在立法倾向上似乎更注意保护业主的权利,而河南省规定则在一定程度上增加了物业管理企业的权利规定,以示双方法律地位的平衡。而其余3个案件所涉及的《河南省工伤保险条例》第21条⑥、《杭州市城市市容和

---

① (2013)深宝法民一初字第623号。
② 其余三个案件情形大致相似,参见"深圳市龙岗区龙岗街道办事处与深圳市胜名源工艺品有限公司追偿权纠纷案",(2016)粤0307民初2003号;"深圳市福田区人力资源局与深圳市满堂红装饰工程设计有限公司追偿权纠纷案",(2012)深福法民二初字第7353—7360号;"深圳市龙岗人力资源局与深圳市点创之尊家具有限公司追偿权纠纷案",(2016)粤0307民初2628号。
③ "胡爱萍、黄满丽、黄永达、黄华丽与宾士来五金制品(深圳)有限公司劳动合同纠纷案",(2016)粤03民终9640号;"深圳市龙岗区坪地中心明利食品厂、香港明利食品厂与毛安清、毛德武、伍玉干、肖春秀劳动争议案",(2015)深中法劳终字第5265号。
④ (2013)宛龙七民初字第224号。
⑤ 《河南省物业管理条例》第27条规定:"物业管理企业享有下列权利:(一)依照物业管理服务合同的约定收取物业管理服务费用;(二)制止损害物业或者妨碍物业管理的行为;(三)法律、法规、规章规定及业主大会授予的其他权利。"
⑥ "河南美森铝业有限公司与刘春太劳动争议案",(2016)豫民再251号。

环境卫生管理条例》第 21 条①,和《山东省国有土地上房屋征收与补偿条例》第 24 条②则分别确定了职工遭受工伤事故伤害时用人单位先行垫付治疗费用的义务,城市道路两侧及广场周边的商场、商店不超出门窗、外墙摆卖物品或进行其他经营活动的义务以及公共租赁住房、公房管理部门直管住宅公房或者单位自管住宅公房承租人要求"对被征收人实行房屋产权调换的补偿方式"并继续承租的权利。上述关于权利义务的设置在其各自上位法中均无明确对应。

(六) 填补上位法漏洞

还有 10 个案件所提及之地方立法的共同特点是均规定了上位法应当说明但未明确说明的问题,占 13.9%。比如在"赵自治与河南平禹煤电有限责任公司四矿、禹州市万帮劳务派遣有限公司工伤保险待遇纠纷案"③中,法院引用的《河南省工伤保险条例》第 24 条和第 25 条规定了伤残职工社会保险费的缴纳事项。上位法《工伤保险条例》没有说明伤残职工缴纳养老保险费的问题,但是规定伤残职工"达到退休年龄并办理退休手续后,停发伤残津贴,按照国家规定享受基本养老保险待遇"。④缴纳养老保险费用是享受养老保险待遇的前提条件,故而河南省规定弥补了上位法应当说明而未说明的漏洞。"李自顺、李伟杰、李永杰、李霞、李小粉与胡学文、王桂玲机动车交通事故责任纠纷"案所涉及的《河南省道路交通安全条例》第 22 条则规定了车辆进出道路时的优先通行问题。其上位的《道路交通安全法》和《道路交通安全法实施条例》主要规定了机动车让行人优先通行、转弯车辆让直行车辆优先通行以及特殊车辆的优先通行问题,遗漏了进出道路时的优先通行问题。河南省立法同样补充了上位法的漏洞。

此类别中另有 8 个案件涉及《湖南省行政程序规定》和《山东省行政程序规定》中有关一般行政程序的条文。例如,在"熊卜贤与中方县人民政府不履行法定职责及行政补偿纠纷案"⑤中,相对人向行政机关申请,

---

① "叶顺来诉张怀美侵权责任纠纷案",(2013)杭富民初字第 1484 号。
② "张建军、解红梅与烟台市芝罘区人民政府、烟台市住房和城乡建设局房产经营与物业服务中心房屋征收行政补偿案",(2015)开行初字第 9 号。
③ (2015)禹民一初字第 926 号。
④ 《工伤保险条例》第 35 条第 1 款第 3 项。
⑤ (2015)怀中行初字第 95 号。

请求协调土地征收房屋补偿费,但行政机关未予回应;法院在裁判中引用《湖南省行政程序规定》第 65 条,①判定被告不答复违法。事实上,被引用的条文与《行政许可法》第 32 条的内容十分相似,但不同之处在于《湖南省行政程序规定》将原来行政许可中的程序扩展到了所有申请行为,弥补了各类依申请行政行为在程序方面的缺失。②《山东省行政程序规定》第 68 条设置了与《湖南省行政程序规定》第 65 条相似的内容,在司法实践中该条也被法院用于认定行政机关未正确履行法定职责。③ 在其他案件中,如《湖南省行政程序规定》第 71 条涉及的当事人对证据的异议,④《山东省行政程序规定》第 19 条关于行政管辖的规定,⑤第 71 条关于证据收集要求的规定,⑥第 79 条关于听证主持人资格的规定⑦等,也均是对特殊行政程序在一般意义上的扩展。这些一般性的行政程序规定在我国尚未制定全国范围内统一的《行政程序法》的前提下,有效弥补了《行政处罚法》《行政许可法》《行政强制法》和其他相关单行法程序规定的空缺,故本书将其归入填补漏洞类别之下。

(七) 重复相似条款

除了上述可以被归入某种模式的案例外,在所有被统计的 72 份裁判文书中,有 3 个案件的法院所引用的地方立法与其上位法基本一致。在"河南盛世住邦置业有限公司诉商丘市爱家物业管理有限公司委托合同

---

① 该条规定:"行政机关对当事人提出的申请,应当根据下列情况分别作出处理:(一) 申请事项依法不属于本行政机关职权范围的,应当即时作出不予受理的决定,并告知当事人向有关行政机关申请;(二) 申请材料存在可以当场更正的错误的,应当允许当事人当场更正;(三) 申请材料不齐全或者不符合法定形式的,应当当场或者在 5 日内一次告知当事人需要补正的全部内容,逾期不告知的,自收到申请材料之日起即为受理;当事人在限期内不作补充的,视为撤回申请;(四) 申请事项属于本行政机关职权范围,申请材料齐全、符合法定形式,或者当事人按照本行政机关的要求提交全部补正申请材料的,应当受理当事人的申请。行政机关受理或者不受理当事人申请的,应当出具加盖本行政机关印章和注明日期的书面凭证。"

② 引用相同条文的案件还包括"刘运不服交通运输局行政许可案",(2016)湘 1381 行初 41 号。不过此案中涉及的是行政许可事项,法院亦可选择适用《行政许可法》。

③ (2016)鲁 0785 行初 16 号。

④ "陈世堂与高密市国土资源局不履行法定职责案",(2016)鲁 0785 行初 16 号。

⑤ "韦统华与曹县住房和城乡建设局行政规划、行政许可案",(2016)鲁 1721 行初 26 号。

⑥ "青岛铁路客车卧铺制造厂有限公司与青岛市城阳区人力资源和社会保障局行政确认案",(2015)城行初字第 3 号。

⑦ "张忠华、张忠方与鱼台县渔业局行政处罚案",(2016)鲁 08 行终 95 号。

纠纷案"中,①被适用的《河南省物业管理条例》第 29 条规定:"首次业主大会召开前,由开发建设单位选聘物业管理企业对物业提供管理服务。物业管理企业应当与业主逐一签定前期物业管理服务协议,协议中凡涉及业主共同利益的约定应当一致。"上位法《物业管理条例》第 21 条的规定是:"在业主、业主大会选聘物业服务企业之前,建设单位选聘物业服务企业的,应当签订书面的前期物业服务合同。"河南省规定相对国务院条例略作细化,但基本上与上位规定内容相似。而在"上海 XX 厂与上海市 XX 住房保障和房屋管理局行政其他案"②中被适用的《上海市房地产登记条例》第 45 条和"计桥与上海市住房保障和房屋管理局等登记上诉案"③所涉及的《上海市房地产登记条例》第 31 条则与住建部《房屋登记办法》第 41 条和第 33 条的规定基本一致。在上列三个案件中,地方立法的主要作用在于重申中央立法规定的内容,并未体现出自身的独特作用。当然,法院引用与上位法相似的地方立法条文也并非完全没有意义,如在前述"盛世住邦"案中,法院同时引用了地方立法和上位法的规定,地方立法条文起到了补强上位法依据的作用。

三、地方立法被选择适用的机理

上文大致归纳了在实践中适用相对较为活跃之地方立法条文的情形,那么这些条文被适用的背后存在什么样的机理?除了这些活跃的条文外,大量的地方立法实际上处在休眠状态,造成如此众多地方性规定被弃用的原因又是什么?本部分将针对以上问题继续展开讨论。

(一) 较活跃地方立法的类型与适用机理

通过本章第二部分的分析可以发现,作为研究对象的 72 个案件中只有 3 个案件涉及的地方立法条文与上位法相似,其余法条相对于上位规则而言均有所增添或补充。可见,被适用的地方立法主要处于上位法所不及之处,这非常清楚地说明地方立法的价值在于它与上位规定的差异。

---

① (2010)商睢区民初字第 1216 号。
② (2013)徐行初字第 149 号。
③ (2014)沪一中行终字第 126 号。

从本章所研究的有限案例观察，上下位法之间的差异可以归纳为以下几个类型：

1. 细化操作型

细化操作型地方立法的主要功能在于对上位法模糊规定的澄清或者对原则性规定的具体化，提高了相关法律制度的明确性，于具体的适用过程中不需要执法者或司法者再行续造。在制度经济学理论中，一项有效的规则必须具有明确性，能够为未来的环境提供可靠的指南。对于一项具有确定性的制度而言，普通公民可以清晰地看懂制度提供的信号，知道违反制度之后的不利后果，并能恰当地将制度与自己的行为对号。[①]细化操作型的地方立法起到了原则性规定与具体行为之间的桥梁作用，增强了法律规定的可操作性，因此容易得到更频繁的援引。在上文所列举的地方立法被适用的情形中，"解释或充实上位法概念""设定地方性标准"以及"确定行政处罚或强制行为"的立法即属于细化操作类的典型。

事实上，我国规范制定程序针对法律以下的规范性文件具有操作性方面的要求，比如《行政法规制定程序条例》第6条第1款规定："行政法规应当备而不繁，逻辑严密，条文明确、具体，用语准确、简洁，具有可操作性。"《规章制定程序条例》第8条第1款也规定："规章用语应当准确、简洁，条文内容应当明确、具体，具有可操作性。"但是上述规范中"具体""简洁""明确"等用语只是笼统的概括，并未指出具有可操作性立法的技术特征。关于"可操作性"的有限学理探讨也大致处于相对抽象层面。[②]

根据笔者对前文列举之地方性规定的梳理，这些具有操作性的立法条文至少采用了两种较为典型的立法方式。第一种立法方式是对模糊概念进行量化设置。例如，《河南省道路交通安全条例》第42条根据机动车驾驶人不同的责任程度，区分了100%、80%、60%和40%等4档不同的赔偿责任份额；《河南省物业管理条例》第41条将业主自治监督和物业管理用房和总建筑面积的比例定为高于2‰；《河南省工伤保险条例》第27条第1款对五至十级伤残职工一次性工伤医疗补助金和伤残就业补助金

---

① 〔德〕柯武刚、史漫飞：《制度经济学：社会秩序与公共政策》，韩朝华译，商务印书馆2000年版，第148页。

② 参见汪全胜：《论立法的可操作性评估》，载《山西大学学报（哲学社会科学版）》2009年第4期；李高协：《地方立法的可操作性问题探讨》，载《人大研究》2007年第10期；雷斌：《借鉴香港经验增强立法的可操作性》，载《人大研究》2010年第8期。

与统筹地区上年度职工月平均工资的倍数关系作出了说明;《杭州市城市市容和环境卫生管理条例》第31条将"可处以罚款"细化为"二千元以上二万元以下罚款"。通过概念的量化或设定数字标准,具有不确定性和开放结构的立法概念变得十分清晰,符合"明确性"的要求。

第二种立法方式是对抽象概念进行分类讨论或进行逐项列举。举例来说,《河南省道路交通安全条例》第42条将交通事故中机动车一方的责任区分为完全责任、主要责任、同等责任和次要责任四种类型,对"机动车交通事故责任"这一概念进行了分解;《山东省国有土地上房屋征收与补偿条例》第13条第2款则列举了"房屋征收补偿方案"所应涵盖的7类19项内容,详细分析了"房屋征收补偿方案"。通过对上位抽象概念的内部分解或者内容列举,地方立法同样实现了制度明确性的目标,增强了制度的可操作性。

2. 赋权确认型

赋权确认型地方立法的主要作用在于赋予或确认相关主体的权力或权利,规定了立法上各行动者的法律地位及活动空间。上文"确认行政主体地位""规定当事人权利义务"和部分"确定行政处罚或强制行为"的地方立法属于此类。赋权确认型地方立法被适用的机理主要在于某领域内或某问题中上位制度供给与本地制度需求不相平衡,地方立法通过创造新的法律关系进行制度的补充供给,在一定程度上缓解了制度供需之间的矛盾。理论上,技术进步、偏好改变、人口增长与迁移等累积性因素的变化会诱使外部利益出现,从而形成制度变迁(供给)的需求;[①]但是,在制度需求和制度供给之间,鉴于认知与组织、发明、菜单选择和启动时间等因素,"总是存在着一个时滞,也就是说,制度供给往往是不足和滞后的,使得制度供给不能达到最佳的水平",供给与需求之间存在着不平衡性。[②]当制度供给无法满足需求时,少数人便会采取非制度行为实现自己的目标。"少数人非制度行为的成功示范效应使仿效者日益增多,非制度行为演变为习俗和惯例,最后非制度行为还可能被政府以法令的形式固

[①] 参见姚作为、王国庆:《制度供给理论述评——经典理论演变与国内研究进展》,载《财经理论与实践》2005年第1期;杨君、龚玉池:《有效制度供给不足与中国经济增长》,载《经济学家》2001年第1期。

[②] 谢志岿:《外部约束、主观有限理性与地方行政改革的制度供给》,载《经济社会体制比较》2011年第2期,第135页。

定下来，一种新的制度供给就产生了。"①

虽然有关制度供需矛盾导致制度变迁的理论描述主要基于"国家与社会"的二元区分框架，但在笔者看来，这一描述也同样可以迁移到"中央与地方"的框架之中。在我国单一制治理的背景中，中央政府（包括中央立法机关和行政机关的广义政府）通过制定法律、行政法规等形式担负主要的制度供给责任。但是随着经济社会的发展，法律关系总是处在不断变迁的过程中，新的权利义务和新的行政管理需要持续出现，来自中央政府的制度供给往往具有原则性且相对滞后，这就需要各个地方政府通过"个别行为"来弥补制度供给与需求之间的缺口。而赋权确认型的地方立法正是通过补充制度供给上的不足而获得法律适用部门的青睐。较为成功的地方立法则有可能进一步被中央立法采纳，从而完成更大范围内制度变迁的过程。

具体来说，"确认行政主体地位"的地方立法主要补充了行政组织法方面的供给不足。当下我国行政法律体系关于行政组织和职权的规定十分粗疏，涉及地方行政机构的设置主要是《地方组织法》第79条第1款的简要陈述："地方各级人民政府根据工作需要和优化协同高效以及精干的原则，设立必要的工作部门。"有学者总结，我国目前的行政组织制度存在立法过少、过于原则抽象、可操作性不强等问题。②事实上，许多担负公共管理职能的组织在"法律、法规、规章授权组织"的名义下由单行法零散规定，这造成了我国行政组织制度的非系统性和碎片化，从而导致其领域覆盖的随机性和非周延性，组织法定原则未得贯彻。地方立法在组织法框架整体简陋的情况下进行个别性的增补，有助于解决地方公共事务管理组织的职权来源问题。除本章上一部分所举案例外，重庆市有关三峡移民工作的地方性法规也充分体现了这一功能：

> 国务院《长江三峡工程建设移民条例》规定，在县一级行政区域内负责三峡工程建设移民工作的行政主体只能是区市县人民政府及其移民管理机构。但是，三峡工程建设移民管理工作任务重、时间

---

① 杨君、龚玉池：《有效制度供给不足与中国经济增长》，载《经济学家》2001年第1期，第16—17页。
② 石佑启、陈咏梅：《论我国行政组织结构优化的法治保障》，载《广东社会科学》2012年第6期，第222—223页。

紧,只由县级人民政府及移民管理部门开展此项工作,力量远远不足。事实上,大量的移民安置补偿具体工作也是由乡镇人民政府、街道办事处承担的。针对以上实际情况,重庆市颁布实施了《重庆市实施〈长江三峡工程建设移民条例〉办法》。其第3条第4款规定:乡镇人民政府、街道办事处,承担区、县人民政府及其行政部门委托的移民管理工作。乡镇人民政府、街道办事处承担大量移民具体事务性工作就有了地方性法规依据。①

"规定当事人权利义务"主要是通过对新型法律关系的确认来处理新出现的社会问题,弥补旧制度在新问题上的供给不足。例如,笔者在深圳市人大常委会调研时了解到《深圳经济特区欠薪保障条例》因为规定企业员工可以就其被拖欠的薪金向劳动部门申请先行垫付,深圳市再未出现过因讨薪引发的社会不稳定事件。而《深圳经济特区无偿献血条例》则规定无偿献血者本人临床用血可终生无限量优先使用、免交临床用血费用;其配偶、子女、父母临床用血时可合计免交其无偿献血的等量血液的临床用血费用。在此规定颁布实施之后,深圳市的"血荒"现象得到了较大的缓解。在以上例子中,地方立法根据现实需求增加新的权利义务类型,把握了社会变化与现有制度的脱节之处,故而制度供给获得了积极反馈,具有较强的实效性。

部分"确定行政处罚或强制行为"的地方立法条款则增加了地方行政管理方式和管理权限的制度供给,回应了执法部门对"执法硬手段"的需求。上文《河南省道路交通安全条例》第58条第6项对处罚幅度的顶格规定即在实际上提高了针对违法停车行为的处罚力度;调研中,深圳市人大也承认深圳市在实践中时常运用特区立法权,于上位法规定幅度之上设定更为严厉的处罚。如在《道路交通安全法》对行人闯红灯的行为仅规定5元至50元的罚款幅度时,《深圳经济特区道路交通安全管理条例》曾规定给予最高100元的处罚。②这种"加大处罚力度"的地方立法虽然存在合法性的疑问,但其至少在一定程度上满足了各地在某一领域强化管理的需要。

---

① 李强、龚海南、陈立洋:《以司法职能助推地方民主法治建设——重庆市第三中级人民法院适用地方性法规情况的调研报告》,载《法律适用》2012年第2期,第100页。
② 根据笔者在深圳市人大常委会法制委员会和深圳市法制研究所的调研记录。

3. 漏洞填补型

漏洞填补型立法的意义在于补充上位规定的不周延之处，使相关法律制度更加完整，上文"填补上位法漏洞"对应于此种情况。这一类型的地方立法被适用的机理与赋权确认型立法相似，也是基于上位制度供给不足，而地方立法进行了恰当补充。但是漏洞填补型立法与赋权确认型立法之间也存在一定的区别，即漏洞填补型立法并未在实质上创设新的权力义务关系。前述赋权确认型立法，不论是确认行政主体地位，还是规定当事人权利义务，抑或是提高处罚的幅度，皆带有一定的创设性，是在原有制度基础上对权利义务的增添。若制度创设在实践中获得成功，则会得到更多的模仿，并有可能被上位立法所采纳，从而形成制度的变迁。而漏洞填补型立法是对现有制度的不周全之处进行的修补或者完善，填补现有制度存在的缺漏，揭示现已存在的隐含的权利义务关系，而非另辟蹊径创设行政主体或增加权利、权力。因此，漏洞填补型立法并未在实质上改变制度，也不是制度变迁过程中的一个环节。举例来说，前文所述《河南省工伤保险条例》第 24 条和第 25 条规定的伤残职工养老保险费的缴纳事项在上位法《工伤保险条例》中并未说明，但在法理上，伤残职工与普通职工一样有缴纳各项社会保险费的需要，《工伤保险条例》也指出伤残职工应享受各项社会保障待遇。所以，伤残职工通过其伤残津贴缴纳养老保险费乃是现有制度的自然延伸，河南省规定对此缺漏作了补充。不过，这种补充只是使原有制度更加完整，弥补了应当规定而未规定的事项，并未建立新的制度。

另外，漏洞填补型立法和细化操作型立法也存在不同。细化操作型立法虽然从表面看也有补充上位法制度的作用，但它与漏洞填补型立法并不处在同一个层面上；前者是通过对上位法中已存在概念的进一步解释以使上位法制度清晰、明确，后者则是对上位法制度本身存在的漏洞进行修补。可见，漏洞填补型立法是站在上位立法的层面进行补充，而细化操作型立法则是在上位法的下一个层面中进行补充，两者作用的领域不尽相同。

4. 小结

通过对适用中较活跃的地方立法的归纳和总结，可以清楚地发现，凡是被法院适用的地方立法大多具有较强的实用性。它们或者解释细化上位法概念，或者确认法律主体的权利义务，或者填补制度运行中的疏漏，均紧扣法律制度实践,一般没有原则性条款,也没有宣誓性规定。综合来说,在地方立法总体上不被重视的背景下,执法部门和司法部门正是出于"实用性考量"才选择援用部分地方立法条款。

(二) 弃用地方立法的机理

本章开篇即已指出地方立法在实践中被适用的比例较低,这种低适用率主要表现在三个方面。第一,被适用的法规数量在地方立法总数中占比较低。如河南省179部地方性法规只有约30部被法院适用过。①第二,执法和司法机关适用地方立法的案件在其案件总数中占比较低。如上海市行政审判中地方性法规的适用率为0.25%,民事审判中的地方性法规适用率为0.32%,②贵州省卫生厅卫生监督局从来没有适用过当地立法。③第三,被适用的规定集中于少数条文。从笔者对系统抽样所获得的案例看,大多数法院判决通常只青睐一部立法文件中的一到两个条文。如有关《河南省道路交通安全条例》的9个被抽取判决中有8个都是对该条例第42条的引用,《河南省工伤保险条例》的12个相关案件中有7个援引了其第27条。也就是说,法律适用机关仅仅运用了一小部分地方立法中的个别条款,而绝大多数立法条文均被弃用。那么,导致这种现象的原因究竟何在?笔者通过对我国多地司法人员、行政人员的调查,将导致地方立法被弃用的机理大致归纳为以下三点。

1. 适用地域性和审级制度下的风险规避

导致地方立法"不受待见"的最主要原因是法律适用机关担心其适用地方立法后可能会给自己带来"适用法律错误"的风险。比如,我国东部地区Q市法制办行政复议处处长坦言,在复议领域,当地法院主要运用的规定是《中华人民共和国行政复议法》和国务院制定的《中华人民共和国行政复议法实施条例》,而本省的复议条例有很多法官不愿意适用。所以,为了避免自己办理的案件在法院审查中"出问题",复议机关也更多适用全国人大或国务院关于复议的规定,而抛弃了本省人大制定的复议条例。至于法院为何

---

① 王少禹、王福蕾、李继红:《依法适用地方性法规努力提高审判质量——河南省高院关于地方性法规适用情况的调研报告》,载《人民法院报》2013年11月21日第8版。
② 涂艳成:《地方创制性立法之"地方性事务"研究》,上海交通大学2009年硕士学位论文,第35—37页。
③ 俞俊峰:《地方政府规章适用的实证研究——以贵州省卫生厅适用情况为分析视角》,载《河北法学》2011年第6期,第145页。

不愿意适用地方性的规定,该处长认为与法院内部上下级之间的监督机制有关。这一判断获得了法院系统经验的印证。笔者在深圳市调研时间接了解到,深圳市本地法院本身拥有适用深圳经济特区立法的意向,也确实在部分案件中援引深圳特区的地方规定解决问题;但是若案件被上诉到广东省高级人民法院乃至最高人民法院,则深圳特区立法通常会"失效",因为上级法院一般倾向于适用更上位的法律。另有一些法院则根本不愿意适用地方立法。我国华北地区 C 市中级人民法院副院长在笔者调研过程中指出:"法院适用地方立法总是存在一定的风险,当年'河南种子案'中的李慧娟法官因为评论了地方性法规的合法性而被追究责任,这给法官带来的印象就是地方性法规尽量不要碰。"

出现以上现象的机理可被归纳为两点:一是地方立法的适用具有显著的地域性。这种地域性不仅体现在地方立法仅被本地的行政机关和公民所适用,而且体现在其仅为本地司法机关所适用。从理论上说,地方立法仅被本地行政执法机关适用是地方立法的必然特征,但是这并不意味着地方立法只能为本地法院适用。我国《行政诉讼法》第 63 条规定:"人民法院审理行政案件,以法律和行政法规、地方性法规为依据。"可见,包括最高人民法院在内的各级人民法院均有将合法的地方性法规作为依据的义务。然而,从实践情况看,司法机关中也存在着强烈的地域属性,管辖更大地域范围的法院似乎不愿意适用辖区内某个地方的"土规定",这就导致了地方立法对"上级法院"缺乏约束力,从而引发"适用不出本地"的尴尬。

二是在审级制度之下,法官尽量会采取规避风险的做法。一方面,部分地方立法确实存在"抵触上位法"的风险,另一方面,上级法院也总是倾向于直接适用上位立法。因此,为了降低自己的判决被上级法院认定为"适用法律错误"的概率,下级法院也会在压力下按照上级法院的"喜好"来适用法律。于是,适用中央立法比适用地方立法要安全得多,至少前者的条文本身在上级法院那里不会受到质疑。同时,由于法院在法律问题上享有最终的判断权,这也使处于相对前端的行政机关按照法院的倾向来适用法律,以降低自己的行政决定因适用法律而被认定为违法的概率。这进一步压缩了地方立法生存的空间。

由于我国没有进行地方法院和中央法院分立的制度设置,不像某些国家那样拥有只适用地方立法的机关,故而地方立法和中央立法在同一套司法系统中存在竞争关系。虽然各地法院在人财物方面一度受到地方政府的影响较大,呈现出"块块"特征(这可能影响了法院在案件的受理、审理和执行等方面的行为①);但在法律适用上,基于上级法院的案件审判质量考核,"条条"的特征更加明显,体现了司法的中央事权属性。所以,地方立法在"适用竞争"中逊色于中央立法也即可以得到解释。

2. 地方立法制度功能缺失

地方立法常常不被重视的另一个原因在于其本身不具备实用价值,缺乏作为制度的基本功能,难以成为实践中行政或司法机关处理法律争议的依据。制度功能缺失一方面可能是因为地方立法条文在制定上过于粗疏。比如,有地方立法机关承认:"由于地方性法规个别条款规定比较原则,在司法适用中可操作性不强。个别法规存在法定程序规定不细,有的专业名词较多,易造成误解不便于执行等问题。"②法院也指出,适用中常见的问题是"地方性法规中个别规范不够具体明确,从而给准确适用带来疑惑"。③

立法粗疏导致制度功能缺失是当前我国众多地方性规范存在的普遍问题,这固然与地方立法机关立法专业力量相对薄弱有关,但在更大程度上则反映了立法工作机制的问题。地方人大在立法过程中与法律适用部门和社会公众的联系相对松散,缺乏有效的信息收集和沟通渠道,不能及时、清晰了解到立法的真实需求。时任全国人大法律委员会主任委员乔晓阳直接指出:"有的法律条文逻辑严密、结构合理、层层递进,条文很漂亮,但和实际对不上号,不管用。"④此外,对立法数量的追求也在一定程度上牺牲了立法质量。许多地方立法机关往往"年初颁布了立法计划,接近年底收官之际,不完成不好,于是草草审议、匆匆过会";在制定上"偏重体例形式完整,抄引上位法条款现象严重,真正依据本地实际制定的条款较少"。⑤

另一方面,制度功能缺失也有可能是因为地方立法作了无意义的重复。笔者在我国东南地区 J 市调研时,该市城乡与住房建设局主管安全

---

① 参见刘作翔:《中国司法地方保护主义之批判——兼论"司法权国家化"的司法改革思路》,载《法学研究》2003 年第 1 期。

② 沈阳市人大法制委员会:《浅谈地方性法规适用中存在的问题与对策》,载中国人大网,http://www.npc.gov.cn/zgrdw/npc/lfzt/rlyw/2016-09/18/content_1997654.htm,最后访问时间:2023 年 4 月 3 日。

③ 李强、龚海南、陈立洋:《以司法职能助推地方民主法治建设——重庆市第三中级人民法院适用地方性法规情况的调研报告》,载《法律适用》2012 年第 2 期,第 101 页。

④ 曹众:《地方立法,做好"精细化"文章》,载《检察日报》2016 年 4 月 11 日第 5 版。

⑤ 同上。

生产的副局长介绍说,他们在实际工作中主要适用的是《中华人民共和国安全生产法》(以下简称《安全生产法》)以及国务院《建设工程安全生产管理条例》,基本不适用本省制定的安全生产条例,原因在于中央的规范已经十分详细,覆盖了他们目前工作中出现的各种主要情形。其实,在这种情况下,J 市所在省的安全生产条例已然可有可无。Q 市法院行政庭法官也认为,在行政审判过程中,绝大多数案件依靠法律或行政法规就可以解决,地方立法的许多条款只是进行了重复规定。可见,在上位法制度相对比较完善的领域,地方立法本身已不存在进一步规定的空间,此时再行立法只能导致无意义的重复,而不能体现出地方规定自身独特的"不可替代性"。

3. 传播成本及规则认知便宜化倾向

致使地方立法适用率较低的第三个因素是执法人员或法官对地方规则缺乏掌握或根本不愿意掌握。沈阳市人大法制委员会就曾在其报告中指出,导致地方性法规适用较少的原因,"一是人大常委会与法院就地方性法规的贯彻实施没有正式衔接机制","法规颁布实施后,召开新闻发布会,市法院派员参加,领回相关文件和材料后即可,没有下文了";"二是在法院特别是基层法院及广大法官的潜意识中也存在重法律、轻法规的倾向,对国家法律学习深入,对地方性法规知之甚少"①。法院也同样表达了法规衔接机制不畅和适用地方立法意识偏低的问题。河南省卫辉市法院法官于 2013 年发表文章称:"目前,我们感到知悉地方立法信息的渠道不够多,有的信息更新不够及时,反映地方立法信息的资讯欠缺持续性。"②河南省高级人民法院的报告则认为:"有的法官对地方人大的立法权限认识不清,对地方性法规的地位存在模糊认识,学习掌握不够,认为地方性法规的效力层级较低,只能作为案件裁判的参考。"③除司法机关外,行政机关对地方立法的适用同样被动,如贵州省卫生厅卫生监督局在答复他们为何不适用本地的《贵州省实施〈医疗机构管理条例〉办法》时指出:如果

---

① 沈阳市人大法制委员会:《浅谈地方性法规适用中存在的问题与对策》,载中国人大网,http://www.npc.gov.cn/zgrdw/npc/lfzt/rlyw/2016-09/18/content_1997654.htm,最后访问时间:2023 年 4 月 3 日。

② 王建文:《在司法审判中适用地方性法规情况》,载新乡市中级人民法院网站,http://hnxxzy.hncourt.gov.cn/public/detail.php?id=4797,最后访问时间:2023 年 4 月 3 日。

③ 王少禹、王福蕾、李继红:《依法适用地方性法规努力提高审判质量——河南省高院关于地方性法规适用情况的调研报告》,载《人民法院报》2013 年 11 月 21 日第 8 版。

要适用贵州省办法,应当由省卫生厅下文规定在处罚文书中适用这一地方政府规章,修改相应的文书格式。①

上述现象的发生机理同样可以被归为两个方面:第一,地方立法的传播需要成本。从以上例子中可以发现,有许多实践工作者认为当前针对地方立法的宣传、衔接机制存在不足,导致他们对新出台的立法往往不了解、不知悉。这表面上反映出法律适用机关对地方立法的宣传培训问题重视程度不足,但其实在客观上体现了立法传播成本所构成的障碍。任何制度都并非一制定出来就能自然得到执行,其运行的各个阶段均需要消耗成本,而成本的存在将会在一定程度上限制制度作用的发挥。比如,要使制度获得广泛的知晓,则需要在媒体上进行一定密度的宣传推广,而要使法官或执法人员了解并熟悉这些制度,则需要组织相关的专题培训或下发学习材料。这些工作都要求进行可观的时间和经费投入,构成了制度传播的成本。显而易见的是,地方性立法很难像全国人大制定的法律那样获得大量的宣传资源,各级法院和各级行政机关也一般不会像针对法律那样就地方性立法开展工作人员培训,这是资源约束条件下的理性选择。各级立法、行政、司法机关在理念上加强对地方立法的重视或许还相对容易,但在实践中制度传播成本的存在会对其造成实实在在的阻碍。

第二,执法人员和司法人员具有规则认知的便宜化倾向。与宣传制度需要消耗成本一样,掌握内化制度也需要消耗成本,即制度的学习成本。要充分掌握地方立法的内容,则执法人员或法官必须花费一定的时间和精力阅读新的规则并与旧规则对比,这在执法或审判压力较大的情况下可能会在工作优先级上被排后。事实上,法律适用者对法律制度不可能做到全知全能,而是会保持"理性的无知",即根据自己的时间和精力条件,有选择的掌握对自己工作有帮助的法律条文。②当上位法已经基本上可以解决问题时,适用者即会形成显著的"路径依赖",而没有动力学习新的规范,形成了规则认知的"便宜化倾向"。并且,越高级的法院所需要面对的地方性规定越多,也就越不可能去主动研究了解各地立法;而高级

---

① 俞俊峰:《地方政府规章适用的实证研究——以贵州省卫生厅适用情况为分析视角》,载《河北法学》2011 年第 6 期,第 145 页。

② 制度经济学上称为"明智地调整你的目标,使之与自己的资源相适应"。〔德〕柯武刚、史漫飞:《制度经济学:社会秩序与公共政策》,韩朝华译,商务印书馆 2000 年版,第 67 页。

别法院的适用倾向又会影响下级法院乃至行政机关的规则选择,于是导致对地方性立法"学习不够"的现象更加突出。

不过,虽然法官在日常工作中缺乏对地方规定的系统学习,但当事人或律师仍然有可能将个别地方立法条文引入诉讼活动中来,并有可能在判决中得到法院引用。同时,法官之间的审判经验交流和对上级法院判例的学习始终在进行,因此,个别地方立法条文在被某判决成功引用后,可能会引发其他法官的效仿,从而形成了地方性立法独特的习得方式。这在某种程度上解释了为何地方立法的适用总是大量集中在个别条文。

制度经济学认为,在现代经济活动中,交往和协调所构成的"交易成本"事实上占据了总成本中的可观部分,甚至高于产品的生产成本。[①] 此结论同样可以迁移到法律的实施过程中来:一项法规被制定出来后,其宣传、培训以及法律适用者学习、内化所需要的时间、精力和经费成本并不低于制定该法规所消耗的成本,而正是这些成本大大影响了制度的有效落实。最后形成的结果就是对地方立法的适用呈现出偶然性、个别化的特征。

4. 小结

从以上地方立法被弃用的机理看,执法或司法机关或出于风险规避,或出于路径依赖,或出于对地方立法的不信任,在法律适用过程中一般只考虑上位中央立法,而不太愿意适用地方立法,表现出了强烈的"上位法依赖"倾向。这一倾向是现有制度条件下必然出现的结果,但长此以往,则会造成地方立法在实践中愈发不被重视,进一步被边缘化。要打破这种依赖性,则需要从依赖的原因出发,有针对性地加强地方立法机制。本章在下一部分将继续探讨。

四、如何使地方立法更具实效

地方立法的运行过程始终处于法律适用机关的"实用性考量"和"上位法依赖"两种不同倾向的张力之中。在当前的态势下,似乎"上位法依赖"占据了主导地位,致使地方立法实效未能充分体现。要打破现状,促

[①] 〔德〕柯武刚、史漫飞:《制度经济学:社会秩序与公共政策》,韩朝华译,商务印书馆2000年版,第152—154页。

使地方性规定在实践中发挥更大的作用,则需要"两头用力",即一方面加强立法的实用性,另一方面尽量减轻乃至消除造成"上位法依赖"现象的因素。具体措施可能包含以下几种。

(一) 根据需求实施立法供给

大多数在实践中比较活跃的地方立法均在某方面满足了实践部门对制度的需要,特别是补充了上位法所未提供的依据;而不针对具体需求的空泛立法,或毫无创新的重复立法则会在"法律适用市场"上惨遭淘汰。因此,作为地方"法律适用市场"的制度供给者,各地人大需要根据立法的实际需求来"生产"立法。而精准判断需求最重要的是对有关需求信息的把握,即准确地发现何处存在制度供给的不足。立法过程中,有助于提供立法需求信息的机制包括三种:

第一,人大主导下的行政机关起草机制。虽然行政机关起草立法带来的"立法部门化"倾向屡屡遭到学术界挞伐,但是当代社会的立法过程不可能完全排斥行政机关的参与,甚至还必须让行政机关发挥主要的作用。原因在于,行政机关相对于立法机关而言对其自身所管理的事务掌握更多信息,具有更强的专业性;让行政机关来起草立法性文件可以直接反映出实际执法过程中的需求,避免立法机关向行政机关收集信息的成本。事实上,实践中各地政府也确实主要承担了地方性法规的起草工作,有学者统计,上海市、甘肃省、长春市和南京市政府各部门在一定时间内起草的当地地方性法规占比分别为68%、86.5%、近90%和93%,而人大直接起草的立法大多有关人大自身建设。[①]部分立法官员也直陈人大不适合直接来起草经济社会管理事务类的立法,即便起草了,其内容也容易流于空洞,最后成为"僵尸立法"。[②]

当然,由一个政府部门单独负责某项立法的起草工作确实容易造成立法的统筹协调性降低,引发与其他法规的冲突,单一部门立法也往往只反映了制定机关的需求。所以,虽然法规交由行政机关起草,但人大在立法过程中仍然需要发挥主导作用。这种主导作用体现为人大协调各个相关行政部门或者引入第三方的专业力量共同参与立法起草,平衡各方面

---

① 参见阎锐:《地方人大在立法过程中的主导功能研究》,华东政法大学2013年博士学位论文,第74—75页。

② 根据笔者在深圳市人大常委会的访谈。

的立法需求,并对法规草案的合法性进行把握。

第二,法律适用部门对法律草案的前评估。目前我国正在进行的立法评估主要是"立法后评估",即在法律、行政法规、地方性法规和规章实施了3至5年后,通过运用问卷调查、召开座谈会研讨会、实地考察、听取执法部门的意见等方式,对法律规范的必要性、合法性、协调性、可操作性和实效性进行评估。①这种评估方式滞后于立法,主要作用在于为立法下一步的修改和调整提供参照。事实上,与"后评估"同样有意义的是立法的"前评估"工作,即在立法草案形成后,正式实施前,对立法条文的各方面特征以及将可能产生的影响进行评估。有效的前评估除了可以消除部分违法隐患外,更重要的是能够在立法实施以前对各方的立法需求予以综合,避免法规出台后与实践需要相脱节。

不过,前评估工作本身需要耗费立法成本,在立法资源有限的约束条件下,笔者认为,高效的前评估工作应当主要吸纳法律适用部门的参与,特别是各级人民法院。促使法院参与前评估工作一方面可以利用审判者的工作经验和体会指出立法草案在可操作性、合法性方面的问题,以及他们希望地方立法解决的问题,使立法符合司法者的需求;另一方面,法院对立法过程的参与也会增强地方立法在法院中的可接受性,降低司法机关对地方立法的抵触情绪。

第三,固定的专业立法信息收集渠道。若从立法信息收集的完整性角度考虑,则信息收集面越宽,访谈调查对象越多,获得的资料越丰富。但是,正如前文一再强调的,任何行为皆需要消耗成本,成本的高企将会抑制有关行为的发生。在当前的立法工作中,立法机关始终强调的是"到民间基层去倾听干部群众的意见,使立法接地气",这体现了我国立法机关收集、获取立法一手资料的良好愿望。然而,从历来各种代表性广泛的立法座谈会和公开征求意见看,这类方式的"有价值信息密度"较低;大量"基层立法联系点"也反映出部分立法联络人员法律知识欠缺,难以提供有效建议的问题。②可见,直接从少数基层干部群众处了解立法需求并非是一种高效的运作机制。反而,这类活动高昂的组织成本耗费了可观立法资源,所以很难做到大规模频繁进行,能提供的信息也就片面而有限。

---

① 席涛:《立法评估:评估什么和如何评估——以中国立法评估为例》,载《政法论坛》2012年第5期,第59页。

② 参见利川市政府法制办公室《2008—2012年立法基层联系点工作总结》。

从功能角度说,"基层工作路线"属于政治工作方法,作用是提高立法的"合法性观感",而并非想在立法内容和技术上获得有益启示。

相对务实的方法是建立起专业的立法信息收集渠道,比如通过企业、行业协会、社会组织来收集立法信息。这些组织与机构同相关经济领域或者社会领域的众多行动者均保持着密切的联系,对本领域有整体性的认识,同时一般具有受过高等教育的专业人员,可以很好地发挥"利益综合"的功能。① 实践中,部分经济发达地区已经开始着手建立相对专业化的立法沟通渠道。举例来说,深圳市将腾讯、华为、中兴、合口味、招商银行、沃尔玛等包括科技创新、通讯、金融、环保、食品工业、零售等多个领域的企业确定为深圳市的"企业立法联系点";深圳市人大希望这些企业能够"充分运用专业知识和能力,积极参与市人大的相关立法调研工作"。② 可以预见,此类专业化、集中化的沟通机制相比于目前大量建立在一般居民社区的"基层立法联系点"具有更高的信息反馈效率。

(二) 强化规范的确定性

从法律条文适用的实践可知,明确的规则容易获得执法和司法机关的青睐,从而具有更强的实效。要使地方立法具有明确性,首先需要降低在立法中原则性规定的比例。从法理学上说,规则具有具体的行为假设和法律后果,在适用上"全有或全无";而原则仅仅指出一个方向,在适用中只具有一定的"分量",需要和其他原则相权衡。所以,原则往往抽象而模糊,在没有具体规则的时候可以起到解释补充的作用。所以,原则的特点也决定了其在一般法律适用过程中的例外特性,日常的法律运用必须依赖于明确的规则。然而,目前我国地方立法的内容中,大量充斥着原则性语言。以某地《社会建设促进条例》为例,该《条例》全篇没有规定法律责任或权利义务事项,内容上存在大量诸如"探索""完善""提倡""支持"等政策性语言,从整体上看更像是条文化的纲领性文件。若不改变此类地方立法原则性条款过多的现实,则法规整体的明确性难以得到提升。

---

① 所谓"利益综合"在政治学上即指将各种要求转变为重大政策选择的过程。〔美〕加布里埃尔·阿尔蒙德、小G·鲍威尔:《比较政治学——体系、过程和政策》,曹沛霖等译,上海译文出版社1987年版,第233页。
② 李舒瑜:《深圳开门立法又有新举措——市人大常委会首批9个企业立法联系点授牌》,载《深圳特区报》2016年12月30日第A4版。

除了提高规则相对于原则的比例以外，对于一般法律规则，也可以通过前文所述的"量化设置"和"分类讨论"强化其明确性。这两种制定方式在我国古代的法律制度中即已存在，如唐律中侵占财物的犯罪行为结果以绢的"匹""尺"等作计量单位，户籍、徭役及治安管理方面的失职犯罪行为的结果常以所失的"口""人"作量化单位，体现出了量化的思想；而在侵犯皇家安全的犯罪上，以"京城门→皇城门→宫城门"作为由轻到重的等级划分的程式则采用了分类的技术。[①]与历史上的情形相似，现代行政裁量基准的制定中将它们称为"量化技术"和"分格技术"，并作了进一步的发展。举例来说，海事局制定的《常见海事违法行为行政处罚裁量基准》(2014)针对《防治船舶污染海洋环境管理条例》(2013)第66条的规定，以数学公式的形式设置了处罚基准，又以公式中各项系数、指数的数值大小细化了违法情节，[②]在量化思想的基础上运用了现代数学的方法。此类立法技术的有意识运用可以进一步提升立法的明确性，进而增强其可操作性。

（三）平衡"安全立法"和"有用立法"

根据前文归纳，执法人员或司法人员不愿意适用地方立法的一项重要原因在于担忧地方规定的违法风险。必须承认，回避风险是理性人的正常选择，法律适用者的这一主观倾向难以通过其本身认知的改变予以克服，而只能以更具实用性的规定引导其适用。但是，加强地方立法的实用性除了提高规范的明确性、填补漏洞等相对"安全"的方式外，常常也需要地方立法者创制新的权利义务或设定新的职权。这就有可能产生"安全立法"与"有用立法"之间的矛盾，即"安全的立法没用，有用的立法不安全"。

此问题产生的根源在于法律上下位法"抵触"上位法的标准不甚清晰。下位法在与上位法规定不相同或超越上位法范围进行规定的情况下，到底是与上位法相抵触还是对上位法的完善，在实践中并没有非常明确的界定。各地立法机关总是十分谨慎地试探着"抵触"的边界，有时也

---

① 参见钱大群：《唐律立法量化技术运用初探》，载《南京大学学报》1996年第4期。
② 处罚金额(万元)＝1×KN，其中 K(系数)＝1.2，N(指数值)＝N1＋N2＋N3＋N4＋N5＋N6＋N7，而指数值 N 中各项指标数值的计算方式则有对应表格。董慧敏：《行政裁量基准的制定》，重庆大学2015年硕士学位论文，第32页。

会超越了理论认可的范围。比如,目前部分地方的人大认为地方性法规适当超越上位法规定的处罚限度设定罚款属于相对安全的一种做法,因为通货膨胀在不断加剧,若还要维持十几年前制定的处罚额度标准,那么对违法相对人的惩戒作用就会大大降低。这在某种程度上可以被视为"良性违法"的做法事实上代表了地方立法机关平衡安全立法和有用立法两种价值的努力。进行类似的探索虽然本身具有重要的意义,但更关键的是要在实践中清晰标出地方立法运行的自由空间,使地方立法机关在保证法规"安全"的前提下尽可能使其"有用"。本章限于篇幅,对这一问题将不再过多展开。

(四)降低立法的传播与学习成本

基于人类有限的认知和学习能力,任何制度均并非越复杂越好,而应具有一定的限度;过于复杂的法律制度会使得普通人难以掌握,这样就大大提高了遵循规则的成本。所以应对复杂的世界还是需要简单的规则。在19世纪,许多欧洲国家通过大规模的司法改革简化了法律制度,目的是使服从规则更容易、更便宜,并减少法律运作的成本。[①]我国的地方法律制度也是如此,若篇幅过于冗长,则阅读、记忆、掌握所需要耗费的时间精力将等比例上升;若将立法创新条文夹杂在许多与上位法相似的条文中,则会给适用者带来搜寻、识别和比对的成本。这些成本的存在都将显著影响地方立法的传播与推广,因此需要通过机制的创新进行"成本控制"。通过上文分析可以发现,有效的传播成本控制机制包含两个方面:一是降低立法的篇幅;二是出台有针对性的法规适用指南。

降低立法的篇幅在许多务实的立法官员那里可以被形象地解读为"有几条立几条"。"2012年4月,时任上海市人大常委会主任刘云耕指出:今后的地方立法应当多针对一些具体问题,由系统性立法向问题引导立法、立法解决问题方向嬗变,'有几条立几条、管用几条制定几条'将取代结构完整的常规形式。"[②]这种务实的立法思路将可以大大减少目前地方立法的篇幅,促进立法向"短小精悍"方向发展。然而,这样的立法理念的广泛接受仍然需要时间。有许多人大官员仍然认为:"如果一部法规

---

① 〔德〕柯武刚、史漫飞:《制度经济学》,韩朝华译,商务印书馆2000年版,第149页。
② 曹众:《地方立法,做好"精细化"文章》,载《检察日报》2016年4月11日第5版。

或条例,篇幅较短,只有几条或者十几条内容,不像一部法,不够庄重,也不够严肃……该重复上位法条文时还得重复,否则,有些内容无法衔接,也无法规定。"① 长期以来,我国地方立法机关在理念上追求像中央立法那样体例完整、周全,因此不得不大幅度"借鉴"上位立法的框架内容,从而大大增加了制度的复杂性和运作成本,给行政、司法机关的适用带来了麻烦。实际上,地方立法机关可以参照我国司法解释的制定思路:最高人民法院的司法解释一般会紧扣其所解释的法律条文,澄清概念,填补漏洞,甚至创制新的规定,而不会为了体系完整重复上位法已经说过的内容。从"解释"的角度看,司法解释可能在某种程度上超越了司法权的范围;但若单从立法技术角度看,这种"立法方式"具有更多的"干货",令法官一目了然,在实践中更容易受到重视。

若不能有效降低地方立法的篇幅,那么为一个长篇的法规配套一个简明的适用指南则是可以考虑的方案。目前,人大在制定颁布地方性法规时一般会对法规的可行性和必要性、起草过程、所要解决的主要问题等方面进行立法说明。不过这类说明通常立足宏观,对实际适用少有助益。笔者认为,可以在立法说明的基础上针对有创制性的条文、重点条文作出释义,说明条文的立法目的、与上位法的关系等问题,形成简明的适用指南,以便于法官迅速定位立法中的有价值信息,减少信息搜索的成本。

五、本章小结

本章对地方立法实效的研究主要基于对司法实践的探讨,对行政机关执法实践的讨论相对有限。这主要是因为行政复议案件文书尚未普遍公开,笔者亦暂时无法在较大范围内获得行政机关的执法案卷,故只能通过对行政执法人员的个别访谈调研或其他研究者的相关描述进行间接判断。对行政机关在执法活动中适用地方立法的方式与特点还有待于更多实证资料的积累。另外,本章的研究基本上以实践中被适用的地方立法规范为中心展开,分析适用的方式与特点;但实际上,没有在司法或行政实践中被适用的规范并非没有意义,这些规范可能在现实中得到了较好的遵从,从而没有在行政或司法机关适用的必要。对于这些类型的规范,

---

① 简松山:《地方立法应提倡有几条立几条》,载《人大研究》2007年第10期,第32页。

就本章目前的研究方法而言尚难以有效讨论,亦需留待今后进一步的调查研究。

总体而言,本章仅仅是对地方立法实践情况的部分方面和如何发挥地方立法实际作用的一个初步的研究。然而,就实践中地方立法被频繁适用或被束之高阁现象背后之机理的分析,对各级地方立法机关落实全国人大常委会关于地方立法"有特色""可操作"等的要求具有一定的参考价值。从更加宏观的层面说,本章所揭示的地方立法运行规律对于加强地方立法在社会治理中的作用,以及按照我国《宪法》第3条的规定"充分发挥地方的主动性、积极性"具有重要意义。

第五章 地方立法机关面对中央立法时的选择：重复、细化还是创制*

【本章提要】《立法法》将地方立法权下放给全部设区的市后，理论与实务界存在着"立法扩张"与"立法重复"两种不同的担忧。通过对样本城市具有地方特性的市容环卫领域和具有中央特性的安全生产领域地方立法的实证考察，可以发现，更具地方性的立法，在条文规模上的扩张程度更高，而我国地方立法在重复中央立法方面问题并不突出。地方立法中有相当比例的规定对上位法进行了操作性的细化，且在中央性较强的立法领域中，地方立法进行细化的比率相对较高。在立法创制方面，地方立法超越上位法框架的"独立型创制"现象较为少见，立法机关更多进行的是基于上位法已有条文的"依附型创制"，在总体上呈现出较为保守的倾向，但同时也展现出了地方立法一定的自主空间。未来应进一步明确地方立法在规范上的存在空间，适当减弱立法保守倾向，使地方立法在社会治理中发挥更大作用。

一、立法扩张还是立法重复？

2015年3月15日修改的《立法法》将市一级的立法权从原来的49个较大的市扩展到了全部的282个设区的市。这种立法上的放权会造成何种影响是理论和实务界关注的重要问题。下放立法权所带来的最直接的变化是立法主体的增多，由此可能引发立法权过度扩张的担忧。在2014

---

* 本章主要部分已发表于《政治与法律》2017年第9期。

年8月下旬和12月下旬对立法法修正案草案进行的两次审议中,信春鹰、郑功成等全国人大常委会委员就曾经提出,地方立法主体太多,不利于法制统一,有时会导致滥用立法权。①但与此同时也存在另一种担忧,比如刘政奎委员认为:"现在的法律体系已经形成,立法也越来越细化,地方立法的空间已经不大。此外,现在省、自治区人大常委会的立法内容与上位法很多是重复的,有些只是相关上位法内容的重新整合而已,再下放一级,重复现象会更多。"②

以上两种观点均表达了对地方立法权下放的忧虑,然而内容却截然不同。前一种观点可被称为"立法扩张论",其主张者担心立法权下放之后会被滥用、失去控制;后一种观点可被称为"立法重复论",持此观点者则认为,赋予地方更多立法权后各地只是依样画葫芦、亦步亦趋。如果扩张论是正确的,那么显然地方立法并不是在简单模仿上位立法,而应当具有大量的塞进地方利益的创制性规定;若重复论是正确的,那么我们则不需要担心地方立法过度扩张,因为它们只是上位法的传声筒。究竟哪种观点相对准确,我们无法从表面现象中作出判断,而需要对实践进行调查。笔者相信,上述两种意见中均存在合理的面向,分别反映了地方立法不同的特点;不过问题是它们究竟在什么程度上是正确的,我们应当在什么条件下认可这些结论。

上述现象在目前已有的文献中均得到了一定的支持。就扩张论而言,有部分学者通过对地方立法情况的实证分析,得出了在地方立法中,创制性立法比例较高的结论。比如逯金冲在对比之后指出,从1990年到2014年,在上海、广东、山东、青海等4个省市的地方立法中,"创制性立法的比例都明显占绝大多数,其中,广东省和山东省的创制性立法的比率更是超过60%,就连相对比率较低的诸如青海等省也超过了半数"。③持相似结论的还有涂艳成,在她的研究中,地方立法的创制性比例亦在40%—50%左右;同时,她还发现,地方创制性立法的比例似乎与经济发达程度有一定关联。沿海发达地区,创制性立法比例相对较高,如深圳(55.76%)、汕头(63.33%)、苏州(51.72%)、徐州(57.69%)、大连

---

① 王亦君:《立法权下放 立法质量该如何保证》,载《中国青年报》2015年3月10日第T3版。
② 参见彭东昱:《赋予设区的市地方立法权》,载《中国人大》2014年第10期,第26页。
③ 逯金冲:《地方创制性立法研究》,山东大学2014年硕士学位论文,第28页。

(54.54%)等；而东北及西部地区经济欠发达地区的创制性立法比例相对较低，例如唐山(27.77%)、齐齐哈尔(28.57%)、西藏(31.48%)、四川(29.88%)等。①

地方立法的创制比例较大也符合现实中的部分经验描述。根据媒体报道，截至2007年止的15年时间中，深圳经济特区立法296部，"其中约三分之一是在国家和其他地方立法没有先例的情况下制定的，三分之一的法规都有创设性的规定"。②另根据宁波市人大常委会法工委2006年的介绍，宁波市第十二届人大常委会新制定的31件地方性法规中，属于地方创制性立法的有18件，占总数的58%。③从这些描述可以发现，地方创制性立法在实践中的比例相当可观，而且立法官员一般也将更高比例的创制性立法视为重要的工作成绩。

但从另一个方面说，立法重复论的提出者也具有一定的数字支持。屈茂辉在研究了有关国有土地上房屋征收与补偿制度的规范性文件后，得出结论认为国有土地上房屋征收与补偿制度的地方立法重复率都比较高，其中重复率高低顺序分别为：征收主体62.7%、征收程序57.3%、补偿标准51.3%、搬迁与强制拆除规定44.4%、补偿范围38.5%、公共利益范围36.8%、法律责任15.4%。④孙波则研究了土地管理类的地方立法，据其统计，在章的设置上，完全照搬上位法结构(结构安排没有任何创新，创新的章数占上位法章数的百分比为零)的地方立法数占所有地方立法数(30件)的比例36.7%；几乎完全照搬上位法结构(结构安排上仅有1章发生变化，占上位法章数的比例为12.5%)的地方立法数占所有地方立法数的百分比为36.7%；两项地方立法之和共占全国相关地方立法总数的73.4%。⑤不过，也有学者认为立法重复的现象正在随着时间的推移而逐渐减少，比如史建三、吴天昊在比较了上海市十余年时间的立法后指出："从内容上看，重复率有逐渐递减的趋势，反映了立法指导思想的改

---

① 参见涂艳成：《地方创制性立法之"地方性事务"研究》，上海交通大学2009年硕士学位论文，第26页。
② 闵声：《创制性立法为鹏城添翅——深圳特区授权立法15年回眸》，载《人民之声》2007年第8期，第24页。
③ 龚哲明：《我市地方立法注重创新：市十二届人大常委会近六成已出台法规属创制性立法》，载《宁波日报》2006年5月29日第A1版。
④ 屈茂辉：《我国上位法与下位法内容相关性实证分析》，载《中国法学》2014年第2期，第138页。
⑤ 孙波：《试论地方立法"抄袭"》，载《法商研究》2007年第5期，第4—5页。

变。简单地照搬上位法的立法方式被摒弃,根据地方的具体情况有针对性地解决实际问题的比重不断上升。"①

虽然从表面上看,上述关于扩张论和重复论的两类描述所得出的结论差异较大,但二者针对的领域与层面并不完全相同。对创制性立法的研究主要基于宏观层面的分析,较为缺乏细致的条文梳理;而对立法重复现象的研究一般是选取某个特殊领域进行逐章逐条排查,与创制性立法在研究层面上有所差别。因此,两类研究的结论缺乏可比性。欲全面了解地方立法与上位法之间的关系,我们尚需要进行更加直接的对比。

从目前笔者收集的文献情况观察,少有论者把创制性的规范和重复性的规范放置在同一个框架之中进行比较,而通常只研究其中的一个方面。这种研究方式所可能存在的风险在于"自我实现的预期",即不自觉地以自身的研究主题框定和筛选材料,从而增强自身讨论的意义。所以,在研究过程中应当将对立的现象摆在一个平台上进行比较。具体到地方立法与上位法关系的研究中,研究者最好同时对作为研究对象的地方立法的创制性和重复性条款进行梳理,以发现两者间的关系。并且,地方立法与上位法之间的关系也不仅仅限于创制或重复,有大量的规则实际上是在细化上位法较为原则性的规定,故而也应将这种情形一并纳入考察。

另外,笔者认为,对于地方立法的研究应将重点放置在那些具有法律后果的条款之上。事实上,地方立法区别于其它地方规范性文件的关键点在于它们可以进行行政处罚、行政许可或行政强制的设定;因此,检验地方立法机关立法权的扩张或滥用程度主要就是要考察地方立法在许可、处罚、强制等方面的设定情况。其中,有关行政处罚的条款数量最为庞大,覆盖面最广,相对于设定行政许可或行政强制的条款来说更能够反映地方立法的综合特点;所以,通过对地方立法中行政处罚条款的考察可以较为准确地反映出地方立法与上位法的关系。

基于上述原因,本章计划从地方立法中带有行政处罚后果的条款入手,同时研究这些条款中创制、细化和重复的比例,以形成对地方立法和上位法之间关系的客观认识。本章所选取的主要研究领域是市容环境卫生类立法和安全生产类立法。市容环卫类立法具有较为显著的地方性特

---

① 史建三、吴天昊:《地方立法质量:现状、问题与对策——以上海市人大立法为例》,载《法学》2009 年第 6 期,第 102 页。

征,地方政府一般成立城市管理部门,根据本地区实际情况进行调整,主要反映了横向权力关系;该领域也被《立法法》规定为设区的市可以行使立法权的领域,适合作为典型的地方立法进行分析。相比较而言,安全生产类立法具有更强的中央控制色彩,中央政府为了避免地方政府追求经济发展过程中忽视安全生产的机会主义行为,在该领域施加了强大的政治压力,因此主要反映了纵向权力关系。通过对比这两类立法中有关创制、细化、重复性规定的描述,我们可以从不同角度更加完整地理解地方立法与上位法之间的关系。

二、地方立法与上位法不同关系模式的认定标准

由于概念之间存在相互交叉的模糊地带,在研究地方立法相对于上位立法的关系前,有必要在内涵与外延上对重复、细化、创制等三种下位法与上位法之间的关系类型进行定义,以明确三者的联系与区别。

(一)"重复"的认定

下位法重复上位法是指下位法条文在表述上直接援用了上位法条文,或者下位法条文在内容上与上位法基本一致。前一种情形相对较为容易识别,比如《北京市安全生产条例》(2016)第 16 条所列举的对生产经营单位的主要负责人的 8 项要求中,有 5 项直接照抄了作为上位法的《安全生产法》(2014)第 18 条的规定,上下位法在文字上基本一致。此即属于下位法重复上位法的典型情况。

后一种情形相对来说复杂一些,需要在实质上对下位法条文和上位法条文之间的内容吻合度作出判断,这往往容易与规范的细化现象混淆。比如《上海市市容环境卫生管理条例》(2009)第 25 条第 3 款规定:"任何单位和个人不得擅自占用道路、桥梁、人行天桥、地下通道及其他公共场所堆放物品,影响市容环境卫生。"该款与其上位法——国务院《城市市容和环境卫生管理条例》(以下简称《市容环卫条例》[①],1992)第 36 条第 2 项在内容上相重合。后者所禁止的情形为"未经城市人民政府市容环境卫生行政主管部门批准,擅自在街道两侧和公共场地堆放物料,搭建建筑

---

① 本章所引用的上位法版本均为相应下位法制定前的版本。

物、构筑物或者其他设施,影响市容的"。可能会有观点认为上海市的规定对国务院条例中"街道和公共场地"这一概念作了具体列举,应当属于规范细化。但事实上,将"街道和公共场地"变为"道路、桥梁、人行天桥、地下通道及其他公共场所"只是对上位法条文中的概念在日常语言的基础上作了说明,并未在上位法框架内作出有意义的区分,没有在实质上细化这一规范,因此这种情况应被归入下位法与上位法重合的范畴。

(二)"细化"的认定

下位法细化上位法是指下位法在上位法规定的框架内区分不同行为,分别进行规定的情形。细化即意味着对上位法规定的具体化,这要求下位法条文对上位法抽象的概念作出有意义的区分,并适用相对应的法律后果。例如,《市容环卫条例》(1992)第 34 条第 7 项禁止"临街工地不设置护栏或者不作遮挡、停工场地不及时整理并作必要覆盖或者竣工后不及时清理和平整场地,影响市容和环境卫生"的行为。《上海市市容环境卫生管理条例》(2009)第 33 条第 4 款在其基础之上作了分项列举:"对未按规定设置临时厕所和生活垃圾收集容器,或者向建设工地外排放污水、散落粉尘的,处三百元以上三千元以下罚款;对未按规定设置封闭围栏,或者擅自在建设工地围栏外堆放建筑垃圾、渣土和材料的,处三千元以上三万元以下罚款;对未及时清除建筑垃圾、工程渣土及其他废弃物的,可以代为清除,所需费用由违法行为人承担,处五千元以上五万元以下罚款;对未及时拆除施工临时设施的,可以代为拆除,所需费用由违法行为人承担,处三千元以上三万元以下罚款。"又如,《市容环卫条例》(1992)第 34 条第 5 项规定:不履行卫生责任区清扫保洁义务的,城市人民政府市容环境卫生行政主管部门或者其委托的单位除责令其纠正违法行为,采取补救措施外,可以并处警告、罚款。作为对这一条内容的细化,《上海市市容环境卫生管理条例》(2009)第 29 条以码头、船舶为对象,说明了"卫生责任区的保洁义务"的具体含义:"各类码头、船舶应当配备与垃圾、粪便收集量或者产生量相适应且符合设置标准的收集容器,并保持正常使用。进行码头、船舶装卸作业或者水上航行的,应当采取措施,防止货物或者垃圾、粪便污染水域。进行水面漂浮物打捞和船舶垃圾、粪便接收作业的,应当及时清除废弃物,防止污染水域。"相似地,《天津市市容和环境卫生管理条例》(2005)第 29 条第 2 款对上述第 34 条第 5 项里不太明确的罚款额度以及罚款所适用的条件进行了操作性细化;①而《北京市市容环境卫生条例》(2016)中第 49 条关于市政维护作业和第 50 条关于城市绿地养护作业施工场地的规定则也是对《市容环卫条例》第 34 条第 7 项的细化。②

从上述事例中可以发现,虽然下位法针对上位法的重复和细化都没有超越上位法的框架与边界,但重复只是对上位法规定的简单再现,细化则需要下位法制定机关进行一定的分析,对上位概念进行"分类讨论"。

(三)"创制"的认定

创制是指下位法规定上位法没有涉及的事项,或者超出上位法规定的范围。这里仅仅强调下位法相对于上位法的"扩张",而不包含下位法的相对"收缩"情形,即不包含下位法缩小上位法内容范围的情况;因为只有规范内容的扩张才意味着下位法的制定机关进行了创造性的活动,在本章的视角下方才具有讨论的意义。单纯减少上位法规定的内容可能是因为制定机关认为没有必要过多重复上位法已有的规定,而希望法律适用机关直接援引上位法,此中并未体现出下位法制定机关的独特作用,故而应被纳入"重复"的范畴之中。

创制行为在现实中的表现多种多样,在许多时候与规则的细化现象十分相似。比如《天津市市容和环境卫生管理条例》(2005)第 19 条规定:"禁止擅自占用道路和公共场所从事摆卖、生产、加工、修配、机动车清洗和餐饮等经营活动。违反规定的,没收其违法所得和非法财物,可以处五千元以下罚款。"与其相关的上位法规定是:禁止"未经城市人民政府市容环境卫生行政主管部门批准,擅自在街道两侧和公共场地堆放物料,搭建建筑物、构筑物或者其他设施,影响市容的"行为。③ 从表面看,天津市的

---

① 该款规定:"不按规定履行保洁责任或者履行责任不符合国家和本市规定标准的,责令限期改正;逾期不改正的,处三百元以上三千元以下罚款。"
② 《北京市市容环境卫生条例》(2016)第 49 条规定:"维修、清疏排水管道、沟渠,维修、更换路灯、电线杆及其他公共设施所产生的废弃物,作业单位应当按照规定及时清除,不得乱堆乱放。违反规定的,责令限期清理,并可处 500 元以上 5000 元以下罚款。"第 50 条规定:"城市绿地管理养护单位应当保持绿地整洁。在道路两侧栽培、修剪树木或者花卉等作业所产生的枝叶、泥土,作业单位应当及时清除,不得乱堆乱放。违反规定的,责令限期改正,并可处 500 元以上 5000 元以下罚款。"
③ 《城市市容和环境卫生管理条例》(1992)第 36 条第 2 项。

规定似乎是对上位条例的细化,指明了占用公共空间的具体情形,但若仔细分析,两者性质并不相同。作为上位法的条例禁止的是以有形的物体占据公共空间,而天津市规定所禁止的则是通过经营活动占据公共空间。此处地方立法根据在实践中遇到的实际情况,创制了一个新的规定。

又比如,《上海市市容环境卫生管理条例》(2009)第44条第1款规定:"产生建筑垃圾、工程渣土的单位,应当向所在地的区(县)市容环境卫生管理部门申报产生量和处置方案,取得建筑垃圾、工程渣土处置证,委托取得建筑垃圾、工程渣土运输许可证的单位运输。违反规定的,由城管执法部门责令改正,处一万元以上十万元以下罚款。"其似乎对应于《市容环卫条例》(1992)第34条第5项中的"不按规定清运、处理垃圾"这一行为,好像应属于对该规定的细化。然而,上海市的规定实际上创设了一个上位法中并不存在的行政许可——垃圾、工程渣土处置证,这一行政许可的设定行为使得这一地方立法条款成为一个创制性规定。

上述两个例子中的创制行为具有一个共同的特点,即下位法所创设的具有处罚后果内容在上位法中存在一定的对应,地方立法是在上位法设定的处罚行为的基础上进行的"添附",类似的例子还可以继续列举。①本书将这一类的创制行为称为"依附型创制",即下位法依附于上位法的基础条文所进行的创制。除此之外,另一些设定处罚的创制性条文并没有与其直接对应的上位法处罚条款,本书将其称为"独立型创制"。例如,《北京市安全生产条例》(2016)第94条规定:"矿山、道路交通运输、建筑施工、危险化学品、烟花爆竹等领域的生产经营单位违反本条例第七十条规定,未存缴安全生产风险抵押金或者未参加安全生产责任保险的,责令限期改正,可以并处1万元以上10万元以下罚款。"本条中所强令设置的安全生产风险抵押金和安全生产责任保险在上位法《安全生产法》(2014)中仅有后者被设定为建议性条款,且均未在罚则中出现,故属于北京市规定的独立创设。依附型创制与细化之间存在一定的模糊地带,有的时候与细化行为难以完全区分清楚。事实上,依附型创制的目的与细化规定

---

① 比如《郑州市城市市容和环境卫生管理条例》(2014)第22条第1款规定:"临街建(构)筑物的外立面、房顶、阳台、平台、外走廊,不得堆放、吊挂有碍市容的物品。"这相对于《城市市容和环境卫生管理条例》(1992)第34条第3项规定的"在城市人民政府规定的街道的临街建筑物的阳台和窗外,堆放、吊挂有碍市容的物品"增加了外立面、房顶、平台、外走廊等内容,属于在上位法基础之上的"添附"。

类似,均是在增强上位法既有规定的可适用性,这与独立型创制试图在上位法规范框架之外另设一种行为模式存在区别。应当说,依附型创制相对于独立型创制而言更加体现了地方立法机关对上位法的遵从,如果说依附型创制是围绕既有中心所进行的扩展,那么独立型创制则是开辟新的领域。

若从更加宏观的角度看,立法创制行为还可以分为整体型创制与个别型创制。所谓整体型创制是指下位法的整个文本没有上位法规定对应,下位法制定机关运用自主立法权先行制定了某个领域的立法。在法律体系草创时期,整体型创制立法的数量较多,但随着法律体系的逐步完善,这一类创制性立法呈现下降趋势。个别型创制是指下位法在整体文本已有上位法依据的前提下,于个别规范上突破上位法条文的内容所进行的创制。这一类创制在法律体系中普遍存在,是立法创制的主要形式。本章所研究的对象皆为个别型创制,因为不论是市容环境卫生领域还是安全生产领域,中央立法机关均已制定了相关法律或行政法规,不存在地方先行立法的空间。

综上所述,本书所指重复、细化、创制可见表 5.1:

表 5.1　上下位法之间不同关系模式的认定标准

重复			下位法条文在表述上直接援用了上位法条文,或者下位法条文在内容上与上位法基本一致。
细化			下位法在上位法规定的框架内区分不同行为,分别进行规定。
创制	整体型创制		下位法的整体文本没有上位法规定对应,下位法制定机关运用自主立法权先行制定了某个领域的立法。
	个别型创制	独立型创制	下位法具体条文所创设的规范内容在上位法中不存在具体条文的对应。
		依附型创制	下位法具体条文所创设的规范内容在上位法中存在具体条文的对应。

三、地方立法与上位法关系的经验梳理

为较为全面地描述全国范围内地方立法与上位中央立法之间的关系,笔者在我国的东部、中部、西部各选择了三个省会城市外加四个直辖市(共十三个城市)作为本章的考察对象。样本城市名称如下表所示:

表 5.2 样本城市名称

分类	城市名称
东部城市	济南、南京、杭州
中部城市	石家庄、郑州、太原
西部城市	昆明、西宁、兰州
直辖市	北京、天津、上海、重庆

上述被选城市不仅代表了东部、中部、西部等不同地理区域的特点,同时,东、中、西各组城市的地区生产总值也大致呈现依次递减的规律(不包括直辖市),表征了有差异的经济发展阶段。对于这些城市现状的描述可以相对全面地反映处在中国不同地理环境、不同经济社会发展阶段的城市的地方立法与上位法的关系。另外,四个直辖市也被纳入了考察范围,原因在于这四个城市的地区生产总值远超其它城市,拥有相对更大的立法自主性,是中国特大城市的代表,将它们排除在外则不能充分反映我国一线城市的立法特点。不过,可能会有质疑认为本章所抽取的样本既有直辖市也有省会市,两者属于不同类的城市,立法权限不同,不应放在一起比较。笔者认为,不论是直辖市还是省会市,抑或是其他设区的市,其在城市管理方面具有共性;且在 2015 年《立法法》修改以前,它们在本章所涉及领域的地方立法权上并不存在实质性区别,故而可以被放在同一个层面上比较。① 此外,各个省会市所在省的省一级地方性法规,本章并没有纳入讨论范围,这可能引发的疑问是市一级地方性法规与中央立法之间的关系可能因为省一级法规的存在而发生改变。实际上,省级立法对本章统计的影响在于,它们也许会成为市一级立法模仿的对象,即省一级立法对中央立法的创制、细化行为被市一级立法所吸收。这可能干扰的是市一级立法相对于省一级立法的重复率,但并不会在总体上影响地方立法相对于中央立法的关系。本章直接讨论市一级立法相对于中央立法的关系,事实上也在一定程度上容纳了省一级地方立法与中央立法之间的关系。

具体到立法领域方面,为确保不同城市间立法上的可比性,笔者仅选择了上文所述地方性色彩较强的市容环境卫生领域以及中央性色彩较强

---

① 在 2015 年《立法法》修改之前,省、自治区、直辖市和较大的市在立法领域上并无差异;但修改后,设区的市的立法权相对省一级而言出现了明显限缩。

的安全生产领域之一般性地方立法作为研究对象。① 本章列举的所有样本城市均制定了市容环境卫生类的一般性地方立法,但只有北京、天津、上海、重庆四个直辖市和南京、杭州两个省会市制定了安全生产方面的一般性地方立法。鉴于各地制定安全生产类立法的现象并不普遍,且这里统计安全生产类立法的主要目的是将其作为市容环卫类立法的对照物;而事实上仅调查经济发达城市此类立法的相关情况也可以实现该目标,因此本章将安全生产领域的研究对象限定在上述六个城市。

在"重复""细化""创制"行为数量的统计和计算上,文章没有直接以各地规范的"条"或者"款"作为统计单位,而是直接以"行为"作为单位。其原因在于,各地规范对相同的内容于条款设置上差异较大,在某地用一个条文规定的事项在另一地可能被拆成两个条文。比如,国务院《市容环卫条例》(1992)第34条第1项所禁止的"随地吐痰、便溺,乱扔果皮、纸屑和烟头等废弃物"行为在《上海市市容环境卫生管理条例》(2009)第28条中被拆分为"吐痰、便溺"和"乱扔果皮、纸屑、烟蒂、饮料罐、口香糖等废弃物"两项。因此,若以条款数量为标准会造成结果上的偏误。而如果以"行为"为单位,则可以较大程度地避免上述问题,比如我们可以将国务院规定第34条第1项归纳为"禁止随地排泄"和"禁止随意丢弃废物"两个行为。如此一来,统计结果可以更加准确地反映地方立法相对于上位法的规定情况。同样地,《兰州市城市市容和环境卫生管理办法》(2012)第8条规定:"在城市道路及其两侧人行道、公共场地和设施用地范围内,禁止下列影响市容和环境卫生的行为:(一)堆放物料、搭建建(构)筑物和其他设施;(二)清洗机动车辆;(三)屠宰加工作业;(四)设摊兜售物品;(五)其他影响市容和环境卫生的行为。"本条将占用道路的行为进行了分项列举,除兜底条款外包含有四个行为,而另有城市可能会将所有内容列在一款之中,如《天津市市容和环境卫生管理条例》第19条规定:"禁止擅自占用道路和公共场所从事摆卖、生产、加工、修配、机动车清洗和餐饮等经营活动。"天津市的该规定虽然只有一个条款,但在本章的统计中却包含有摆卖、生产、加工、修配、机动车清洗和餐饮六个行为。

---

① 此处所称"一般性地方立法"是指覆盖整个领域的地方立法,比如《北京市市容环境卫生条例》《北京市安全生产条例》等都属于覆盖市容环境卫生或安全生产的一般性立法;而如《杭州市城市绿化管理条例》《杭州市安全生产责任制规定》等则属于覆盖某领域一部分内容的单行地方立法。单行地方立法在不同城市之间存在很大不同,难以进行比较。

以上例子可能引发的一个怀疑是"行为"的确定缺乏明确的标准。笔者承认，文章所定义的"行为"在认定上确实存在一定的模糊空间，主要表现在上下位概念之间的选用有时存在模棱两可的情况。如部分地方可能抽象地禁止"占用街道从事经营活动"，而另一些地方可能具体地禁止"占用街道清洗机动车辆""设摊兜售物品"等活动。这些行为按照前文的分类均属于创制性行为，而后一类具体行为又是对前一类抽象行为的细化，此时后面这些细化版的创制行为究竟应该分别计算数量还是综合起来算成一个创制行为不无疑问。笔者认为，行为数量的认定应当以各个城市规定的"最具体行为"作为标准。虽然这样会导致部分城市列为一个行为的活动在另外的城市被列为若干个行为，但正如本章对立法细化现象的归纳一样，进行更为具体的创制规定本身代表了当地立法机关更加细致的立法工作，应当在统计中得到反映。

根据上述认定标准，统计结果如下文所示。需要说明的是，本章对各类行为的统计均基于统计时在行有效的法律法规，但有部分地方性法规在上位法修改后并未进行相应的调整，这有可能导致地方立法的部分条文滞后于上位法。但这一因素并不对文章结论构成影响，因为本章所探讨的各项比例均基于运行中的规定，也即反映实践中上下位法的客观关系。另外，尽管本章设置了统一的认定标准并对所有样本进行了多轮核验，但本章在统计中可能还是难以完全避免笔者主观性所带来的误差。所以，本章统计结果上较微小的数字差异可能并不代表两者间的实质性区别。

（一）行为数量扩张情况

在具体研究地方立法相对于上位法的重复、细化和创制现象前，本部分首先关注的是下位法在行为绝对数量上与上位法之间的关系，因为该指标可以在较为简单的意义上反映出下位法相对于上位法的扩张情况。在此，笔者以"行为数量比"对这一关系进行描述。所谓"行为数量比"即下位法所规定的处罚行为数量与上位法规定的处罚行为数量之比，这一比例越高则代表下位法的扩张程度越大。[1]根据笔者统计，被本章列为

---

[1] 此处所说的"扩张"是在模糊意义上使用的，因为下位法中必然包含部分与上位法相重复的内容，但此种数量对比仍有意义。

"上位法"的国务院《市容环卫条例》规定应处罚行为19项,《安全生产法》规定应处罚行为51项,两个领域被统计地方立法的应处罚行为总数及其与上位法的行为数量比分别如表5.3、表5.4所示。

表5.3 样本城市市容环境卫生领域地方立法行为数量统计

城市	法规名称	行为总数	行为数量比
北京	北京市市容环境卫生条例	61	3.21
天津	天津市市容和环境卫生管理条例	59	3.11
上海	上海市市容环境卫生管理条例	56	2.95
重庆	重庆市市容环境卫生管理条例	54	2.84
济南	济南市城市环境卫生管理条例	10	0.53
南京	南京市环境卫生管理条例	19	1.00
杭州	杭州市城市市容和环境卫生管理条例	67	3.53
石家庄	石家庄市城市市容和环境卫生管理条例	32	1.68
太原	太原市市容和环境卫生管理办法	34	1.79
郑州	郑州市城市市容和环境卫生管理条例	41	2.16
兰州	兰州市市容和环境卫生管理办法	33	1.74
西宁	西宁市市容环境卫生管理条例	40	2.11
昆明	昆明市城市市容和环境卫生管理条例	34	1.79
平均值		41.54	2.19

表5.4 样本城市安全生产领域地方立法行为数量统计

城市	法规名称	行为总数	行为数量比
北京	北京市安全生产条例	28	0.55
天津	天津市安全生产条例	12	0.24
上海	上海市安全生产条例	12	0.24
重庆	重庆市安全生产条例	36	0.71
南京	南京市安全生产条例	22	0.43
杭州	杭州市安全生产监督管理条例	20	0.39
平均值		21.67	0.42

从以上表格所反映的内容看,我们大致可以得出以下结论:

结论1:地方性强的立法扩张程度较高。从行为数量比看,在市容环卫领域有三个城市比值大于3,四个城市比值大于2,仅有一个城市比值小于1,这意味着该领域超过一半的被统计城市的地方立法在处罚行为

第五章 地方立法机关面对中央立法时的选择:重复、细化还是创制　　147

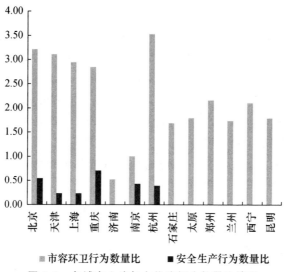

图 5.1　各城市立法与上位法行为数量比情况

的设定上比其上位规定多一倍。与之相反,安全生产领域被纳入调查的城市没有一个的行为数量比大于 1,平均值仅为 0.42,也即意味着在该领域,地方立法规定的应被处罚的行为数量在平均意义上不到上位法设定数量的一半。可见,在市容环境卫生领域,地方立法普遍进行了行为数量的扩张;而在安全生产领域,地方立法所规定的行为数量显著少于上位法。

造成这种区别的直接原因可能在于两个领域上位法详细程度的不同,但根本原因在于中央立法机关对地方性较强的立法事务未进行太多干预,而在实质上放权给地方立法机关。市容环境卫生领域的上位法——《城市市容和环境卫生管理条例》由国务院于 1992 年制定,全文仅有 4000 余字,事实上远远不能满足城市管理的需要。[①] 虽然存在制度供给不足,但《市容环卫条例》于 2011 年所进行的修订只小幅修改了其中的三条,2017 年的修订亦只调整了两处。[②] 可见国务院并未在中央层面增加制度供给,而是把具体的规定权力交给了各个地方。相反,《安全生产法》

[①]　实践中,城市管理领域的执法者即指出市容环卫领域的上位法存在着大量"有禁无罚,或者有罚但并无明确法律责任条款"需要"进行深化和具体化,从而给相关部门管理提供较强可操作性的法律支撑"。参见谷尚辉:《台州在市容环卫领域首次行使地方立法权》,载《台州日报》2015 年 11 月 20 日第 3 版。

[②]　参见 2011 年 1 月 8 日《国务院关于废止和修改部分行政法规的决定》(国务院令第 588 号);2017 年 3 月 1 日《国务院关于修改和废止部分行政法规的决定》(国务院令第 676 号)。

2002年末开始实施,在制定之初其规定就比较详细,全文达97条,11000余字,2009年和2014年的修改又使该法进一步完善。2014年修改后已经达到114条,近16000字,地方立法进一步规定的空间已然不大,各地执法机关运用中央立法即可应对日常工作需要,①地方立法机关也就无需进行专门的创制活动。所以,安全生产领域下位实施性的地方立法所规定的行为数量少于上位法规定乃属情理之中。以上现象说明,地方性越强的立法领域遇到"中央调控"的可能性越低,也就越可能产生扩张。

结论2：地方立法在某一领域的扩张程度与该地方的特点相关。 从统计结果看,市容环卫领域地方规定设定处罚数量超过50项的仅有北京、天津、上海、重庆四个直辖市以及杭州这个省会市,其中北京和杭州超过了60项,而其他城市中设定数量最多的郑州市也仅有41项。笔者认为,这一区别的出现可能源于不同城市在城市定位和精细化管理上的差异。以行为数量比最高的杭州市为例,该市是我国著名旅游城市、历史文化名城,2015年全市旅游业生产总值占地区总产值的7.2%,占第三产业增加值的12.3%;②同时,杭州市也致力于打造城市品牌,曾经获得"最佳休闲城市"等称号。③在这一背景下,杭州市十分重视市容环境卫生领域的管理。由该市人大制定和修改的《杭州市城市市容和环境卫生管理条例》(2005)全文共有12000余字,篇幅显著长于其他城市;其内容全面涉及道路容貌、临街建(构)筑物容貌、户外广告和指示牌、城市景观灯光、公共场所环境卫生、废弃物的处置、环境卫生作业及服务、环境卫生设施建设等市容环卫的各个领域,并对某些方面做了不同于其他城市的规定。举例来说,上述杭州市条例第26条第2款规定:"临街建(构)筑物的管理单位或业主应确保建(构)筑物立面整洁,外露的信报箱、牛奶箱等各种专用箱和管、线、架、杆、池等整齐、清洁、功能完好,无破损、锈蚀,及时修整或拆除有碍市容的设施。"较少有地方规定会将信报箱、牛奶箱等是否破损、锈蚀纳入规定的范围,城市管理者的细致用心从中可以体现。其余各

---

① 笔者曾在我国东南地区P市调研,该市住房与城乡建设局分管安全生产的副局长指出,在安全生产领域中央立法已经足够,在具体执法活动中他们一般不参考地方制定的文件。2021年,《安全生产法》再次进行了较大幅度的调整,上位法变得更加细密,但本文所统计的地方立法制定在此之前,故正文中不再说明。

② 参见《2015年杭州市国民经济和社会发展统计公报》。

③ 参见叶向挺:《解读：杭州获得"最美休闲城市"称号的背后》,载《杭州日报》2010年11月9日第A6版。

个直辖市虽然并不一定将自己定位为旅游或休闲城市,但基于直辖市在国内经济和对外开放中的重要地位,这类城市对自身的软环境建设也一般较为重视,大幅度扩充上位法规定亦属理所当然。

在安全生产领域,尽管各地规定在处罚行为数量的设定方面扩张并不明显,但若单从制定两类规范的城市名单观察,我们还可以发现一个有意思的现象,即市容环卫类立法的制定在各地更为普遍,而安全生产方面的一般性地方立法仅有部分经济发达城市制定。从表 5.3、表 5.4 的对比可见,所有 13 个样本城市均在国务院《市容环卫条例》之下制定有本市的市容环卫条例或市容环卫办法,但却只有作为东部沿海城市的南京、杭州以及经济较为发达的四个直辖市制定了安全生产类一般立法。出现这一差异的缘由可能来自各地对两类立法不同的需求程度:市容环卫管理是所有城市都必须进行的基础性管理活动,在上位法规定较为概括、规范供给缺乏的情况下,各地有必要根据本地实际制定相关规范;而安全生产方面已经有了较为完备的上位规定,地方进行立法的愿望相对并不那么迫切,故而仅有部分城市制定了相关的地方规范。同时,规律显示,经济发展程度到达一定水平时,安全生产问题会快速增长;[①]因此,经济先行地区率先制定安全生产类的地方立法也体现了这些城市相比于经济后发地区在安全生产领域更强烈的规制需求。

(二) 重复规定情况

重复规定体现了地方立法对上位法的完全遵循,本章以"重复率"(地方立法中包含的重复行为数/地方立法中包含的行为总数)来表示这一方面的情况。具体情况如下表 5.5、表 5.6 所示。

表 5.5　样本城市市容环境卫生领域地方立法重复情况统计

城市	法规名称	行为总数	重复行为数	重复率
北京	北京市市容环境卫生条例	61	12	19.67%
天津	天津市市容和环境卫生管理条例	59	8	13.56%
上海	上海市市容环境卫生管理条例	56	12	21.43%

---

① 参见段伟利、陈国华:《安全生产与经济社会发展之关系的研究——以广东省为例》,载《中国安全科学学报》2008 年第 12 期;刘祖德、王帅旗、蒋畅和:《我国安全生产与经济发展关系的研究》,载《安全与环境工程》2013 年第 5 期。

(续表)

城市	法规名称	行为总数	重复行为数	重复率
重庆	重庆市市容环境卫生管理条例	54	8	14.81%
济南	济南市城市环境卫生管理条例	10	0	0.00%
南京	南京市环境卫生管理条例	19	7	36.84%
杭州	杭州市城市市容和环境卫生管理条例	67	8	11.94%
石家庄	石家庄市城市市容和环境卫生管理条例	32	12	37.50%
太原	太原市市容和环境卫生管理办法	34	9	26.47%
郑州	郑州市城市市容和环境卫生管理条例	41	10	24.39%
兰州	兰州市城市市容和环境卫生管理办法	33	9	27.27%
西宁	西宁市市容环境卫生管理条例	40	12	30.00%
昆明	昆明市城市市容和环境卫生管理条例	34	6	17.65%
平均值		41.54	8.69	21.66%

表5.6 样本城市安全生产领域地方立法重复情况统计

城市	法规名称	行为总数	重复行为数	重复率
北京	北京市安全生产条例	28	8	28.57%
天津	天津市安全生产条例	12	0	0.00%
上海	上海市安全生产条例	12	1	8.33%
重庆	重庆市安全生产条例	36	13	36.11%
南京	南京市安全生产条例	22	4	18.18%
杭州	杭州市安全生产监督管理条例	20	1	5.00%
平均值		21.67	4.50	16.03%

根据以上两表的对比,并结合具体重复性规定的内容,可以得出如下结论:

结论3:地方重复规定所占比例较低,纯粹复制上位法条文的情况并不多见。从整体上看,市容环卫领域设定处罚的条款与上位法之间的平均重复率为21.66%,安全生产领域的平均重复率为16.03%,在规范整体上所占据的地位并不明显。仅有《南京市环境卫生管理条例》《石家庄市城市市容和环境卫生管理条例》《西宁市市容环境卫生管理条例》和《重庆市安全生产条例》在重复率上达到或超过三成,而《济南市城市环境卫生管理条例》和《天津市安全生产条例》甚至没有制定与上位法规定行为内容重复的条文。从具体内容看,单纯复制上位法规定的情况也较为罕见。以《上海市市容环境卫生管理条例》为例,该条例中被认定为与上位

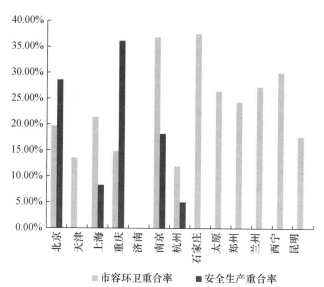

图 5.2　各城市立法与上位法重合情况

法内容重复的行为有 12 项,但完全照抄上位法条文,未进行任何改动的仅有 1 项,大多数重复性条文都进行了适当的改写,或在一定程度上改变了表述。因此,认为我国地方立法机关只是在单纯抄袭上位法规定的观点并不准确。

(三) 细化规定情况

细化规定代表了地方立法对上位法所进行的操作性补充,本章以"细化率"(地方立法中包含的细化行为数/地方立法中包含的行为总数)来表示细化行为所占的比例,具体如表 5.7、表 5.8 所示。

表 5.7　样本城市市容环境卫生领域地方立法细化情况统计

城市	法规名称	行为总数	细化行为数	细化率
北京	北京市市容环境卫生条例	61	22	36.07%
天津	天津市市容和环境卫生管理条例	59	25	42.37%
上海	上海市市容环境卫生管理条例	56	20	35.71%

(续表)

城市	法规名称	行为总数	细化行为数	细化率
重庆	重庆市市容环境卫生管理条例	54	25	46.30%
济南	济南市城市环境卫生管理条例	10	2	20.00%
南京	南京市环境卫生管理条例	19	4	21.05%
杭州	杭州市城市市容和环境卫生管理条例	67	25	37.31%
石家庄	石家庄市城市市容和环境卫生管理条例	32	8	25.00%
太原	太原市市容和环境卫生管理办法	34	14	41.18%
郑州	郑州市城市市容和环境卫生管理条例	41	17	41.46%
兰州	兰州市市容和环境卫生管理办法	33	11	33.33%
西宁	西宁市市容环境卫生管理条例	40	5	12.50%
昆明	昆明市城市市容和环境卫生管理条例	34	14	41.18%
平均值		41.54	14.77	33.34%

表5.8 样本城市安全生产领域地方立法细化情况统计

城市	法规名称	行为总数	细化行为数	细化率
北京	北京市安全生产条例	28	12	42.86%
天津	天津市安全生产条例	12	7	58.33%
上海	上海市安全生产条例	12	7	58.33%
重庆	重庆市安全生产条例	36	21	58.33%
南京	南京市安全生产条例	22	13	59.09%
杭州	杭州市安全生产监督管理条例	20	11	55.00%
平均值		21.67	11.83	55.32%

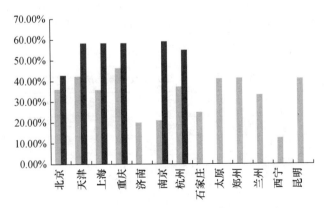

图5.3 各城市立法细化上位法情况

从有关细化规定的统计数字观察,可得到以下结论:

结论4:细化规定所占比例相对较高,且其占比与立法的中央性正相关。市容环卫领域13个地方性法规的平均细化率为33.34%,高于平均重复率近12个百分点;安全生产领域的平均细化率为55.32%,更是高于该领域平均重复率近40个百分点。可见,相比于直接复制,地方立法机关更多从事的是规范的细化工作。并且,我们可以发现,安全生产领域地方立法的细化率要明显高于市容环卫领域,这其中的原因在一定程度上也与不同领域立法的特点相关。如前所述,《安全生产法》具有更强的中央调控特性,在内容上相比于《城市市容和环境卫生管理条例》更加详细、丰富;故而在安全生产领域,地方立法机关受到中央立法的更多约束,客观上没有太多创造的空间,于上位法框架内进行补充的概率更高。而市容环卫领域具有较强的地方立法特性,上位法条文比较稀疏,地方立法可资细化的条文也相对有限,这一领域条文的细化率也相对较低。因此,根据当前有限的经验资料,我们有理由认为,地方立法的细化率与立法的中央性程度呈现正相关。

(四) 创制规定情况

创制性规定代表了地方立法对于上位法空白的填补或者上位法不完整规定的续造。如前文已述,地方立法的创制行为可以分为整体型创制和个别型创制,个别型创制中又可以进一步细分为独立型创制和依附型创制。整体型创制不在本章讨论范围内,本部分分别以"创制率"(地方立法中包含的创制行为数/地方立法中包含的行为总数)和"独立创制率"(独立型创制行为数/地方立法中包含的行为总数)分别表示创制行为整体和独立型创制行为的地位。具体如表5.9、表5.10所示。

表5.9 样本城市市容环境卫生领域地方立法创制情况统计

城市	法规名称	行为总数	创制行为数	独立创制数	创制率	独立创制率
北京	北京市市容环境卫生条例	61	27	3	44.26%	4.92%
天津	天津市市容和环境卫生管理条例	59	26	2	44.07%	3.39%
上海	上海市市容环境卫生管理条例	56	24	2	42.86%	3.57%
重庆	重庆市市容环境卫生管理条例	54	21	2	38.89%	3.70%

(续表)

城市	法规名称	行为总数	创制行为数	独立创制数	创制率	独立创制率
济南	济南市城市环境卫生管理条例	10	8	0	80.00%	0.00%
南京	南京市环境卫生管理条例	19	8	1	42.11%	5.26%
杭州	杭州市城市市容和环境卫生管理条例	67	34	2	50.75%	2.99%
石家庄	石家庄市城市市容和环境卫生管理条例	32	12	0	37.50%	0.00%
太原	太原市市容和环境卫生管理办法	34	11	0	32.35%	0.00%
郑州	郑州市城市市容和环境卫生管理条例	41	14	0	34.15%	0.00%
兰州	兰州市城市市容和环境卫生管理办法	33	13	0	39.39%	0.00%
西宁	西宁市市容环境卫生管理条例	40	23	0	57.50%	0.00%
昆明	昆明市城市市容和环境卫生管理条例	34	14	0	41.18%	0.00%
平均值		41.54	18.08	0.92	45.00%	1.83%

表 5.10 样本城市安全生产领域地方立法创制情况统计

城市	法规名称	行为总数	创制行为数	独立创制数	创制率	独立创制率
北京	北京市安全生产条例	28	8	1	28.57%	3.57%
天津	天津市安全生产条例	12	5	2	41.67%	16.67%
上海	上海市安全生产条例	12	4	0	33.33%	0.00%
重庆	重庆市安全生产条例	36	2	0	5.56%	0.00%
南京	南京市安全生产条例	22	5	1	22.73%	4.55%
杭州	杭州市安全生产监督管理条例	20	8	0	40.00%	0.00%
平均值		21.67	5.33	0.67	28.64%	4.13%

就表5.9、表5.10中的统计数字,我们可以得出以下结论:

结论5:上位法中央调控特性越强,地方立法创制率越低。与前述细化规定正好相反,地方立法的创制性规定与上位法的中央性呈现出反相关的关系。从数字中可以发现,市容环卫类地方立法的创制率普遍较高,

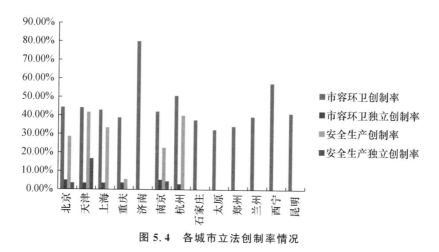

图 5.4　各城市立法创制率情况

平均值为 45.00%,近乎一半;其中,最高值如济南市达到 80.00%,①最低值太原市也达到了 32.35%。而安全生产类地方立法的创制率则相对较低,平均值仅为 28.64%,甚至低于市容环卫类立法的最小值,其中最低的重庆市仅为 5.56%;并且,北京、天津、上海、重庆、南京、杭州 6 个城市制定的安全生产立法的创制率全部低于其市容环卫立法的创制率。这说明中央立法机关更加重视,且在制定上相对较为详尽完善的《安全生产法》在某种程度上抑制了地方立法的创制行为。由此也可以判断,市容环卫立法中相对较高的创制率与该领域具有更强的地方特性有关。

结论 6:绝大多数创制行为是依附型创制,独立型创制较少。虽然就统计数字观察,地方立法的整体创制率相当可观,但若单独统计独立型创制行为数量,则创制率又会出现明显的下降。如表 5.9 所示,市容环卫领域被统计的 13 个城市中有 7 个城市没有独立创制型规定,其余城市虽然存在这类规定,但数量最多的北京市也仅有 3 个,各城市平均比例为 1.83%。安全生产领域情形类似,如表 5.10 所示,6 个被统计城市中有 3 个具有独立创制型规定,但数量也只有 1—2 个,平均独立创制率为 4.13%。由此可见,地方根据自身实际需要制定的且没有上位法处罚条文对应的规定在实践中比例极低,绝大多数创制性规定属于基于上位法

---

① 济南市超高的创制率在某种程度上与其整体行为数量较少有关,《济南市城市环境卫生管理条例》涉及规定行政处罚的行为数一共只有 10 个,其中 8 个按照本章标准属于创制性规范。这体现了当地立法机关在制定地方法时以填补上位法空白为主的立法思想。

已有条文的续造,即"依附型创制"。

独立型创制规定的内容一方面可能与社会发展变化产生的新生事物相关,比如《北京市市容环境卫生条例》(2016)第45条和《上海市市容环境卫生管理条例》(2009)第19条等涉及夜景照明或景观灯光的创制型规定。关于景观灯光,国务院20世纪90年代初制定的《市容环卫条例》并未涉及,因为当时从绝大多数城市管理的实践看,景观灯光还够不上城市管理的主要问题;但随着经济的发展,灯光污染日益严重,将其纳入规制范围必要性增强,于是部分地方立法在上位法未提及的情况下率先进行了规定。另一方面,独立型创制也可能与地方管理的严格程度相关,比如《南京市安全生产条例》第51条规定,发生生产安全事故造成人员伤害需要抢救的,生产经营单位应当及时将受伤人员送至医疗机构,并垫付医疗费用,企业若不履行此项义务,该条例第58条规定了罚款乃至责令停产停业的处罚。这一地方性法规独立创设的企业义务反映了当地对安全生产事故中弱势群体利益保护的重视。

四、保守倾向与地方性需要

通过上一部分的梳理,我们在宏观上大致可以进行如下归纳:第一,我国地方立法扩展上位法规定与立法领域的中央性或地方性相关,更具地方性的立法领域在条文规模上的扩张程度更高。第二,我国地方立法在重复中央立法方面问题并不突出,直接进行条文复制的比例更低,不能认为我国的地方立法机关主要在抄袭上位法的规定。[1]第三,地方立法中有相当比例的规定对上位法进行了操作性的细化,体现了地方立法实施中央立法的功能;并且,在中央性较强的立法领域中地方立法进行细化的比率相对较高,地方性较强的立法领域中地方立法进行细化的比率较低。第四,中央性较强的立法领域中地方立法创制的比率相对较低,地方性较强的立法领域中地方立法创制的比率较高。第五,在地方立法的创制性

---

[1] 当然,地方立法之间还可能存在相互借鉴的现象,本章对此方面尚未进行统计。事实上不同地区横向上的规范重复在政治学领域被称为"政策扩散",与本章所探讨的对象性质不同。相关研究可参见王浦劬、赖先进:《中国公共政策扩散的模式与机制分析》,载《北京大学学报(哲学社会科学版)》2013年第6期;朱旭峰、赵慧:《政府间视角下的社会政策扩散——以城市低保制度为例(1993—1999)》,载《中国社会科学》2016年第8期。

规定中,绝大多数是围绕上位法已有规定进行的延伸(比如增加上位法已有规定的适用范围,在上位法设定的针对某行为的管理手段外增添新的管理方式等),均属于依附型创制,而独立型创制的数量十分稀少。上述结论说明,我国地方立法主要具有紧密遵从上位法的保守倾向,同时又在事实上存在着地方立法一定的自主空间。

首先,我国地方立法展现出了极强的保守倾向。在重复、细化或者依附型创制模式中,地方立法的内容基本上处于上位法框架之内或者说以上位法条文为主干展开;此三类规范的比例在市容环卫类立法中平均可达98.17%,在安全生产立法中为95.87%。可以看出,在本章统计的两个领域中,我国的地方立法机关似乎并不愿意在上位中央立法的规定之外另起炉灶,而更加愿意跟随上位法规定的脚步进行细化或者末端延伸。这一现象的原因一方面来源于上位法日益详尽的规定,但更主要的原因在于我国单一制的政治体制以及附随而来的地方立法机关的谨慎态度。在单一制政治体制之下,地方在理论上只是中央的代理人,于具体工作上应以执行中央命令为主。虽然我国《立法法》规定地方人大在制定地方性法规时奉行"不抵触上位法"原则而非"依据"原则,①但是中央立法机关在实际工作上对各地立法施加了较为严格的限制。全国人大常委会近年来的历次工作报告大多会提及"法制统一"问题,法律委员会主任委员乔晓阳在第二十一次全国地方立法研讨会上更是以《地方立法要守住维护法制统一的底线》为题明确指出:

> (地方立法)要与国家立法保持一致,不得违反上位法。在国家已经立法的领域,地方立法的任务是把国家的法律、法规与本地的实际情况结合起来,进一步具体化,保证其在本行政区域内得到贯彻实施。这类实施性的地方立法,要特别注意和国家法律、行政法规保持一致,不得违反上位法。②

在此背景之下,地方立法官员通常的选择是不要随意搞创新,因为任何创新都可能带来风险,产生越界的问题;而在篇章结构、条文表述上跟

---

① 参见《立法法》第81条。
② 乔晓阳:《地方立法要守住维护法制统一的底线——在第二十一次全国地方立法研讨会上的讲话》,载《中国人大》2015年第21期,第11页。

着上位法走则会安全得多。①这种心态产生的根源一方面是渗透包括立法机关在内的整个官僚系统的科层压力,另一方面是信息时代的舆论压力。中国的地方人大深嵌在条块结合的党政权力关系网络之中,科层制特征强于民主制特征是难以避免的现实。②虽然人大机构相对于政府部门来说较为超脱,但人大官员自身仍受现行干部考评体制约,其晋升、流动由"组织"掌握。因此,与其他地方政府官员一样,为防范仕途风险,人大官员同样会认同"不出事逻辑"③。同时,信息时代的网络化背景下,许多地方带有创制性的立法条文常常被冠以"雷人立法"的称谓。虽然,遭遇耻笑的立法条文确实反映了部分地区人大立法工作的粗疏,但这同时也导致人大立法官员更为保守,害怕被扣上"标新立异"的帽子。④所以,地方性法规没有太多的动力进行创新,而更多呈现出了模仿、实施的特征。《人民日报》曾发文对此现象予以批判,其评论认为:"那种以'细化落实'或者'方便管理'为原则的'模仿式'立法,只会造成法律文本陷入繁冗、法律体系无限制地膨胀,这不仅违背了中央下放地方立法权的本意,也使本应言简意赅的法律失去指导社会行为的公信力。"⑤

我国地方立法的保守倾向与采用联邦制的西方国家的各州立法倾向存在很大不同。以美国为例,其联邦和州之间的立法权相互分离,《美国联邦宪法》第10条修正案规定:"没有被宪法赋予联邦、也未由宪法禁止授予各州的权力,由各州及其人民自主保留。"授予联邦的权力在《美国联邦宪法》第1—4条规定,这表明了美国联邦与州权力分割的基本思路。所以,美国的各州立法机关可以在较大程度上进行创制性规定,州的立法创制也常常因为触及联邦与州之间的权力边界而聚讼纷纭。⑥我国政府虽然存在层级分权的事实,但是从本质上说仍然属于一种"上下同构"的政治体制,⑦中央和地方不存在法理上的权力分割,任何事项都可以由中

---

① 参见向立力:《地方立法发展的权限困境与出路试探》,载《政治与法律》2015年第1期,第72页。
② 参见张紧跟:《科层制还是民主制?——改革年代全国人大制度化的内在逻辑》,载《复旦学报(社会科学版)》2013年第5期。
③ 参见贺雪峰、刘岳:《基层治理中的"不出事逻辑"》,载《学术研究》2010年第6期。
④ 基于笔者在H市人大常委会的调研。
⑤ 彭波:《地方立法,不是模仿是创新》,载《人民日报》2015年6月3日第17版。
⑥ 参见张千帆:《西方宪政体系》(上册:美国宪法),中国政法大学出版社2000年版,第161—162页。
⑦ 吴帅:《分权、制约与协调:我国纵向府际权力关系研究》,浙江大学2011年博士学位论文。

央规定,地方具体执行。地方立法保守倾向正是这种政治体制在立法模式上的投射。

当然,事实上这一现象也具有相当的正面意义。第一,地方立法保守倾向意味着中央立法较强的权威性。为了避免违法的风险,各地立法机关在创制性行为制定方面采取了较为消极的态度,从而客观上造成了上位中央立法较强的框定作用。这种框定作用维护了全国范围内的法制统一。第二,保守倾向促使地方立法将更多的精力投入到细化中央立法中去。大量的细化规定和依附型创制规定增强了上位法条文的操作性,同时也在一定程度上反映了地方个性化的需求。事实上,随着2015年立法权的大规模下放,全国范围内地方立法的数量出现了一定程度的增长,伴随的是在相关领域规制的密集化、精细化;但是,在立法监督机制的作用下,并未出现立法权被滥用的混乱局面。

其次,虽然地方立法在整体上相对保守,但是我们仍然发现不同领域的地方立法存在着区别,特别是在地方属性较强的立法领域,规范创制率相对较高(尽管主要是依附型创制)。这说明独特地方性需求真实存在,地方立法机关通过依附型创制和个别独立型创制等"边缘突破"行为谨慎地拓展了地方立法的空间。这种立法空间的存在一方面受地方实际立法需要的推动,另一方面则是因为中央立法在地方性较强的领域中干预强度较弱,留出了地方立法可以填补的余地。然而,目前我们所探讨的地方立法空间仅仅只是一种现实中的存在,并且这种空间的大小有赖于上位法在此方面预留余地的宽窄,其在规范上的地位并不明确,本书第二章、第六章对相关规范问题另行探讨。

单就实践而言,地方立法空间缺乏明确的法律边界,将不可避免地导致上文所说的立法保守倾向占据主导。各地立法机关为安全起见,往往严格把握制定标准,将有抵触上位法风险的政策排除在立法范围之外,如此则严重压缩了地方性需要以立法性文件形式存在的空间。故而地方政府许多具有创制性的政策可能不再寻求通过立法的方式设定,而直接采用规范性文件等较为灵活的手段。例如,重庆市为更多获取农村土地资源,并同时推进农民工在城市落户,曾以《重庆市人民政府关于统筹城乡户籍制度改革的意见》(渝府发〔2010〕78号,以下简称"78号文")和《重庆市户籍制度改革农村土地退出与利用办法(试行)》(渝办发〔2010〕203号,以下简称"203号文")等规范性文件进行了"财产权换福利权"的重大改革。其中,78号文规定对农村居民整户转为城镇居民的,允许自转户之日起3年内继续保留承包地、宅基地及农房的收益权或使用权;三年内,若农户自愿退出宅基地使用权及农房的,可以按照203号文获得"合理补偿"。① 在现实中,地方政府此类以非立法方式进行重大政策变化的事例比比皆是,这不仅使许多本应在立法程序下接受考量的政策被以更加简易的方式作出,同时也在客观上对立法权威的建立构成了不利影响。在前例中,"重庆市在出台户籍制度改革方案后,引发了公众、新闻媒体的大量质疑和批评。作为一种积极回应,政府开始允许转户农民无限期保留宅基地。但这种事后的回应机制,其成本要远高于地方人民代表大会这一事前的、正式的利益协调机制。"② 诚然,地方政府试图通过简便手段推进政策变革是造成立法边缘化的原因之一,但与此同时,地方立法机关在立法权标准模糊情况下不愿立法的谨慎保守态度也是导致地方政策变迁不得不绕过立法手段的重要因素。③ 这样一来,对重大政策变化的事前控制手段即被虚置,人大的功能也未能得到充分的发挥。

所以,对法制统一的强调虽然有助于维护央地法律体系的和谐一致,在表面上可能有助于防止地方滥用立法权,但是在立法权央地分配标准模糊的现实下,结果也许正好相反。立法保守倾向会导致地方立法者回避处理实质性问题,进而致使地方立法活力丧失,并将地方人大排除出地方政策的制定者之列。而立法审议程序的退出可能会引起地方创制性行为中更大的混乱,这反而导致了中央权威的流失。

基于以上问题,笔者认为,我国立法机关在基本保证全国法制统一的前提下应当适当减弱地方立法的保守倾向。具体来说,需由全国人大常委会明确"不抵触"和"地方性事务"的标准,划定地方立法机关可以自由活动的范围。不抵触标准中应明确地方立法创制性行为合法存在的空间,特别是在上位法规定基础上所进行的创制行为的边界所在。地方性事务标准则应结合信息获取便利性、激发地方积极性和全国市场统一性等原则出发考虑,将地方性较强的事务主要放权给地方立法机关规定。

---

① 郁建兴、高翔:《地方发展型政府的行为逻辑及制度基础》,载《中国社会科学》2012年第5期,第106页。

② 同上注,第110—111页。

③ 事实上,根据笔者的调研,有相当一部分人大立法官员并不愿意通过地方性法规过多为政府改革行为背书,以尽量降低违法立法的风险。

本章限于篇幅对此问题不再进行详细展开。

总而言之,地方立法一般应根据本地区的实践进行有特色的规定,其功能主要是在中央立法未虑及之处为地方实践提供法律依据,而非仅仅是上位立法的实施细则。因此,应当允许并鼓励地方更多进行独立型创制,即便地方规定不甚合适,甚至违背了上位法的精神,中央立法机关也完全可以通过制定或细化上位法的方式重新规定,予以明确。如此一来,地方立法的能动性和创造性可以得到更大的发挥,也可以为上位立法积累更多的制度实践经验;中央立法机关则在统合全国制度经验的基础之上对部分有必要统一的规定以立法形式作出决断,或者将部分地方立法的成功经验上升为全国性规定,从而形成央地立法体制的动态平衡。

五、本章小结

尽管重复上位法的现象并不突出,但我国地方立法在实践中还是展现出了明显的保守倾向。它们的内容基本上处于上位法框架之内或者以上位法条文为主干展开,大量表现为细化性规定,而较少进行创制。不过,不同领域的地方立法仍然存在区别,特别是在地方属性较强的领域,规范创制率相对较高。这说明独特地方性需求真实存在,地方立法机关也在谨慎地拓展地方立法的空间。此类空间的大小应当在规范层面被进一步明确,这也是后续规范研究的方向。

第六章 下位法抵触上位法的判断标准[*]

【本章提要】 法的抵触发生于初级规则之间,与法的违反情形不同。下位规则与上位法的抵触可以分为逻辑抵触和非逻辑抵触,两者不可混淆。逻辑抵触的原因是规则特定成分间的不一致,具体而言,包括规范词不一致,法律后果不一致,以及构成要件收缩、交叉等情形。而构成要件的扩张、相异等则不必然构成逻辑抵触。非逻辑抵触涉及价值的衡量,历来存在判断上的困境。但在中央和地方立法关系的规范框架下,可根据自主性立法、执行性立法和先行性立法的分类,确定不同的抵触认定标准。调整地方性事务的规则在非逻辑抵触的判断标准上应更加宽松,即便对上位法的目的构成阻碍,也不应直接判定其抵触上位法。

一、抵触概念存在的问题及本章的讨论对象

下位法不能"抵触"上位法是我国《宪法》和《立法法》确定的一项重要制度。但是,到底什么样的情形构成抵触,是一个标准不甚清晰的问题。实践中关于抵触的讨论多停留于抽象层面,用"违背""矛盾""冲突"等近义词代入解释,并未深入法律条文内部指出规范之间抵触的基本类别或形态。虽然抽象标准或许可以解决实践中的大多数问题,但这对判断一些处在边缘地带的疑难情形并没有太大的助益。模糊性来自概念本身的杂糅。目前抵触概念中两个方面的混淆是导致识别标准无法厘清的主要原因。

其一,法的抵触与法的违反的混淆。如全国人大常委会法工委在其

---

[*] 本章主要内容已发表于《法学家》2021年第5期。

编著的《〈中华人民共和国立法法〉释义》(以下简称《释义》)中指出:"根据不抵触原则……只能由法律规定的事项,地方性法规不能涉及……"①即地方立法不能规定中央专属立法事项。此解释将地方立法规定中央专属事项视为一种抵触的情形,这在理论上并不妥当。事实上,该行为只是违反了上位法关于立法权分配的规定,而没有抵触上位法。根据哈特被广泛接受的观点,规则可分为两类,第一性规则要求人们"去做或不做某种行为";第二性规则"引入新的第一性规则,废除或修改旧规则,或者以各种方式决定它们的作用范围或控制它们的运作"。②基于该分类,直接调整被规制对象行为的规定属于第一性规则,而有关立法的程序、权限、范围等的规定则属于第二性规则。第一性规则和第二性规则也可分别被称为初级规则和次级规则。已有学者指出,"违反"是解决初级规则与次级规则的冲突问题,而"抵触"是解决初级规则之间的冲突问题。下位法规定"超越权限的"或"违背法定程序的",应当属于法的违反,而非法的抵触。③鉴于违反与抵触之间的差异,两者的判断标准亦存在不同。在违反情形中,主要需判断的是被调整对象的行为是否落在调整其的规范要求之内;而在抵触情形中,需判断的则是调整相同事项的下位规则是否对上位的规范要求做了不当改变。将违反情形纳入抵触范畴容易导致标准的混乱。

其二,与上位法规则相抵触和与上位法目的相抵触的混淆。抵触上位法规则与抵触上位法目的应当被区别对待。④原因在于,判断某规范是

---

① 参见郑淑娜主编:《〈中华人民共和国立法法〉释义》,中国民主法制出版社2015年版,第197页。
② 〔英〕哈特:《法律的概念》,张文显等译,中国大百科全书出版社1996年版,第83页。
③ 参见王锴:《合宪性、合法性、适当性审查的区别与联系》,载《中国法学》2019年第1期,第15页;袁勇:《法的违反情形与抵触情形之界分》,载《法制与社会发展》2017年第3期,第137页。从本质上说,某主体"违反法律"的必要前提是,法律对该主体具有直接的调整效力。所以,普通公民会违反直接调整他们的法律初级规则,而立法机关只能违反调整立法机关本身的各项次级规则。对于上位法中调整普通公民行为的初级规则,下位法没有违反的可能性,但却有可能抵触。
④ 诸多学者在论述中进行了类似区分,如法律原则的冲突等。参见杨登峰:《法律冲突与适用规则》,法律出版社2017年版,第6页;苗连营:《论地方立法工作中"不抵触"标准的认定》,载《法学家》1996年第5期,第41页;汪全胜:《"上位法优于下位法"适用规则刍议》,载《行政法学研究》2005年第4期,第64页;谢立斌:《地方立法与中央立法相抵触情形的认定》,载《中州学刊》2012年第3期,第95页;刘雁鹏:《地方立法抵触标准的反思与判定》,载《北京社会科学》2017年第3期,第36页。

否违背一个明确的规则与判断其是否违背一个模糊的目的或精神所使用的法律方法并不相同。前者是一个逻辑推理问题,而后者则是一个价值权衡问题。不能有效区分这两种进路,将可能导致价值问题被掩盖于逻辑问题之下。例如,关于下位法在设定行政处罚时,能否增加规定应受处罚的违法行为的问题,全国人大和地方人大一直存在不同意见。① 从一方面说,下位法增加被处罚的行为类型在某种程度上可以被理解为是一种先行立法。若作此理解,则不应认定为存在抵触。但另外一方面,下位法对上位法某项制度中的部分内容进行"添附",确实也可能被视为对原制度的修改。这种修改导致上下位法的规则出现不一致,进而可能引发抵触。以上两种思路从表面看似乎都具有合理性,但事实上,这些观点均将"与上位法目的的抵触"作为"与上位法规则的抵触"来处理,因而并没有触及问题的实质。

基于上下位法相抵触问题的复杂性,为了避免不同层次之间的混淆,本章需对讨论的范围和对象进行明确。

首先,在讨论范围中排除法的违反情形。如前所述,抵触是初级规则间的不协调,而违反则是初级规则与次级规则间的冲突。为使对抵触问题的判断清晰化,法的违反情形应从中排除出去。故而,诸如地方立法侵入中央专属立法事项、行政立法违反法律保留原则以及立法机关违反立法程序等行为应被认定为违反上位法,而非抵触上位法。《最高人民法院关于适用〈中华人民共和国行政诉讼法〉的解释》第148条已展现出了这种分类的思想。② 需要说明的是,下位法不得抵触上位法本身也是一个次级规则,但该次级规则的内容正是本章的讨论对象,故下位法违反不抵触规则的情形不在排除之列。总之,因法的违反情形不属于抵触范畴,后文将不再对其进行理论上的展开。

其次,就讨论范围内的对象而言,本章将上下位规则间的直接矛盾称

---

① 参见乔晓阳:《如何把握行政处罚法有关规定与地方立法权限的关系——在第二十三次全国地方立法工作座谈会上的即席讲话》,载中国人大网,http://www.npc.gov.cn/zgrdw/npc/lfzt/rlyw/2017-09/13/content_2028781.htm,最后访问时间:2023年4月15日。

② 该《解释》第148条第2款规定:"有下列情形之一的,属于行政诉讼法第六十四条规定的'规范性文件不合法':(一)超越制定机关的法定职权或者超越法律、法规、规章的授权范围的;(二)与法律、法规、规章等上位法的规定相抵触的;(三)没有法律、法规、规章依据,违法增加公民、法人和其他组织义务或者减损公民、法人和其他组织合法权益的;(四)未履行法定批准程序、公开发布程序,严重违反制定程序的;(五)其他违反法律、法规以及规章规定的情形。"

为逻辑抵触。在最基本的语义上,抵触是指存在矛盾,且这种矛盾意味着逻辑上无法并立。所以,法律上的抵触即指两个规范无法同时成立。此处所称的"逻辑抵触"不包含违背上位法目的的情形。另外,逻辑抵触也不同于规则不一致,后者的范围会更大一些。要构成逻辑抵触,除了两规则不一致以外,还需要它们无法并立。但又是什么导致规则无法并立?前文所说的下位法增加设定应受行政处罚的违法行为是否属于其中?欲回答此问题,仍需要回到更加基础的层面,分析规则的各个组成成分在抵触中所扮演的角色。下文将指出,并非所有规范不一致都构成逻辑抵触,只有规范中特定成分的不一致才会引发逻辑抵触。

最后,本章将无逻辑矛盾的抵触称为非逻辑抵触。正如前文所说,抵触的对象不一定是上位法的明确规则,也可能是抽象的目的或立法精神。但是,对目的、立法精神等的抵触,无法直接从逻辑的角度进行判断,因为它们本身并未提供一个固定的规范大前提。此时,由裁决者直接根据上位法目的创制出一个具体规则来作为大前提的做法未免显得过于武断。非逻辑抵触中主要要解决的问题是如何增加抵触判断的确定性,避免裁决者过于随意地衡量。

小结上述对讨论范围和对象的限定,本章所要研究的主要问题可归纳为密切相关的两个方面。其一,什么情况下的规则不一致会构成逻辑抵触?其二,没有逻辑抵触的情况下,应该以何种方式来判断规范间的抵触?本章第二、三部分回答第一个问题,第四部分试图回答第二个问题。

二、规则成分及其不一致的类型

当"不一致"这一概念出现在《立法法》中时,通常是指非上下位法间的矛盾,如新法与旧法的不一致、特别法与一般法的不一致、地方性法规与规章的不一致(《立法法》第 103 条及第 105—107 条),而上下位法间的冲突通常用抵触指代(如《立法法》第 80 条)。由于凡抵触的规则必然不一致,故有学者指出,抵触是"纵向的法律冲突"。[①]但严格来说,不一致在其宽泛意义上只是对差异现象的描述,这种现象广泛地存在于立法

---

① 胡建淼:《法律规范之间抵触标准研究》,载《中国法学》2016 年第 3 期,第 15 页。

中,①并非一定代表条文相互排斥。因此,上下位两个规则确实只有不一致才有抵触的可能性,但并不是只要规则不一致就必然会构成抵触。我们之所以容易将不一致与抵触联系起来,可能是因为受到了法的违反思维的影响。本部分将首先厘清规则不一致的含义,下一部分在此基础上进一步分析哪些不一致应构成抵触。

(一) 法律规则中的不同成分

在整体层面比较规则间的差异过于笼统,也难以发掘有建设意义的视角。故而,对规则不一致的分析应当深入其结构内部的更小单元,即法律规则的组成成分。法理学上目前较主流的学说"新三要素说"将法律规则分为假定、行为模式和法律后果三个部分。②假定是指法律规则中有关适用该规则的条件和情况的部分,它包括两个方面,法律规则的适用条件和行为主体的行为条件。行为模式是指法律规则中规定人们如何具体行为之方式的部分,分为可为模式、应为模式和勿为模式。法律后果是指法律规则中规定人们作出符合或不符合行为模式的行为时应承担相应的结果的部分,是法律规则对人们具有法律意义的行为的态度,可以分为合法后果和违法后果。③

根据新三要素说,若上位法规则为"机动车驶入公园,罚款500元",那么该规则的假定为"机动车驶入公园",法律后果为"罚款500元",而行为模式需要结合假定与法律后果推导得出,为"机动车禁止驶入公园"。此规则的完整表达应是"禁止机动车驶入公园,若机动车驶入公园,则罚款500元"。可见,行为模式往往无法与另外两个要件截然分开,特别是其具体内容要依赖于假定部分。这在一定程度上造成了不同要件之间的重叠。有学者认为假定与行为模式所针对的对象或受众是不同的,它们之间无法齿合,事实上是两个层面的问题,故主张取消行为模式要件,调整为"构成要件+法律后果"的新二要素说。④不过,在比较两个规则的内容时,行为模式仍然是重要的。其重要之处在于行为模式表达了法律规范

---

① 周辉:《法律规范抵触的标准》,载《国家检察官学院学报》2016年第6期,第82页。
② "新三要素说"之前还存在"三要素说"和"二要素说"。参见雷磊:《法律规则的逻辑结构》,载《法学研究》2013年第1期,第68—71页。
③ 参见舒国滢主编:《法理学导论(第三版)》,北京大学出版社2019年版,第102—103页。
④ 参见雷磊:《法律规则的逻辑结构》,载《法学研究》2013年第1期,第71—86页。

的核心内容——权利义务关系。权利义务关系的类型集中体现于"应当""禁止""可以"等各个规范词之上,①分别对应应为模式、勿为模式和可为模式。虽然这些规范词与其他概念要素不在同一个层面上,但仍具有自身独特的意义,将其移出视野将导致规范内容的缺失。

当然,作为通说的新三要素说事实上把规范词与假定中的具体内容合并为行为模式,导致成分区分不够清晰,同样也不便于对各个部分分别进行比较。法理学中还有一种分类方式是将法律规则分为"法律事实""规范模态词"和"法律后果"三部分。法律事实是指能引起法律关系形成、变更或消灭的客观情况或状态;规范模态词是指"应当""禁止""可以"等体现法律具有规范性的语词;法律后果即指法律关系变化的效果。②这种分类方式将原来在行为模式中存在的具体内容剥离出去,并入"法律事实"部分,仅保留抽象的规范模态词(以下简称"规范词")。如此一来,对两个规则的行为模式的比较即可变为对规范词的比较,对象更加明确。不过,"法律事实"这一概念较为含混,仅从语义上说,不仅可能在假设中存在,在法律后果中也可能存在;所以,本章将非规范词且非法律后果部分的内容统称为"构成要件"。③

综上,本章框架内的法律规则由构成要件、规范词和法律后果三部分组成。后文将讨论这三者分别不一致时,规范是否构成抵触。

(二) 规则不一致的类型

在阐明规则的不同成分之后,还需要探讨的另一个基础问题是何谓"不一致"。实践中,规则之间的不一致可能会表现为相异、扩张、收缩、交叉等四种关系,这些关系会导致不同的抵触判断结果。当然,以上四种关系类型主要用于描述构成要件和法律后果部分的不一致。规范词仅存在应为、勿为、可为三种类型,虽然有多种词汇表达,④但只要属于同种模式,就应认定为规范词一致,只要属于不同模式,就应认定规范词不同。

---

① 规范词也称规范模态词,是法律规范、道德规范等规范命题的核心特征。参见何向东:《逻辑学教程(第三版)》,高等教育出版社2010年版,第131页。
② 刘杨:《法律规范的逻辑结构新论》,载《法制与社会发展》2007年第1期,第159页。
③ "构成要件"概念的使用参照了雷磊教授在其"新二要素说"中所使用的术语。参见雷磊:《法律规则的逻辑结构》,载《法学研究》2013年第1期,第86页。
④ 如可为模式的规范词包含可以、有权、允许等;应为模式包含应该、应当、必须等;勿为模式包含禁止、不得、不应等。

以下主要就非规范词部分的四种不一致情形分别说明。这些不一致具体表现为规则中的行为主体、行为、行为对象或相关限定条件等概念的差异。

当然,概念的边界并非总是清晰的,语言的开放结构会导致在部分情况下,概念范围的比较变得十分困难。但本章并不打算涉及这一复杂的问题,故基于讨论的方便,本章假定所有概念均具有清晰的边界,两个概念之间的关系可以被唯一确定地判断。

1. 相异关系

所谓相异关系即两个概念之间在逻辑上或者在目前的社会条件下完全不存在交集,如机动车与非机动车、汽车与飞机。一个规则中,主体、行为、对象、条件等任何一个部分出现概念相异,实际上都意味着出现了一个新的规则。就比如将"机动车驶入公园"这一要件改为"非机动车驶入公园"或"机动车驶入小区"后,规范的调整内容即已发生变化,成了另一个规范。时任全国人大法律委员会主任委员的乔晓阳,在第二十三次全国地方立法工作座谈会上曾举一例:"文物保护法规定在文物保护单位的保护范围内不得进行爆破、钻探、挖掘等作业,十多个地方性法规增加了不得进行采石、建窑、烧砖、葬坟、捞沙、挖塘、开矿、毁林开荒、射击、设置户外广告、栽植移植大型乔木、修建人造景点等十多种违法行为。"①这里各个地方性法规所增加的某些应被禁止的行为种类与文物保护法中规定的行为不存在交集,实质上即创设了若干个与上位法在构成要件上相异的规则。

2. 扩张关系

扩张关系是指下位法所规定的概念外延范围包含上位法概念,如交通工具与汽车、公务员与警察。从本质上说,扩张关系与相异关系非常类似,因为在扩张关系中,相比原概念扩大的那一部分就构成了与原概念的相异。而相同的部分与原概念构成全同关系,是对原规则的重复,无讨论必要。因此,可将扩张关系与相异关系作等同理解。上文乔晓阳所举事例若从规范整体上理解亦是一种扩张关系。

---

① 乔晓阳:《如何把握行政处罚法有关规定与地方立法权限的关系——在第二十三次全国地方立法工作座谈会上的即席讲话》,载中国人大网,http://www.npc.gov.cn/zgrdw/npc/lfzt/rlyw/2017-09/13/content_2028781.htm,最后访问时间:2023年4月15日。

3. 收缩关系

与扩张关系相反,收缩关系是指下位法规定的概念外延范围被上位法概念所包含,如出租汽车与机动车、公园与公共场所。通过概念收缩,下位法减小了上位法适用的范围。

4. 交叉关系

交叉关系是指上下位法概念间存在部分交集,如学生与运动员、党员与领导干部。交叉关系实质上是收缩关系和相异关系的组合。其中,与上位法重叠部分的范围小于上位法概念,构成收缩关系,而与上位法概念不重叠的部分则构成相异关系。所以,若下位法规则与上位法相异,则既缩小了原规则的调整范围,又增加了原规则的调整范围。

三、构成逻辑抵触的规则成分不一致

在分别说明了规则的组成成分和不一致的各种情形后,本章接下来将这两个方面结合起来,研究当不同规则成分分别出现各种类型的不一致时,是否构成抵触。此部分将讨论范围限定于逻辑抵触,因为非逻辑抵触的判断不依靠对规范不一致的识别。

曾有学者就规范冲突问题进行过归纳,将冲突分为三类。第一类为逻辑冲突,即道义助动词(本章所称"规范词")之间的冲突。如"皮特应该在今天下午3点做A事情"和"皮特应该在今天下午3点禁止做A事情"中,"应该"和"禁止"构成逻辑冲突。第二类为实践冲突,此时虽然道义助动词一致,但在实践上被调整对象无法同时遵从两个规范。如"A应当向左走"和"A应当向右走"即构成实践冲突。第三类为评价冲突,即规则违背某项价值。比如允许X连续工作16个小时虽然在实践上是可能的,但却不符合保护劳动者的价值。①

以上分类中的"评价冲突"根据本章的界定框架属于非逻辑抵触,而"逻辑冲突"与"实践冲突"应归属于逻辑抵触范畴,因为在这两种情形下,冲突规则均无法并立。不过逻辑冲突和实践冲突在本质上具有相似性,后者产生的根源仍然是规范词之间的差异。如上例中,"A应当向左走"

---

① 参见王锴:《合宪性、合法性、适当性审查的区别与联系》,载《中国法学》2019年第1期,第11页。原文第一类及第三类参考〔瑞典〕宾德瑞特:《为何是基础规范——凯尔森学说的内涵》,李佳译,知识产权出版社2016年版,第188—197页。

和"A 应当向右走"之间的矛盾并非在于"向左"和"向右",而在于"应当"。前一个规则要求 A 应向左走时,实际上同步排除了向右的选择,也即意味着"禁止 A 向右走"。该潜藏的规范词"禁止"与后一个规则"A 应当向右走"中的"应当"构成了规范词冲突。所以,上述理论主要指出了逻辑抵触的一种原因——规范词不一致。我们仍然需要追问两个问题:第一,规范词不一致是否一定构成逻辑抵触?第二,逻辑抵触除了规范词有冲突外,是否也会因为其他成分的区别而引起?

(一) 规范词的不一致

规范词是"新三要素说"中行为模式部分的核心,因此可以根据传统行为模式的类别分为应为、可为、勿为三种。显然,当其他成分一致的情况下,若一个规则的规范词属应为模式,而另一个属于勿为模式,则两规范构成抵触。但应为模式和勿为模式是否会和可为模式之间发生冲突?从被调整对象的角度说,若上位法规定的是可为模式,而下位法规定的是应为模式,他可以通过实施这个行为从而同时符合两个规则的要求。但被调整对象能够同时遵守两个规范并不意味着此二规范之间就不存在抵触。在可为模式中,被调整对象可以选择不实施该行为,而应为模式则排除了此种可能性,这构成了两规则之间的无法并立。可为模式和勿为模式之间的关系也是如此。所以,应为、勿为和可为三种模式之间均相互冲突,在其他部分相同的情况下,只要规范词不一致,两规范之间就构成抵触。

规范词不一致是实践中较为常见的一种抵触现象,在全国人大常委会法工委于 2019 年 12 月公布的 14 起备案审查典型案例中(以下简称"典型案例"),①大约三分之一可归入这一类型。例如典型案例一中,天津市某区人大通过《决议》,同意由实体化公司作为融资主体申请银团贷款,并批准县政府将还款资金列入年度财政预算。但《国务院关于加强地方政府性债务管理的意见》(国发〔2014〕43 号)要求明确划清政府与企业界限,政府债务只能通过政府及其部门举借,不得通过企事业单位等举借。地方人大允许的行为恰为国发文件及《中华人民共和国预算法》等禁

---

① 14 个典型案例原文可参见《备案审查典型案例》,载明德公法网,2019 年 12 月 13 日发布,http://calaw.cn/article/default.asp?id=13457,最后访问时间:2023 年 4 月 17 日。

止的行为,构成了典型的规范词不一致。①

不过,并非所有的规范词不一致都可一望而知。有时可能表现为规则中其他概念的不一致,需要通过对规则进行一定的变形,使之显现出来。如在典型案例十一中,上位法《社会救助暂行办法》第45条规定:"最低生活保障家庭中有劳动能力但未就业的成员,应当接受人力资源社会保障等有关部门介绍的工作;无正当理由,连续3次拒绝接受介绍的与其健康状况、劳动能力等相适应的工作的,县级人民政府民政部门应当决定减发或者停发其本人的最低生活保障金。"而下位的《山西省城市居民最低生活保障实施办法》第25条却将减发或者停发的条件变为"两次不接受工作安排或者两次无故不参加社区居民委员会组织的公益性社区服务劳动"。本例中,从表面上看,抵触发生的原因是上位法规定次数为3次,而下位法规定次数为2次。但实际上,3次与2次本身并没有天然的冲突,此处抵触的真正原因在于,根据上位法,当事人可以2次拒绝介绍给其的工作,而根据下位法,当事人不得2次拒绝介绍的工作,否则会产生不利后果。所以,本案中构成要件的不一致实际上潜藏着规范词的不一致。

(二) 构成要件不一致

典型案例十一表明,有时规则抵触的原因从表面上看是构成要件的不一致,但实际上真正的原因仍然是规范词的不一致。那么,如果不牵扯规范词,构成要件本身是否会引发规则抵触?回答是否定的。因为构成要件只是对主体、行为、对象、条件等的描述,在没有规范词的情况下,不会产生规范性要求。而法律规则毕竟是一种规范命题,不像经验命题那样会因对事实的判断不同而产生冲突。法律规则唯有具备规范性,才有相互无法并立的可能。所以,构成要件间的不一致只有转化为规范词的不一致后,才会发生抵触。

接下来的问题是,哪种类型的构成要件不一致可以转化为规范词的不一致?哪种类型又不会?从原理上说,构成要件是规范词所指向的具

---

① 相似的还有涉及规范性文件的典型案例八。福建省某县政府颁布的《贯彻〈福建省计划生育条例〉实施办法》规定只能生一孩,与修改后的《福建省人口与计划生育条例》允许生两孩的规定相抵触。这同样也是勿为模式和可为模式之间的冲突。

体内容,其与规范词结合形成了对调整对象的规范要求。而这些规范要求在某些情况下会对另一些规范要求产生必然排斥。比如任何一个规则都天然地禁止对自己调整范围的缩减,因为上位法制定机关之所以如此设定调整范围,其中自然蕴含了该范围不应被下位法减损的意思,除非另有专门授权。因此,在构成要件的收缩、扩张、相异、交叉四种情形中,收缩或者交叉这两种不一致情形必然可转化为规范词差异。例如,我国《自然保护区条例》规定,禁止在自然保护区内进行砍伐、放牧、狩猎、捕捞、采药、开垦、烧荒、开矿、采石、挖沙等 10 类活动,而《甘肃祁连山国家级自然保护区管理条例》将其缩减为狩猎、垦荒、烧荒等 3 类活动。① 这里缩减的对象不是单一概念,而是 10 类活动所组成的一个整体。下位法将其缩减为 3 类后,就意味着对于其它 7 类行为,规范词由禁止变为了允许,构成抵触。

另一方面,构成要件的相异和扩张则不必然会带来规范词的差异。原因在于,相异和扩张的部分并不在原规则的调整范围之内,不应认为其被上位法规则所当然约束。还是以乔晓阳所举的事例为例,下位法在上位法所规定的爆破、钻探、挖掘等三种被禁止的行为基础之上,增加烧砖、葬坟、捞沙等十余种违法行为。虽然下位法与上位法不一致,但若仅从上位法《中华人民共和国文物保护法》出发,不能认为其已必然排除了增加其他违法行为类型的可能性。故而此例不构成逻辑抵触(但可能构成法的违反或非逻辑抵触)。不过,如果上位法规则对构成要件的规定在实践上有且仅能有一种可能性,则另当别论。如《社会救助暂行办法》所规定的"连续 3 次拒绝介绍的与其健康状况、劳动能力相适应的工作"这一条件在实践中不存在其他的可能性。仅从逻辑层面说,下位法可以增加其他的新条件,但对次数的任何变化都构成与该规则的抵触。另比如典型案例九中,上位法《工伤保险条例》第 17 条第 3 款规定:"按照本条第一款规定应当由省级社会保险行政部门进行工伤认定的事项,根据属地原则由用人单位所在地的设区的市级社会保险行政部门办理。"按照该条,办理机关只能是"市级社会保险行政部门",亦不存在其他可能。故下位法《甘肃省工伤保险实施办法》将办理机构改为"省社会保险经办机构"构成

---

① 参见《中共中央办公厅、国务院办公厅就甘肃祁连山国家级自然保护区生态环境问题发出通报》,载《人民日报》2017 年 7 月 21 日第 1 版、第 6 版。

逻辑抵触。[1]

需要补充说明的是,实践中因构成要件规定不同而被认定为抵触的许多例子事实上属于法的违反。若是法的违反,则下位规则与上位规则并无规范词上的冲突,只是下位法未满足上位法次级规则的规范要求而已。在 14 个关于抵触的典型案例中,有 5 个实际属于法的违反。例如典型案例十中,浙江省《××市国有土地上房屋登记办法》第 14 条规定,在赠与、分家析产、受遗赠、继承等四种情况下,申请人在办理房产过户时,需要先办理公证,缴纳每平方米 30 元标准的公证费用。而上位的国务院《不动产登记暂行条例》第 16 条对办理不动产登记时应当提交的材料,没有要求提交公证文书的规定。审查机关认为,根据《中华人民共和国物权法》第 10 条,不动产统一登记的范围、登记机构和登记办法,由法律、行政法规规定。因此,该登记办法增加了房产登记条件,增加了公民的义务和经济支出,应当依法予以纠正。本案中,下位规则所增加的办理公证的要求在上位法中没有提及,且上位法关于办理条件的列举在逻辑上并不排除可以有新的条件,故无法认定存在逻辑抵触。此案真正的问题在于《××市国有土地上房屋登记办法》的制定机关超越了《物权法》第 10 条所规定的立法权限,规定了只能由法律或行政法规才能规定的内容,应属于对次级规则的违反。[2]

(三) 法律后果的不一致

法律后果部分不一致所导致的抵触同样需归因于规范词的不一致,但这里的规范词与本章前述规范词并不等同。前文所指的规范词是行为规则[3]部分的规范词,针对法律调整的对象;而法律后果部分的规范词是裁判规则部分的规范词,针对适用法律后果的机关。如在"机动车驶入公园,罚款 500 元"这个规则中,针对机动车驾驶人的规范词为"禁止",而

---

[1] 类似的还有典型案例七:《××市城区禁止燃放烟花爆竹管理办法》将《烟花爆竹安全管理条例》规定的执法主体由公安部门变为城管部门。

[2] 类似的还有典型案例二:在地方组织法对地方人大常委会工作机构组成人员的资格没有明确规定的情况下,下位法对此作出限定;典型案例四:下位规则扩大了公安机关的职权范围;典型案例五:下位规则与刑诉法中有关证据类型的规定不一致;典型案例十二:××人民政府《工作办法》将社区矫正人员列入安置帮教工作对象,超出立法权限,扩大适用范围。

[3] 法律规则可被分为行为规则和裁判规则,参见雷磊:《法律规则的逻辑结构》,载《法学研究》2013 年第 1 期,第 75 页。

处罚条件满足后,针对处罚机关适用500元罚款的规范词则为"应当"。

上下位规则若仅有法律后果部分规定不一致,则必然构成逻辑抵触。原因在于,法律后果附属于构成要件而存在,当立法者为特定的构成要件设定了某种法律后果时,自然就意味着排除了其他的法律后果,否则就会出现针对同一个条件应适用两种不同后果的局面。如当上位法规定"机动车驶入公园,罚款500元"时,它就同时禁止对该行为罚款400元或罚款600元。实践中,许多地方立法在上位法对某个违法行为未规定处罚的情况下增设处罚,这就改变了上位法对法律后果的设定,应属抵触。最高人民法院早在1993年的一个复函中,就针对下位法增加《中华人民共和国渔业法》中未规定的处罚手段这一问题指出,上位法在行政处罚种类中没有设定没收渔船的,下位法增加了这一处罚手段,就属于与上位法不一致。① 2019年公布的典型案例七中,湖南省《××市城区禁止燃放烟花爆竹管理办法》在上位法对违法行为没有设定行政处罚的情况下,增设行政处罚,亦被裁决机关认定为抵触。

当然,在部分情况下,上位法可预先设定下位法变更规定法律后果的空间。如2021年新修订的《行政处罚法》第11条第3款和第12条第3款分别赋予行政法规和地方性法规在上位法对违法行为未作出行政处罚规定时,补充设定行政处罚的权限。② 必须强调,下位法只能在上位法授权的范围内变更由上位法规则确定的法律后果,若未获得授权而作变更规定,则仍然属于抵触。如目前的《行政处罚法》只授权行政法规和地方性法规进行处罚的补充设定,并未赋予规章这一权力。若规章针对某一上位规则已规定的违法行为增设处罚,那么应认定其构成对上位法的抵触。

以上所举事例主要是法律后果的不利变更,这自然易被理解为构成抵触。但如果是法律后果的有利变更呢?如下位法提高上位法所规定的

---

① 《关于人民法院审理行政案件对地方性法规的规定与法律和行政法规不一致的应当执行法律和行政法规的规定的复函》(法函〔1993〕16号)。后来《中华人民共和国渔业法》针对部分违法行为设定了没收渔船的行政处罚,该复函的节录本遂于2017年经《最高人民法院关于废止部分司法解释和司法解释性质文件(第十二批)的决定》(法释〔2017〕17号)废止。

② 《行政处罚法》第11条第3款规定:"法律对违法行为未作出行政处罚规定,行政法规为实施法律,可以补充设定行政处罚。拟补充设定行政处罚的,应当通过听证会、论证会等形式广泛听取意见,并向制定机关作出书面说明。行政法规报送备案时,应当说明补充设定行政处罚的情况。"第12条第3款规定:"法律、行政法规对违法行为未作出行政处罚规定,地方性法规为实施法律、行政法规,可以补充设定行政处罚。拟补充设定行政处罚的,应当通过听证会、论证会等形式广泛听取意见,并向制定机关作出书面说明。地方性法规报送备案时,应当说明补充设定行政处罚的情况。"

奖励、给付的标准。在我们的日常想象中，只要增加了相对人的收益，似乎就应当是被允许的行为，不构成抵触。然而这种理解恐怕不正确。增加给付、奖励等有利后果超出了上位法所明确划定的后果范围，仍然构成抵触。认为不构成抵触的观点实际上悄悄创设了一个隐含的授权，即同意下级立法机关增加对被调整对象有益的法律后果。这种授权假设并无坚实的基础，因为增加对部分主体的给付或奖励会消耗公共资源，同时也会带来公平的问题，故不能直接将其作为前提接受下来。如果上位法没有特别规定，不论是有利后果还是不利后果，下位法均不得扩张、收缩，或与之交叉、相异，否则即构成逻辑抵触。

（四）小结

通过以上分析可知，规则之间逻辑抵触的根源在于规范词之间的不一致。在此基础之上，可结合规则成分的分类，推导得出如下结论。第一，若其他成分一致而规范词不一致，两规则构成逻辑抵触。第二，若其他成分一致而法律后果不一致，两规则构成逻辑抵触。第三，若其他成分一致而构成要件出现收缩或交叉，则两规则构成逻辑抵触。第四，若其他成分一致而构成要件出现扩张或相异，除非该构成要件在实践上有且仅能有一种可能性，则两规则不构成逻辑抵触。当然，以上四个结论只是对规则中仅有一个成分不一致时的判断，而实践中可能出现多种成分同时不一致等更加复杂的情况。但在判断上，复杂情形仅为简单情形的组合，只要分别适用上述结论即可。如上位规则为"机动车驶入公园，罚款500元"，下位规则为"载重卡车驶入公园，罚款1000元"。那么，下位法一方面缩小了上位法的构成要件，另一方面加重了上位法规定的法律后果，故构成抵触。若下位规则为"非机动车驶入公园，罚款200元"，则构成要件与上位规则相异，事实上是一个新的规则，不构成逻辑抵触。

四、非逻辑抵触的判断

即使下位规则在扩张、相异等情形中没有与上位法发生逻辑抵触，也不意味着不存在抵触。例如在一个工伤赔偿案件中，新疆生产建设兵团十二师社保中心依据《新疆生产建设兵团实施〈工伤保险条例〉办法》的规定，将第三人侵权赔偿从工伤保险赔付款额中予以扣除，即采取了"单赔模式"。法院在判决中指出,《工伤保险条例》明确规定了构成工伤应享受相关待遇,同时没有规定第三人侵权工伤应当扣减第三人赔偿部分,更没有限制当事人重复获得赔偿。据此,申请人十二师社保中心依据的"补差"规定与上位法《工伤保险条例》的规定相抵触。① 该案中,法院的判决认为《工伤保险条例》没有规定"单赔模式"就意味着该条例不支持"单赔模式",故应采"双赔模式"。若仅从逻辑的角度出发,事实上是无法推导得出上述结论的。因为在上位法未进行选择的情况下,下位法作任何一种规定其实都没有构成与上位法的逻辑抵触。法院判决中隐含了给予当事人更多赔偿款的目的,这在某种程度上是基于对《工伤保险条例》立法精神的解读。此时,关于抵触与否的讨论需要进入下一个阶段——"非逻辑抵触"判断。

(一) 非逻辑抵触判断的困境

非逻辑抵触的重点在于研究下位规则是否违背上位法的目的或精神。实践中,许多规则抵触问题发生于这一层面,并引发了判断上的困难。如在著名的"河南种子案"中,判决书指出:"《种子法》实施后,玉米种子的价格已由市场调节,《河南省农作物种子管理条例》(以下简称《河南种子条例》——引者)作为法律阶位较低的地方性法规,其与《种子法》相冲突的条款自然无效。"该案中,被认定为抵触上位法的《河南种子条例》第 36 条规定:"种子的收购和销售,必须严格执行省统一价格政策,不得任意提价。"显然,该条例的确没有采用种子价格由市场调节的模式。然而当时有效的上位法《中华人民共和国种子法》(简称《种子法》)其实也并未就种子价格作任何规定。判决书中所记载的当事人意见主要是认为地方性法规违背了《种子法》的立法精神。② 与法院观点不同,河南省人大常委会经研究后认为,该条关于种子经营价格的规定与《种子法》没有抵触,应继续适用。③

根据前文分析框架可知,《河南种子条例》与《种子法》之间不存在逻

---

① 参见新疆生产建设兵团第十二师社会保险基金管理中心与王甫刚、何润花社会保障行政行为纠纷案,(2015)兵十二行申字第 1 号判决书。
② 参见汝阳县种子公司与伊川县种子公司合同纠纷案,(2003)洛民初字第 26 号。
③ 韩俊杰:《河南李慧娟事件再起波澜》,载中国青年报网站,http://zqb.cyol.com/content/2004-02/06/content_813990.htm,最后访问时间:2023 年 5 月 21 日。

辑抵触。因此,核心的问题在于,能否认定该条例抵触了《种子法》的立法精神。这里存在较大的选择空间:一方面,通过对《种子法》解释,可以认为该法鼓励种子价格经由市场机制形成;那么《河南种子条例》对价格市场化这一立法精神构成阻碍,应当认定为抵触。但另一方面,通过市场机制形成价格是否意味着种子价格就要直接实现彻底市场化?是否有必要在一定区域和一定历史阶段继续保留政府指导价?能否对种子法主张市场交易的精神作绝对化理解?

种子案所体现的这种认定上的可能困境在以目的或精神作为审查标准的案件中普遍存在。由于法律目的或精神并非一个明确的命令,也不完全具有法律规则的各种成分,故而无法比较其与下位规则的内容是否一致。此时可以考虑的方法是将两个规范都转化为原则,或都转化为规则,然后进行比较。那么就会有两种选择:一是根据上位法精神创制一个新的规则,将该规则作为新的衡量标准;二是将法律规则还原为原则,然后将其与上位法精神进行比较衡量。[①]但由裁决者直接根据上位法原则自行创制出某项规则作为判断依据的做法并不适宜。因为基于原则创制规则乃是一种立法行为,而实践中判断是否构成抵触的机关,不论是人大法工委还是法院,[②]均不可能直接通过立法程序来解决上下位法间的冲突;同时,这种方式可能会不当限缩地方立法权的范围,也使得不抵触的判断出现了方法上的杂糅。比较合理的方式是将下位规则中所蕴含的原则或精神与上位法精神进行权衡,使其变为一个法律适用问题。然而,原则的权衡仍然具有高度不确定性,亦不能有效消除判断过程中的恣意空间,困境依然存在。

(二)基于我国法的判断框架

当然,若仅从价值衡量的角度出发,笔者也难以提出使抵触立法目的的判断更加精确的方法。不过,上下位法的抵触与同位阶法律冲突的不同

[①] 参见王夏昊:《法律规则与法律原则的抵触之解决——以阿列克西的理论为线索》,中国政法大学 2007 年博士学位论文,第 93 页。
[②] 虽然法院在理论上没有抵触审查权,但各级法院事实上一直在从事下位法抵触的审查工作。

之处在于,抵触涉及纵向立法间的关系,特别是中央与地方的立法关系。①这种关系的存在使得抵触分析需要受到更多的约束。就我国而言,最基本的约束来自《宪法》第3条第4款:"中央和地方的国家机构职权的划分,遵循在中央的统一领导下,充分发挥地方的主动性、积极性的原则。"虽然该款规定的是职权划分问题,但职权划分亦会间接影响对规范抵触问题的判断。只是,宪法的抽象原则尚不足以提供完善的分析框架,对立法问题的讨论还应结合《立法法》以及其他有关法律的规定。

《立法法》中,直接体现中央与地方立法权划分的包括第82条(地方性法规)和第93条(地方政府规章)。其中,第82条第1款规定:"地方性法规可以就下列事项作出规定:(一)为执行法律、行政法规的规定,需要根据本行政区域的实际情况作具体规定的事项;(二)属于地方性事务需要制定地方性法规的事项。"第2款规定:"除本法第十一条规定的事项外,其他事项国家尚未制定法律或者行政法规的,省、自治区、直辖市和设区的市、自治州根据本地方的具体情况和实际需要,可以先制定地方性法规。在国家制定的法律或者行政法规生效后,地方性法规同法律或者行政法规相抵触的规定无效,制定机关应当及时予以修改或者废止。"通常,第1款中的两项情形分别被称为"执行性立法"和"自主性立法"(或职权性立法),第2款规定的情形则被称为"先行性立法"。②

当"执行性立法""自主性立法"和"先行性立法"这三种类型的地方性法规规则可能影响上位法的精神或目的时,抵触的判断标准不应完全相同。③原因在于,这三类立法所针对的事务领域并不一致。自主性立法根据第82条第1款的明确规定,仅能涉及地方性事务事项;执行性立法则既能规定地方性事务事项,也能规定中央性事务事项;而先行性立法不同于前两类地方立法,事实上是地方暂时替代中央制定规则,故宜理解为只涉及中央性事务。以下分述之。

首先,对于自主性立法而言,由于其规定的内容为地方性事务,故应

---

① 鉴于实践中较多抵触案例属于央地立法间的冲突,本章将央地立法关系作为判断抵触问题的一项重要背景。当然,中央立法之间或地方立法之间也会发生抵触,它们并不受央地关系框架的限制。

② 参见石佑启、朱最新主编:《地方立法学》,广东教育出版社2015年版,第23页。

③ 另有学者注意到不同类型的地方立法可能应适用不同的抵触认定标准,参见程庆栋:《执行性立法"抵触"的判定标准及其应用方法》,载《华东政法大学学报》2017年第5期,第191页。

当获得相对较大的立法空间。若自主性立法规则仅对某上位法目的有阻碍,但并未与具体上位规则发生逻辑矛盾,此时应以地方性事务为重,不认为其构成对上位法的抵触。这符合宪法中"充分发挥地方的主动性、积极性的原则"。[①]同时,第82条第1款将自主性立法与执行性立法并列,说明立法者并不希望地方立法机关在遇到地方性事务时与中央立法亦步亦趋,而应更多展现地方特色。此时如果仍然坚持在上下位法的价值间进行权衡,则忽略了此立法意旨,事实上未能充分保障地方立法权。[②]另外,调整地方性事务的规则即便对中央立法中的某个精神构成阻碍,也并不会给"中央统一领导"带来冲击。中央统一领导"在本质上是一种'统领全局的导向性行为',而非事必躬亲的中央集权",[③]特别是对于具有地方特殊性的事务来说,更没有非得坚持中央统一领导之理。退一步说,即便中央立法机关对地方立法机关的规定不满,也完全可以另行制定明确的规则予以取代。

其次,对于执行性立法而言,因为其功能本身在于实施上位法,自然不能减损上位法目的的完整性,相比于自主性立法而言要受到更严格的限制。所以只要执行性立法的内容可能阻碍被执行上位法的目的,就应认定构成抵触。但更复杂的问题在于,若执行性立法没有阻碍反而强化了上位法的目的,又当如何认定?比如,地方立法为加强保护力度,增加了上位法所没有规定的违法行为。此时,执行性立法虽然没有直接阻碍被执行的上位法的目的,但却可能因为对该上位法目的的强化而影响其与别的上位法目的之间的平衡,造成对别的上位法目的的阻碍。这种阻碍能否被认定为抵触同样受事务性质的影响。由于我国《宪法》和《立法法》并未禁止中央立法规定地方性事务,因此,执行性立法既可能针对中央性事务,也可能针对地方性事务。此时,应结合该立法的具体事项,区分其性质;若为地方性事务,则如自主性立法,不认定为抵触;若为中央性事务,则构成抵触。

最后,对先行性立法而言,因为规定内容属于中央性事务范畴,故其

[①] 地方的自主性立法承担着为未来中央立法积累经验的功能,实践中全国人大常委会在经济立法等领域也倾向于尊重地方的立法试验。参见邢斌文:《地方立法合宪性审查:内涵、空间与功能》,载《内蒙古社会科学(汉文版)》2019年第1期,第101页。

[②] 当然,如果该上位法将其目的或原则具体化为一项规则,那么表示上位法已经明定命令的内容,此时就应当转化为适用逻辑抵触的认定标准。

[③] 王建学:《中央的统一领导:现状与问题》,载《中国法律评论》2018年第1期,第48页。

对本领域未来制定的上位法或其他领域现行的上位法的目的或精神造成阻碍时，即应当认定为抵触。可能有观点认为先行性立法也可以规定地方性事务。但事实上，先行性立法单独位于第 82 条第 2 款，而没有被列为第 82 条第 1 款的第 3 项，说明其与前两种类型的地方立法并非一个层面上的问题。或者说，先行性立法其实并不是纯粹的地方立法，而应当是中央立法权被暂时交给地方立法机关后产生的一种特殊形式立法。这从条文的内容和结构中即可发现端倪。第 82 条第 2 款指出，先行性立法适用于《立法法》第 11 条事项（全国人大及其常委会立法保留事项）外的其他事项。虽然，仅从概念含义上说，"其他事项"可以包括第 11 条以外的全部事项，自然涵盖了地方性事务；但是，它还有一个修饰成分，即"国家尚未制定法律或者行政法规的"。这说明，针对先行立法的事项，国家未来应制定法律或者行政法规。若没有"后续"，则没有必要"先行"。而对于地方性事务来说，国家未来并不需要专门制定法律和行政法规来统一规定。另外，若从第 82 条的结构看，第 1 款已经规定地方性法规可以自主规定属于地方性事务的事项，没有必要再规定对地方性事务可以先行立法。因此，第 82 条第 2 款所说的先行立法针对的对象是应由中央立法但中央立法机关尚未规定的事项。此为中央立法不健全的情况下所进行的过渡性操作。那么，地方立法对于这类事项的规则自然应当避免对各类中央立法的目的构成阻碍。

与第 82 条结构相似，第 93 条所规定的地方政府规章同样可以被分为执行性规章、自主性规章和先行性规章，①但其意义并不相同。规章作为行政机关制定的立法文件，首先应遵循法律保留原则，即第 93 条第 1 款中"根据法律、行政法规和本省、自治区、直辖市的地方性法规"之要求。在法律保留原则之下，地方政府规章不应在构成要件方面针对上位法作扩张或相异的规定，否则即构成无根据的规范。故尽管规章与上位法的逻辑抵触同样发生于规范词不一致，法律后果不一致，以及构成要件收缩、交叉等情形下；但构成要件的扩张、相异不再涉及非逻辑抵触，而直接构成法的违反。地方政府规章中可能与上位法构成非逻辑抵触的主要是第 93 条第 5 款中所称的先行性地方政府规章。由于这种类型的规章是替

---

① 该条第 2 款规定："地方政府规章可以就下列事项作出规定：（一）为执行法律、行政法规、地方性法规的规定需要制定规章的事项；（二）属于本行政区域的具体行政管理事项。"第 5 款规定："应当制定地方性法规但条件尚不成熟的，因行政管理迫切需要，可以先制定地方政府规章。"

代地方性法规先行制定,故其抵触上位法的判断标准应参照被其所替代的地方性法规。

除《立法法》外,我国《行政处罚法》《行政许可法》《行政强制法》中关于行政手段设定权的规定在一定程度上也可反映出不同种类的立法在抵触判断标准上的差异。如《行政处罚法》第12条第2款规定:"法律、行政法规对违法行为已经作出行政处罚规定,地方性法规需要作出具体规定的,必须在法律、行政法规规定的给予行政处罚的行为、种类和幅度的范围内规定。"与之相似的包括《行政许可法》第16条第4款,《行政强制法》第11条第2款等。上述规定实际上禁止执行性立法对被执行对象作扩张或相异的规定,反映出对执行性立法更加严格的限制,与前文归纳的执行性立法的抵触判断标准具有内在一致性。而另一方面,自主性立法和先行性立法在行政手段设定权上受到的约束就相对较少。不过,"行政三法"的规定在总体上并未像《立法法》那样体现出中央性事务与地方性事务相区分的框架,故我们难以据此对自主性立法与先行性立法展开进一步的分析。

综上所述,自主性立法规定地方性事务,先行性立法规定中央性事务,而执行性立法既可能规定地方性事务也可能规定中央性事务。在确定判断对上位法原则或精神的抵触时,应首先明确该规则的属性。对于地方性事务,基于发挥地方主动性、积极性原则,不宜将其对上位法目的的阻碍视为抵触;而对于中央性事务,只要对上位法原则或目的构成阻碍,即应认定为抵触。

五、本章小结

根据前文分析,判断下位法规则是否抵触上位法,大致可遵循如下步骤。

第一步:抵触审查前的判断。主要审查是否存在法的违反情形,即下位法规则是否具有超越立法权限、违背立法程序等问题。若存在,则属于法的违反,而非法的抵触。

第二步:审查是否与上位法规则存在逻辑抵触。若与上位规则相比,下位规则存在规范词不一致、法律后果不一致或构成要件收缩、交叉等情形,则构成逻辑抵触。若构成要件出现扩张、相异情形,则需审查上位法规定的情形在实践中是否仅可能有一种情况,如果是,则构成逻辑抵触,否则不构成。

第三步:审查是否存在非逻辑抵触。当不存在逻辑抵触时,应考虑下位规则是否可能阻碍上位法的精神或目的。若自主性立法阻碍上位法精神或目的,不认定为抵触;若先行性立法构成阻碍,应认定为抵触;若执行性立法阻碍被执行立法的精神或目的,应认定为抵触;若执行性立法阻碍其他上位法的精神或目的,如果属于地方性事务,不认定为抵触,如果属于中央性事务,应认定为抵触。

第三部分
重要领域的立法权分配制度反思

第七章　行政处罚设定权分配制度的重构[*]

【本章提要】 惩罚手段泛滥和治理工具不足是立法机关设定行政处罚时始终面临的矛盾。《行政处罚法》上的处罚措施设定权条款难以有效化解这一矛盾,它们需要在基本原理层面被重新理解。处罚的本质是对利益的剥夺,而剥夺不同利益的措施应受到不同对待。从设定权分配的角度考虑,处罚可按照剥夺宪法上的利益、法规范上的利益、法规范外的利益或剥夺利益核心部分、利益非核心部分两种方式进行分类。同时,处罚措施设定权自身也可分为措施创设权、措施选用权和措施程度设定权三类。处罚措施设定权的分配应遵循同位保留原则。具体来说,措施创设权须由形成作为处罚对象之利益的规范或其同位规范保留,也即剥夺宪法上的利益的措施由宪法保留,剥夺法规范上的利益的措施由相应层级的规范保留,剥夺法规范外的利益的措施无须保留。措施选用权应由创设该措施的规范的同位规范保留,但基于功能主义考量,该项权力可由创设措施的规范或其同位规范直接授予其下位规范制定机关。措施选用权被下放时,获得授权的主体在措施程度设定权上应受限制,不得规定剥夺利益核心部分的措施。

一、问题的提出

行政处罚在现代社会治理中呈现出泛化趋势。大量地方性法规、规章乃至规范性文件设定了各种新类型的带有处罚性质手段。这使得《行政处罚法》中关于处罚措施设定权的限制性规定遭受冲击。当然,实践中

---

[*] 本章主要部分已发表于《中外法学》2022年第4期。

的趋势确实在某种程度上反映出《行政处罚法》的局限。有不少行政机关抱怨治理工具不足,行政目标与其所掌握的资源手段相脱节等问题。①学术界在谈及行政处罚的设定权时,大多也持批评态度,并主张进一步拓展行政处罚的种类范围,或者通过中央立法机关的授权,赋予地方增加新的处罚种类的权力。②但关于处罚泛滥的担忧也是现实的。若各种不同层级的规范性文件都可以设定处罚,那么《行政处罚法》第1条提出的"规范行政处罚的设定"的目的将在实质上无法实现。目前,已有许多学者表达了对处罚性措施被过度使用的忧虑,以及对其加以法律控制的必要性。③这些学理与实践中的争论说明,关于处罚设定的制度安排尚处在矛盾状态之中,行政处罚措施设定权如何在不同法源文件中分配亟待进一步科学化。

目前,我国《行政处罚法》采用的做法是根据法源位阶的高低配置处罚措施设定权。其中,法律可以设定各种行政处罚;行政法规可以设定除限制人身自由以外的行政处罚;地方性法规可以设定除限制人身自由、吊销营业执照以外的行政处罚;规章在尚未制定法律、行政法规的领域可以设定警告、通报批评或者一定数额罚款的行政处罚。④可见,位阶越低的法源文件在设定权上越受限制。应当说,处罚措施设定权限随法源文件的位阶高低而变化这一制度安排本身具有实践层面的合理性。但是,若从规范上追问,为什么高位阶的立法就应当有更大权限?这种"更大的权限"的边界又在哪里?事实上,我国当前《行政处罚法》所采用的模式主要是立法机关在各领域单行法规定基础上所作的总结,背后的法理基础并不明确。

---

① 袁雪石:《整体主义、放管结合、高效便民:〈行政处罚法〉修改的"新原则"》,载《华东政法大学学报》2020年第4期,第19页。

② 参见余凌云:《地方立法能力的适度释放——兼论"行政三法"的相关修改》,载《清华法学》2019年第2期;熊樟林:《行政处罚的种类多元化及其防控——兼论我国〈行政处罚法〉第8条的修改方案》,载《政治与法律》2020年第3期;张淑芳:《〈行政处罚法〉修订应拓展处罚种类》,载《法学》2020年第11期。

③ 这种担忧重点体现在有关失信惩戒措施被运用的情境中。参见王瑞雪:《政府规制中的信用工具研究》,载《中国法学》2017年第4期;沈岿:《社会信用体系建设的法治之道》,载《中国法学》2019年第5期;林彦:《信用惩戒制度对行政法治秩序的结构性影响》,载《交大法学》2020年第4期;王锡锌、黄智杰:《论失信约束制度的法治约束》,载《中国法律评论》2021年第1期。

④ 《行政处罚法》第10—14条。

理论上的模糊带来了条文解释层面的困扰。举例来说,在我国,法律就真的可以根据《行政处罚法》设定各种类型的处罚吗?可否增设影响公民言论自由、人格尊严等的处罚?与上述问题类似,除了不得限制人身自由外,行政法规设定新的行政处罚种类还存在其他约束吗?地方性法规不能设定的处罚种类仅限于限制人身自由和吊销营业执照吗?行政法规和地方性法规设定诸如限制开展生产经营活动、责令停产停业、限制从业的处罚是否应有其他条件限制(如能否设定终身禁入或长期限制生产经营的处罚)?① 规章作为行政机关制定的规则为何可以设定警告、通报批评和罚款的处罚?《行政处罚法》可以授权规章将相对人的名誉、财产作为惩戒的对象吗?② 针对新出现的利益,如个人信息权,各种法源文件都可以将其列为惩戒的对象吗?另一方面,《行政处罚法》第9条将处罚措施种类创设权限制于法律和行政法规,但地方性法规、规章甚至规章以外的规范性文件难道就不能增加新的处罚类型吗?实践中,有行政规范性文件规定对存在失信行为的主体适当增加未来检查的频次;假如将这种行为理解为行政处罚,规范性文件的设定就一定不合法吗?

还有,实践中存在许多上位法设定的利益被下位法剥夺的情况。特别是针对上位法所设定的行政许可,部分地方立法增加规定了吊销该许可或限制该许可实施的情形。例如,《武汉市城市公共客运交通管理条例》第35条第1款规定:"……未取得本市线路经营权和城市公共客运交通营运证从事城市客运经营的,由市公安交通管理部门没收非法所得……并吊销机动车驾驶证、注销车辆牌证。"该《条例》设定了吊销机动车驾驶证的处罚措施,但机动车驾驶证这一许可来自《道路交通安全法》,并非武汉市的《条例》所创设。相似地,一些地方立法还针对《传染病防治法》所创制的卫生许可证、《食品安全法》所创制的餐饮服务许可证等增设了吊销的情形。③ 那么,这种下位法剥夺上位法所设利益的行为是否

---

① 已有学者提出禁入措施的设定应受到限制。参见宋华琳:《禁入的法律性质及设定之道》,载《华东政法大学学报》2020年第4期。

② 理论界一直有观点主张取消规章的处罚措施设定权。参见沈福俊:《部门规章行政处罚设定权的合法性分析》,载《华东政法大学学报》2011年第1期。

③ 如《北京市生活饮用水卫生监督管理条例》第22条规定:"违反本条例规定,造成饮用水污染的,由卫生计生行政部门处以1万元以上5万元以下的罚款,并可以暂扣或者吊销卫生许可证。"

应被允许呢？

以上问题在传统行政法学的框架中无法得到清晰的解答。原因在于，当前的研究主要以《行政处罚法》的规定作为根据，但对《行政处罚法》所依赖的规范基础缺乏追问。这使得现有理论在回答深层次问题时遇到障碍。若我们进一步向基本理论回溯，那么作为公权力分配之核心规范的法律保留原则应在接下来的探讨中占据重要地位。①然而，法律保留原则作为行政法部门刚兴起时就存在的原则，其覆盖范围相当有限。这种古老的理论难以处理现代社会中出现的大量新问题，特别是行政权大幅扩张之后所带来的问题。事实上，后文将指出，法律保留原则之上还存在更加一般的原则，即"同位保留原则"。法律保留只是同位保留下的一种特殊情况。在行政权和地方立法权日趋活跃的当代，我们不应继续局限于狭隘的法律保留制度，而应在继承该原则精神的基础之上，寻找更加符合当前时代特点的保留理论。下文首先研究处罚措施的类型，进而讨论处罚措施设定权的类型，并在此二分类的基础上，以同位保留原则为依托，解释处罚措施设定权的分配原理。

此外，与处罚措施设定权密切相关的另一种权力是违法行为设定权，即对处罚措施所适用的情景（应受处罚的行为）的设定权。违法行为与处罚措施是一个完整规范的两个部分，处罚措施属于规范的法律后果，而应受惩戒的违法行为则属于法规范的构成要件。②构成要件和法律后果之间不能分割，因为法律后果的设定只有和具体的构成要件结合起来才有意义。若下位法规范与上位法规范构成要件一致，但却规定了不同的法律后果，则该下位法规范事实上抵触了上位法。因此，所谓处罚措施设定权是指针对新的构成要件（或称新的违法行为）设定处罚。如果不能创制

---

① 学界普遍认为《行政处罚法》中的处罚措施设定权条款是法律保留原则的典型体现。参见王贵松：《行政活动法律保留的结构变迁》，载《中国法学》2021年第1期，第137—142页。

② 较主流的学说"新三要素说"将法律规则分为假定、行为模式和法律后果三个部分。参见舒国滢主编：《法理学导论（第三版）》，北京大学出版社2019年版，第102—103页。但针对三要素说的弊端，新近有学者提出"二要素说"，将法规范分为构成要件和法律后果两部分。参见雷磊：《法律规则的逻辑结构》，载《法学研究》2013年第1期。

新的构成要件,那么处罚措施设定权也没有价值。① 本章在讨论处罚措施设定权时,默认的前提是设定主体对该处罚所对应的违法行为构成要件也有设定权。鉴于构成要件设定权涉及实体管理领域的内容,第六章已进行讨论,本章不再赘述。

二、处罚措施的类型

处罚的本质在于对利益的剥夺。此概念在现代汉语中的含义为"使犯错误或犯罪的人受到政治或经济上的损失而有所警戒"②。其中,使存在不当行为的人有所警戒乃是目的,使其遭受损失乃是方式。而遭受损失即意味着利益被剥夺。我国《行政处罚法》第2条将处罚定义为"以减损权益或者增加义务的方式予以惩戒的行为"。这说明,处罚的本质是惩戒,惩戒的方式是"减损权益或者增加义务",而不论减损权益还是增加义务,实质上都是在剥夺相对人的利益。③

按照所剥夺利益的不同,处罚措施可以分为多种不同的类别。例如,根据剥夺利益的严厉程度,处罚措施可以分为行政处罚和刑事处罚;根据利益属于内部还是外部,处罚措施可以分为内部纪律处分与外部处罚;根据利益本身的性质,处罚措施可以分为财产罚、人身罚、资格罚等。若与处罚的设定权相结合,有两种利益的分类方式较为重要。其一是根据形成利益的规范之性质,将被剥夺的利益分为宪法上的利益、法规范上的利益和法规范外的利益,其二是根据利益对相对人的影响程度,将被剥夺的利益分为利益核心部分和利益非核心部分。前一种分类主要决定设定

---

① 不过,"新的构成要件"中有一种特殊情况,即空白构成要件。这意味着法规范仅仅设定了法律后果,而将构成要件规定权交给了其他的立法主体。以空白构成要件设定处罚最典型的例子是《行政处罚法》第9条。该条规定了多种可作为法律后果的处罚措施,但将具体违法行为的确定权交给了法律、行政法规、地方性法规和规章。另外,各地的社会信用立法中事实上也创设了不少与空白构成要件结合的处罚措施。如《重庆市社会信用条例》第36条规定:"设定失信处罚应当遵循关联、比例的原则,限制在下列范围内:(一)约谈;(二)在实施行政许可等工作中,列为重点审查对象,不适用告知承诺等便利服务措施;(三)在日常监管中,列为重点监管对象,增加监管频次,加强现场检查;(四)在财政性资金补助、项目支持中,作相应限制;(五)法律、法规和国家规定的其他惩戒措施。"
② 中国社会科学院语言研究所词典编辑室:《现代汉语词典》,商务印书馆1983年版,第160页。
③ 有学者将此归纳为"不利益性"。参见熊樟林:《行政处罚的概念构造——新〈行政处罚法〉第2条解释》,载《中外法学》2021年第5期,第1289页。

处罚措施的立法主体的资格,是处罚措施设定权分配的基础分类;后一种是基础分类的补充,起到调整和限制设定权分配的作用。以下分述之。

(一) 剥夺宪法上的利益、法规范上的利益或法规范外的利益

法律主体在经济社会生活中享有各种不同的利益,有的利益得到了法规范的确认,有的没有。若得到了法律规范的确认,我们可以将其称为"法规范上的利益";若没有得到确认,则这些利益应被称为"法规范外的利益"。还有一些利益相当重要,它们得到了宪法这种特殊法规范的确认,可被称为"宪法上的利益"。①这些利益均可以被公权力机关剥夺,作为对该主体实施违法行为的惩罚,但利益的重要性程度有所差异。若按照重要性从大到小排列,应依次为宪法上的利益、法规范上的利益、法规范外的利益。

1. 宪法上的利益

宪法上的利益是指为宪法所确认的利益,通常以公民基本权利或基本人权的形式表现出来。如我国宪法所列举的平等权、政治权利与自由、人身自由、宗教信仰自由、文化教育权利、社会经济权利、监督权与请求权和特定主体的权利等。②需要特别指出的是,本章所称"宪法上的利益"包括但不限于宪法所规定的公民基本权利。事实上,许多重要的利益并没有直接体现在宪法的规定中,并且,随着社会的发展变化,新的利益形式还可能继续出现,它们也并不一定及时得到宪法规范的确认,也就无法作为基本权利而存在。当然,在法律理论上我们或许可以通过解释的途径将较为重要的利益归入传统基本权利的范畴,宪法上也存在"未列举的基本权利"一说。③但宪法上的利益作为理想型概念,可以更加全面地纳入所有具有根本性的利益,不论其是否可为宪法基本权利条款所明确涵盖。此外,宪法上的利益的享有主体不限于公民,也包括法人和其他组织。目前我国《宪法》在规定基本权利时,仍然使用"公民的基本权利"概念。尽

---

① 法理学上一般会区分权利与利益。按照耶利内克的观点,权利乃是依意志力而保护的利益。参见舒国滢:《权利的法哲学思考》,载《政法论坛》1995年第3期,第3页。但权利和利益在作为处罚对象时似乎不存在规范上的区别,因此本章对此不加区分,统称为"利益"。
② 胡锦光、韩大元:《中国宪法》,法律出版社2018年版,第163页。
③ 同上书,第165页;张翔:《基本权利限制问题的思考框架》,载《法学家》2008年第1期,第135页。

管有理论主张法人也可以享有部分基本权利,①但这种观点目前并无我国宪法规范上的依据。若使用"宪法上的利益"的概念,则可以避免上述问题。因此,所有被明确规定的基本权利都属于宪法上的利益,但并非所有的宪法上的利益都必然是基本权利。

2. 法规范上的利益

法规范上的利益是指普通法规范所形成的利益。根据形成利益的规范的不同,法规范上的利益在我国可以进一步分为法律上利益、行政法规上利益、地方性法规上利益、自治条例和单行条例上的利益、规章上利益和其他规范性文件上利益。举例来说,行政许可若由法律创设,则该许可为法律上的利益,如前文所说机动车驾驶证、餐饮服务许可证等;若由地方性法规所创设,则应为地方性法规上的利益,如户外公共场所广告设置许可等。②另外,评级、给付、奖励等也均属于规范上的利益。这些利益应当分配给谁,如何分配,分配到什么程度均应由形成这种利益的规范来决定。

"法规范上的利益"的概念可能会引发一定的争议。如罗斯科·庞德等法理学者认为:"法律秩序或法律,作为解决争议的权威指引或基础,并未创造这些利益。……即使没有法律秩序和对行为及决定的权威指引,利益也依然存在。"③既然利益不由规范产生,为何会有规范所形成的法规范上的利益?应当说,对于物质性利益来说,规范本身确实并不会从无到有地"生产"利益,它只是在进行利益的分配。在这个层面,本章所说的规范"形成"利益是指规范将某种利益分配给原先不享有这一利益的主体。如 2021 年修订的《甘肃省科学技术奖励办法》第 19 条第 2 款规定:"甘肃省自然科学奖、甘肃省技术发明奖、甘肃省科技进步奖由省人民政府颁发证书和奖金。"这一规定将财政资金以奖励的形式分配给符合条件的科技人员,事实上为这一群体提供了新的利益。而对于精神利益来说,法规范在一般情况下起到确认作用,如《民法典》所确认的人格利益。④但在个别情

---

① 参见杜强强:《论法人的基本权利主体地位》,载《法学家》2009 年第 2 期;王建学:《论地方团体法人的基本权利能力》,载《政法论坛》2011 年第 5 期。
② 如《北京市户外广告设施、牌匾标识和标语宣传品设置管理条例》第 36 条。
③ 〔美〕罗斯科·庞德:《法理学》(第三卷),廖德宇译,法律出版社 2007 年版,第 14 页。
④ 亦有观点主张人格利益系由宪法形成。参见张翔:《民法人格权规范的宪法意涵》,载《法制与社会发展》2020 年第 4 期。

形下,规范确实可以"生产"出新的利益。如 2021 年修正的《四川省保护和奖励见义勇为条例》第 23 条第 1 款规定:"授予见义勇为人员的称号分为'见义勇为公民'、'见义勇为勇士'和'见义勇为英雄'。"这些称号背后所蕴含的精神利益在该条例制定以前尚不存在,事实上是由该条例直接产生的。所以,法规范上的利益体现了法规范对社会价值的调整,是规范所分配、确认或创造的利益。

不过,法规范上的利益在部分情况下会与宪法上的利益存在联结。首先,某些利益既有宪法上的利益的面向,也有法规范上的利益的面向。如获得行政给付的权利在现代社会中对公民有非常重要的意义,具有基本权利性质。① 从这个角度看,获得给付权是一种宪法上的利益。但是,行政给付的方式、标准等又是高度政策化的,必须依赖于具体法规范甚至非法源文件的规定。很多财力雄厚的地方政府往往通过规范性文件,将本地的给付标准定得较高。从这个角度看,给付又是一种法规范上的利益。当然,我们仍然可以在两者间作出区分:若剥夺给付利益使公民无法达到生存的最低标准,那么这种剥夺行为就影响了宪法上的利益;而若给付利益已经超越了生存的必要条件范围,那么这超越的部分就属于规范上的利益。但必须承认,此处区分的准确度有赖于各类基本权利内涵和外延的清晰性。当宪法上有关基本权利的理论未能准确刻画相关权利边界时,利益层级的分类也将变得模糊。其次,有些法规范上的利益的成立是以在抽象意义上剥夺宪法上的利益为基础的。如法规范要创设行政许可这类利益,其前提是设定一般禁止,这就涉及对公民自由的普遍剥夺。但我们在说规范形成利益时,并不将前一阶段的抽象利益剥夺纳入进来,而只关注利益被分配、确认或创造的过程。最后,在部分情况下,下位法可能对宪法或上位法所形成的利益进行了重复确认,此时应遵循"就高原则",将其中最高位阶的规范作为形成该利益的规范。

3. 法规范外的利益

法规范外的利益是为法律主体所实际享有的并未得到法规范确认的利益,如商事主体不被严格监管、不被行政机关检查的利益,行政机关通过绿色通道为商事主体快速办理手续的利益等。这些利益在一般情况下并没有通过规范被直接授予给社会主体,它们只是法规范在规定其他事

---

① 我国《宪法》第 45 条即规定公民有获得物质帮助的权利。

项时使当事人间接获得的利益,故属于行政权作用下的反射利益,而非规范上的利益。

规范外利益之所以没有被法规范所肯定,是因为在当前阶段,还没有必要对其加以特殊的保护和关注,或者说,将其变为一种规范上的利益也许会带来更大的社会成本。但规范未肯定并不代表相对人不能享有这些利益,只是相关主体享有法规范外的利益不是一种应然状态,而是一种实然状态。当这些主体无法获得法规范外的利益时,他们也无权提出法律上的主张。然而,法规范外的利益不能成为请求权的对象不意味着它们就不能成为处罚的对象。法规范完全可以规定剥夺相对人实然拥有的利益,以此作为惩罚。如《上海市社会信用条例》第 30 条规定:"对违反法定义务和约定义务的失信主体,行政机关在法定权限范围内就相关联的事项可以采取以下惩戒措施:……(五)在日常监管中,列为重点监管对象,增加监管频次,加强现场检查……"在一般情况下,接受行政机关监管检查是所有相对人的法律义务,法律并未赋予相对人免予检查的利益。因此,当法规范剥夺相对人"不受严格监管的利益"时,其实是在剥夺一种法规范外的利益。①

但法规范外的利益也随时可能被纳入法的体系而成为规范上的利益。如《陕西省产品质量监督管理条例》(2019)第 8 条第 2 款规定:"……各级行业主管部门组织产品质量监督检查,需经同级市场监督管理部门协调后方可实施。在规定的检验周期内,不得重复检查,并不得抽取样品。"第 3 款规定:"违反规定抽样或在同一检验周期内重复检查的,被检查方有权拒绝。"该《条例》赋予市场主体拒绝监管部门重复检查的权利,事实上将原先法规范外的利益变成了一种规范上的利益。如此一来,普通规范性文件就不再能将这种利益作为惩戒的对象。即便法的规范尚未将其纳入,法规范外的利益的性质也可能发生变化。比如虽然免于检查未在法规范中被规定,但过高的检查频次事实上会侵害当事人的营业自由并可能带来财产上的损害,影响当事人的宪法上的利益。故而,较高频率的行政检查行为其实应被理解为一种剥夺当事人宪法上的利益的措施。

---

① 将某种法规范外的利益设定为处罚对象的行为并没有导致该利益在规范上"形成",因为剥夺该利益的措施不能证明该利益本身是受保护的。

还需要说明的是，法规范外的利益并不等于违法利益，违法利益是被法规范所否定的利益。某种利益未得到法规范的确认不意味着该利益即被法规范所否定。两者的区别在于，公民可以在道义上拥有法规范外的利益，但不应拥有违法利益。关于违法利益能否成为行政处罚行为的对象，行政法学界尚存在较大争议，①故本章在此暂不涉及关于违法利益的讨论。另外，当行政机关将法规范外的利益作为惩戒对象时，相对人虽然对被剥夺的法规范外的利益没有直接请求恢复原状的权利，但对具体惩戒行为给自己带来的负面评价或不公平对待却应有争议的资格。这属于行政诉讼制度中的原告资格问题，在此亦不过多涉及。

(二) 剥夺利益核心部分和利益非核心部分

利益核心部分是指某种利益的主要部分，利益非核心部分则指利益的非主要部分。剥夺利益核心部分就意味着利益拥有主体在实质上已经无法享有这种利益，而剥夺利益非核心部分则仅仅意味着相关主体对该利益的享有受到了一定的限制或削减。核心和非核心的区分理念来源于德国法上"基本权利本质内容"的启发。《德国联邦基本法》第19条规定："在任何情形下都不能侵犯基本权利的本质内容。"本质内容保障是一种针对基本权利的"限制的限制"。②所谓基本权利的本质就是各种基本权利所具有的共同的固有属性，这也是基本权利中最根本的、起码的内容，若此内容被限制或剥夺则基本权利就实际上不存在。德国有学者认为基本权利的本质就是人格尊严，但也有观点认为应是人格发展权。③

虽然"本质内容"的含义非常模糊，其在域外实践中也遭遇了诸多批评，④但是这一概念所蕴含的避免利益被过度限制的思想，在讨论处罚措施设定权时是值得借鉴的。行政处罚所剥夺的利益不限于基本权利，但这些利益内部同样有类似本质内容和非本质内容的差异。为了与德国法上的基本权利本质保障说相区别，笔者将其称为利益的核心部分与非核

---

① 参见王贵松：《论行政处罚的制裁性》，载《法商研究》2020年第6期；谭冰霖：《环境行政处罚规制功能之补强》，载《法学研究》2018年第4期。
② 赵宏：《限制的限制：德国基本权利限制模式的内在机理》，载《法学家》2011年第2期，第159页。
③ 参见张翔：《基本权利限制问题的思考框架》，载《法学家》2008年第1期，第139页。
④ 参见赵宏：《限制的限制：德国基本权利限制模式的内在机理》，载《法学家》2011年第2期，第160页。

心部分。并且,这里所说的利益核心部分的范围要宽于基本权利的本质。只要某种利益服务于利益主体的作用已经基本上无法发挥,那么利益主体就失去了该利益的核心部分,而不一定非得上升到人格尊严或人格发展权的高度。所以,对基本权利来说,核心部分的范围大于本质内容;基本权利的本质内容绝对不可侵犯,但基本权利的核心部分在一定条件下应是可剥夺的,只是剥夺利益核心部分的处罚在设定权上应比剥夺利益非核心部分更加严格。而对于大多数普通利益来说,不存在完全不得剥夺的本质部分,将这些利益完全剥夺一般也不会影响到公民的人格尊严与人格发展,因此它们就只有核心部分和非核心部分的区别。

当然,精确划分利益的核心和非核心部分事实上不可能做到,因为许多利益也无法被定量表达。但大体上的区分还是可以实现的。例如,根据通常的社会认知,对普通公民的小额罚款不会影响其财产权的核心,而剥夺房屋、土地承包经营权等则会涉及财产权的核心部分;限制乘坐高铁、飞机等限制高消费行为不影响人身自由的核心,而拘留则剥夺了人身自由的核心;一定时间内的限制从业可能不影响就业权利的核心,但终身禁入某行业则不然;暂扣某公民的许可证并未在核心层面影响许可利益,但吊销许可证则是对许可利益核心内容的剥夺;在工作单位内通报批评不影响当事人名誉权的核心,但若在公共媒体上向全社会通报则会构成对名誉权核心的影响。

越重要的利益,核心部分在其中的占比就越大,对影响该利益的行为的容忍程度就越低。诸如人格尊严、自由等利益较为敏感,甚至可能被认为神圣不可侵犯;因此,对这些利益的些许影响即会被认为侵犯了利益的核心,甚至影响到了利益的本质。但是财产权等经济性权利则没有这样的待遇,立法、行政和司法权可以在许多方面对其进行限制。在部分国家,宪法上财产权的范围甚至仅及于土地、房屋等较为重要的财产,小额的财产损害尚不足以启动宪法上的财产权保障条款。[①]我国宪法上的财产权概念包含了公民的合法的收入、储蓄、房屋和其他合法财产的所有

---

① 宪法中对财产权的保障重点一般针对征收等严重影响财产利益的行为。参见〔德〕康拉德·黑塞:《联邦德国宪法纲要》,李辉译,商务印书馆 2007 年版,第 350 页;林来梵:《论私人财产权的宪法保障》,载《法学》1999 年第 3 期。

权,①并未在普通财产和特殊财产之间作出区分,因此需要在其中划定财产权的核心部分,以作出区别对待。

目前,不少涉及利益核心部分的处罚已经被刑法所规定,不再属于行政处罚。但刑罚剥夺的通常是宪法上的利益,②一般不涉及普通法规范上或法规范外的利益。另外,诸如拘留、责令关闭企业、大额罚款等行政处罚措施也会涉及对宪法上的利益核心部分的剥夺。故而,在行政处罚中区分被剥夺之利益的核心与非核心部分仍然是必要的,它们会影响行政处罚措施设定权的配置。

三、行政处罚措施设定权的类型

从功能上说,行政处罚是行政机关惩治违法行为的"工具",而各种处罚措施共同构成了惩治违法行为的"工具箱"。所谓设定处罚,通常的理解就是在工具箱中增加新的工具。但事实上,处罚的设定具有多个不同方面,至少可以分为三种类型。第一,措施创设,即前述增加工具箱中的工具。如许多地方性法规增加了限制高消费这一措施。③第二,措施选用,即在工具箱中选择已有的工具,并将其用于惩治违法行为。如地方政府规章选用罚款这种已存在的处罚手段,惩戒不按规定停车的机动车驾驶人。④第三,措施程度设定,即设定运用惩戒工具的程度。如地方立法针对不同的违法行为设定不同的罚款数额。相应地,处罚措施设定权也就可以分为措施创设权、措施选用权和措施程度设定权。以下分别描述之。

---

① 我国《宪法》(1982)第13条规定:"国家保护公民的合法的收入、储蓄、房屋和其他合法财产的所有权。"2004年第十届全国人民代表大会第二次会议通过的宪法修正案将之与另一款合并改为"公民的合法的私有财产不受侵犯"等款。

② 张明楷教授就认为,刑法要保护的法益必须与宪法相关联,是根据宪法的基本原则由刑法所保护的利益,包括生命、身体、名誉、自由、财产等。参见张明楷:《刑法学》(上),法律出版社2016年版,第63页。

③ 如《河南省社会信用条例》第34条、《内蒙古自治区公共信用信息管理条例》第27条、《青海省公共信用信息条例》第28条等。

④ 如《南宁市停车场管理办法》(2015)第43条:"违反本办法第二十三条第三款规定,擅自引导他人占用道路停车的,由公安机关交通管理部门或者城市管理行政主管部门按现场泊位数处以每泊位500元以上2000元以下罚款。"

(一) 措施创设权

如前述,处罚是对利益的剥夺,而拥有措施创设权则意味着权力主体可以将一种新的利益作为剥夺的对象。一般来说,每种被创设出来的处罚对应于一种可被剥夺的利益,如罚款对应财产权的剥夺而拘留则对应人身自由的剥夺。在这当中存在的问题是,什么是"一种"利益?例如《行政处罚法》所规定的"吊销许可证件"的处罚措施是在剥夺"一种"利益吗?这是"一种"处罚吗?不同类型的许可证涉及的利益差异极大,吊销驾驶证和吊销营业执照虽然都属于吊销许可证件,但似乎很难认为它们剥夺的利益属同种。

判断剥夺的利益是一种还是数种,关键在于形成该利益的规范是否对其作了进一步的细分。如罚款的行政处罚剥夺的是相对人的货币财产。货币财产作为一种宪法上的利益,在宪法层面并没有被进一步分类,因此,罚款就是剥夺单种利益的处罚。而吊销许可证的处罚剥夺的是相对人获得许可证的利益。我国不同位阶的法律渊源创设了大量互不相同的许可,因此,"吊销许可证件"其实是对不同种的处罚的抽象规定,涉及"一类"处罚而非"一种"。若按该区分方式,在现行《行政处罚法》第9条的列举项中,警告、通报批评、罚款、没收违法所得、没收非法财物、行政拘留等是针对单种利益的处罚,而吊销或暂扣许可证件、降低资质、限制开展生产经营活动、责令停产停业、责令关闭、限制从业等则是对涉及多种利益的处罚的抽象规定。后面这些涉及多种利益的处罚事实上都与行政许可利益有关,如降低资质和限制开展生产经营活动均是在减小行政许可的范围,责令停产停业则暂停了生产经营许可的实施,责令关闭事实上与吊销许可证无异。

那么,《行政处罚法》中诸如"吊销许可证件"等的规定究竟是在创设处罚还是在对现有处罚进行抽象概括?或者说,处罚措施可以在《行政处罚法》中被抽象创制吗?对于仅涉及单种利益的处罚来说,《行政处罚法》若允许某种法规范适用,则我们可以认为《行政处罚法》创设了这种处罚。如《行政处罚法》允许地方性法规适用罚款这种处罚类型,那么地方立法机关自然可以用罚款来惩治自己认为不合适的行为。然而《行政处罚法》规定地方性法规可以使用吊销许可证件的处罚措施则并不意味着地方性法规制定者拥有了设定所有许可证吊销措施的权力。因为,对于由上位法设定的行政许可来说,若上位法自身未作规定,地方性法规不宜规定吊销措施。这一点涉及后文将着重讨论的同位保留原则。此处主要想说明的是,处罚的创设只能针对单种利益,而不应针对一类利益。针对一类利益的处罚规定仅应被视为一种抽象概括,而非措施创设。

(二) 措施选用权

处罚措施的选用权是指下位法在上位法所创设的具体处罚中,选择其中的一种或几种以惩罚自己所新规定的违法行为的权力。例如《行政处罚法》第 12 条第 1 款规定:"地方性法规可以设定除限制人身自由、吊销营业执照以外的行政处罚。"这意味着地方性法规可以在其它所有被《行政处罚法》第 9 条所列举的处罚种类中选择,并与其自身所认定的违法行为相结合。而与之相比,规章的选用权范围似乎就要小得多,仅限于警告、通报批评和罚款。

但是,措施选用权针对的应是已经被上位法所创设的处罚措施。如前述,仅有上位法抽象概括规定的措施不能视为已被该上位法创设,故不在可选用的范围内。因此,《行政处罚法》中规定的如吊销许可证件、限制开展生产经营活动等针对一类利益的处罚不是下位法可以直接选用的对象,除非对其中某种利益的剥夺已被相关领域的单行法具体创设为处罚。从这个角度说,在《行政处罚法》上,地方性法规和规章在处罚选用方面并没有太大差异,地方性法规也并非可以在限制人身自由、吊销营业执照以外的行政处罚种类中任意选用。

另外,作为选用对象的处罚措施在被创设的时候应尚未与某个具体的违法行为结合,即措施选用权针对的是空白构成要件的处罚措施。若上位法在创设处罚的时候已经将该措施作为某种违法行为的后果,则下位法只能在该违法行为构成要件的基础上进行细化,而无法再将其用于新的违法行为。

(三) 措施程度设定权

措施的程度设定权需要与措施的创设权或选用权相结合,主要出现在可以用时间、金钱等衡量的处罚的设定中,如限制人身自由(天数)、罚款(金额)、限制从业(年限)等。不过,以定性为主的行政处罚措施同样会有程度设定问题,如吊销许可证和暂扣许可证就是针对许可这种难以定量化利益的不同程度的处罚。程度设定权体现了设定机关影响某种利益的能力大小。目前《行政处罚法》上对规章罚款金额的限制就是典型的针对程度设定权的规范。

同时,程度设定权相对于其它两种设定权而言具有附属性。规范制定机关必须首先创设或选用一项处罚措施,进而才能决定该措施的程度。且设定程度时需要考虑的如违法者预期收益、违法行为可能造成的损害、执法概率等因素,均需在确定了违法行为的基础上才能讨论。[①] 不过程度的量变有时会导致质变,高程度的惩戒(如没收个人财产)和低程度的惩戒(如小额罚款)完全可以被认为是两种不同的措施,此时程度设定权的不同实质就是措施创设权的不同。

在上述三种设定权中最基础的是措施创设权,该权力创造了作为法律后果的处罚措施,不过并不一定同时设定了该法律后果所针对的具体违法行为。[②] 措施选用权的行使则必然涉及规定新的违法行为,并使用已经被创设的具有空白构成要件的处罚措施作为违法行为的后果。所以,如果说措施选用权具有创制性,那么这种创制性体现为其将新的违法行为构成要件与已知的法律后果相结合。措施程度设定权事实上是措施创设权和措施选用权的组成部分,进一步决定了利益受处罚措施影响的深度。鉴于三种权力设定的对象不完全相同,它们在立法主体之间的分配也会存在差异。

四、类型化基础上的处罚措施设定权分配

在讨论了处罚措施和处罚措施设定权的分类后,我们进而可以结合两者,研究剥夺不同利益的处罚措施的各种设定权应如何在法源文件之间分配。其中,影响分配的主导性规范可被称为同位保留原则。

(一) 同位保留原则

所谓同位保留,是指剥夺利益的规范应与形成该利益的规范处于同一位阶。若更严格一些,同位保留可进一步限缩为"制定主体保留",即剥

[①] 罚款程度设定问题,可参见张红:《行政罚款的设定方式研究》,载《中国法学》2020年第5期。
[②] 法规范在创设处罚时,可能同时设定该处罚所对应的违法行为;也可能不设定,而采取空白构成要件的形式留待下位法设定。

夺某种利益的规范制定主体应与形成该利益的规范制定主体相同。不过在我国，如人民代表大会与其常务委员会虽被视为不同的立法主体，但他们制定的立法性规则在位阶和效力上并无差异，因此，同位保留比制定主体保留更加符合实际。在同位保留原则之下，下位法不得取消上位法赋予公民、法人或其他组织的利益；欲设定剥夺某种利益的处罚，只能由形成这种利益的规范或其同位规范来实施。具体而言，剥夺宪法上的利益的处罚应当通过宪法设定；剥夺法规范上的利益的措施应当通过与该规范同位阶的规范设定；而剥夺缺乏规范基础的法规范外的利益的措施，则可以通过任何形式的文件设定，包括不属于法律渊源的规范性文件。

同位保留的理念在我国行政法学领域的讨论中已被部分学者提及。如杨解君指出："公民、组织的基本权利和其他法定权利是宪法和法律赋予的，要对其予以限制也必须通过与之相对主应的宪法和法律，而不能由低于宪法和法律的规范性文件来作出限制。"[①]沈岿认为，公权力主体不同的规范性文件，有权设定失信惩戒的范围不同。如只有有权设定行政许可的法规范才能限制或剥夺资格。[②]上述观念来自一般法理，极具启发但还未经过系统论证。该原则的规范基础、适用范围、例外情形等问题尚待明确。

同位保留原则的规范基础与宪法上涉及法律保留的规定有关。以我国为例，如《宪法》第39条规定："中华人民共和国公民的住宅不受侵犯。禁止非法搜查或者非法侵入公民的住宅。"该条确认了公民的住宅自由，同时规定住宅自由不受"非法"侵犯。这意味着住宅自由可以接受"合法"的影响，而影响住宅自由的权力按照一般理解被授予给了法律。[③]所以，这是一个设置了法律保留条款的规定。[④]但还有一些《宪法》上关于基本权利的规定并未设置法律保留条款，如第38条："中华人民共和国公民的

---

① 杨解君：《论行政处罚的设定》，载《法学评论》1995年第5期，第22页。引文中"相对主应"系原文如此。
② 沈岿：《社会信用体系建设的法治之道》，载《中国法学》2019年第5期，第42—43页。
③ 住宅自由通常被认为是人身自由的延伸。参见杜强强：《自由权的受益权功能之省思——以住宅自由的功能为例》，载《北方法学》2013年第4期。
④ 相似的规定了法律保留的条款还比如《宪法》第34条："中华人民共和国年满十八周岁的公民，不分民族、种族、性别、职业、家庭出身、宗教信仰、教育程度、财产状况、居住期限，都有选举权和被选举权；但是依照法律被剥夺政治权利的人除外。"第37条第3款："禁止非法拘禁和以其他方法非法剥夺或者限制公民的人身自由，禁止非法搜查公民的身体。"

人格尊严不受侵犯。禁止用任何方法对公民进行侮辱、诽谤和诬告陷害。"[①]当然,宪法未规定限制基本权利的方式也不意味着基本权利不受限制,但至少此项基本权利不受法律的限制。宪法理论上认为,对这种"无法律保留的基本权利"的限制来自宪法本身。[②]它们遵循的是"宪法保留"原则而非法律保留原则。[③]从宪法规定的结构上看,法律保留是一种特殊情况,即宪法授权法律保留对部分特殊事项的规定。这从本质上说仍然属于宪法保留的范畴,因为若宪法不授权,则法律无权保留。所以,根据宪法,剥夺基本权利等宪法上的利益的措施只能由宪法设定或经宪法授权设定。这体现出了明显的同位保留的理念。目前行政法上法律保留的理论聚焦于通过法律控制行政机关影响相对人权益的行为,[④]而对法律本身影响基本权利的方面未作过多探讨。这只关注了多层次规范保留中的一个层面,从而给实践带来困惑。事实上,有一些宪法上的利益并不是法律可以保留的对象,必须由宪法自身保留;但与此同时,很多不是在宪法、法律层面创设的利益也根本不需要法律保留。[⑤]法律保留理论中对各种利益不加区分的做法不完全符合宪法规范的逻辑,[⑥]而同位保留原则与宪法背后所蕴含的原理更加契合。

---

① 相似的未规定法律保留的条款还比如《宪法》第 35 条:"中华人民共和国公民有言论、出版、集会、结社、游行、示威的自由。"第 36 条:"中华人民共和国公民有宗教信仰自由。任何国家机关、社会团体和个人不得强制公民信仰宗教或者不信仰宗教,不得歧视信仰宗教的公民和不信仰宗教的公民。国家保护正常的宗教活动。任何人不得利用宗教进行破坏社会秩序、损害公民身体健康、妨碍国家教育制度的活动。宗教团体和宗教事务不受外国势力的支配。"
② 参见王锴:《论法律保留与基本权利限制的关系——以〈刑法〉第 54 条的剥夺政治权利为例》,载《师大法学》2017 年第 2 辑。
③ 参见蒋清华:《基本权利宪法保留的规范与价值》,载《政治与法律》2011 年第 3 期;莫纪宏:《论宪法保留原则在合宪性审查中的应用》,载《法治现代化研究》2018 年第 5 期。虽然有学者对宪法保留的实效性有所质疑,但质疑者也承认宪法保留在理念上契合基本权利保障程度最大化的规范目的。参见陈楚风:《中国宪法上基本权利限制的形式要件》,载《法学研究》2021 年第 5 期,第 140 页。
④ 参见马克思主义理论研究和建设工程教材《行政法与行政诉讼法学》编写组:《行政法与行政诉讼法学》,高等教育出版社 2018 年版,第 30—31 页。
⑤ 宪法领域中就宪法保留、法律保留、行政保留等概念的讨论与此处对同位保留原则及其相关概念的讨论具有旨趣上的相似性。参见王锴:《论组织性法律保留》,载《中外法学》2020 年第 5 期;门中敬:《论宪法与行政法意义上的法律保留之区分——以我国行政保留理论的构建为取向》,载《法学杂志》2015 年第 12 期。
⑥ 已有学者指出法律保留原则适用过程中存在的混淆现象。参见王锴:《论法律保留与基本权利限制的关系——以〈刑法〉第 54 条的剥夺政治权利为例》,载《师大法学》2017 年第 2 辑,第 79—80 页。

同位保留原则在逻辑上的必然性至少体现在三个方面。第一，避免出现规范抵触。利益被某种规范形成后，该规范所确定的利益主体即可享有这种利益或享有获得利益的可能性。这从规范上表达就是该主体"应当"或"可以"享有这种利益。而若要通过某种处罚剥夺该利益，则规范表达应为某主体"不得"或"禁止"享有该利益。两者之间规范词不同，属于相互矛盾的规范。若形成利益和剥夺利益的规范属于同一位阶，那么剥夺规范可以理解为形成规范的特别规范，从而化解两者之间的矛盾。但若剥夺规范是形成规范的下位规范，则两者之间不存在特别法和一般法的关系，剥夺规范将构成对形成规范的抵触。所以，为了避免出现抵触现象，剥夺规范在一般情况下应与形成规范同位。第二，保持立法程序严肃性。创设利益的规范是按照一定的立法或制规程序制定的，那么要剥夺基于该程序所创设的利益，则需要与之程序对等或者在程序上更加严格的立法。但下位法常常在立法程序的严格性上不如原规范制定机关，因此也就不宜由下位法来剥夺上位法所创设的利益。第三，避免地方侵扰中央事务。同位保留意味着由中央立法所创设的利益亦需要由中央立法剥夺，这可以有效避免地方立法对中央事权的侵扰。比如，营业执照、机动车驾驶证等行政许可涉及全国市场统一，它们须由中央立法设定，也只能由中央立法剥夺，否则中央立法将被地方立法实质性架空。因此，同位保留原则虽然尚未被宪法或法律确认，但基于对法规范体系整体的理解，该原则是始终存在的。

　　若将同位保留原则用于对行政处罚设定的控制，则其适用对象主要为措施创设权，兼及措施选用权。处罚措施的创设乃是将某种原先不属于惩戒对象的新利益纳入被剥夺的范围，自然应由形成该利益的规范来完成。措施的选用虽未涉及剥夺新的利益，但涉及将剥夺利益的措施适用于新的情形。在这种情况下，同位保留原则也应适用，也即应由与创设措施的规范同位的规范选用这些措施。但是，措施选用的重点事实上在于将这些措施用于具体的社会治理情境，若下位规范制定机关具有社会治理的功能，则同位保留原则的控制可以适当放松，允许创设处罚措施的规范下放措施选用权。措施程度设定权基于其附属性，一般不直接涉及同位保留的问题；但在同位保留原则之下，它可能构成对其它设定权，特别是措施选用权的限制。后文还将详细讨论上述问题。还需要补充说明的是，在同位保留原则的适用过程中，可能会出现一种措施影响多方面利益的情形。此时,该措施应由其所影响的最高级别利益的形成规范的同位规范加以保留。

贯彻同位保留原则,可以有效解决目前处罚创设过程中存在的问题。一方面,同位保留原则有利于遏制处罚泛滥的趋势。根据该原则,上位法层面的利益不能被下位法所剥夺,所以,如限制高消费等影响公民自由权的处罚就不能直接由地方性法规、规章或规范性文件设定。自由作为一种宪法上的利益,只能由宪法规定剥夺措施,或由宪法授权下位法立法来剥夺。又比如,在同位保留原则之下,地方性法规等不能随意设定吊销许可证的处罚措施,因为许多许可是由上位的法律所创设的。目前《行政处罚法》第12条第1款只禁止地方性法规设定限制人身自由与吊销营业执照的处罚,这是远远不够的。

另一方面,同位保留原则有利于增加处罚的灵活性。下位规范完全可以将自己所形成的利益或者法规范外的利益作为惩戒对象,这可以有效增加地方治理的手段。例如,增加检查频次、列入重点监管名单等措施在一般情况下不涉及当事人受宪法和法律保护的利益,法规、规章乃至行政规范性文件可以将这些措施设定为违法行为的法律后果。此外,虽然《行政处罚法》第14条第2款只允许地方政府规章设定警告、通报批评或者罚款的行政处罚,但《行政许可法》第15条第1款授权省、自治区、直辖市人民政府规章设定临时性的行政许可;那么,基于同位保留原则,省级地方政府规章应当有权创设吊销由自己设定的行政许可的处罚,而不受《行政处罚法》的限制。

(二)同位保留原则下的授权

前文提及,同位保留原则应适用于处罚的创设权和选用权。其中,措施创设权由产生利益的同位规范行使乃是同位保留的本来意义,而要求措施选用权也由同位规范行使则是同位保留原则的延伸。这种延伸具有正当性,因为创设处罚的目的就在于将这些措施运用于具体情形之中,所以何时能运用这些措施是与能运用什么措施一样重要的问题。[①]刑法上刑事制裁措施的选用其实就是由法律乃至刑法典本身同位保留的,这即

---

① 如我国台湾地区学者指出:"对于人民违反行政法上义务之行为科处裁罚性之行政处分,涉及人民权利之限制,其处罚之构成要件及法律效果,应由法律定之。"参见廖义男主编:《行政罚法》,元照出版公司2008年版,第52—53页。

所谓的"罪刑法定原则"。①

但是,设定处罚和设定措施所适用的情境还是有所区别,前者决定的是要剥夺何种利益,而后者决定的是要惩戒何种行为。若孤立地看,何种行为应被惩戒本身不是需要被保留的事项,任何层级的规范都可以对公民行为作出调整,确定合规与不合规的行为。可是,若要用处罚制裁这些不合规行为,则需要考虑违规行为和法律后果之间的关系,审视处罚后果是否与之匹配。虽然这种关系最合适的判断主体应为处罚的创设机关,但在社会治理日趋复杂的现代社会,由创设措施的主体垄断规定措施适用的条件恐怕并不具有实质正当性。原因在于,社会的变化总是快于立法机关的动作。法律虽然规定了剥夺某种利益的处罚,但是很难想象任何适用这种措施的情形都需要由全国人大或其常委会制定的法律来规定。那样,社会控制的难度会大幅上升,管制措施将长期落后于实践的发展。目前,较高层级的立法已经覆盖了大部分对相对人有较大影响的处罚,若不允许授权,则下位法将缺乏运用惩戒手段的灵活性。例如,名誉和财产都是公民的宪法上的利益,但是若只有宪法或法律才能规定剥夺名誉和财产的处罚,则大多数地方性法规和规章均将失去主要的制裁手段。因此,上位法应当被允许授权下位法选用其已经设定的处罚。

上位法可以授权下位法行使措施选用权的规范原理可被归结为功能主义原则。在功能主义进路下,国家权力的分工是"建立统治"和"形成权力"的过程,要为政治共同体创造稳定有效的秩序,使国家权力得到恰当安排,让国家得以建构起来并能作出合理决策,进而实现共同体之目的。② 相比于宪法和法律,行政法规、地方性法规更具有创新性,也更易结合地方实际,由这些下位规范行使处罚设定的相关权力是功能适当原则的必然要求,③同时也是行政效能原则的必然要求。④

当然,这种授权中蕴含着权力被滥用的风险,特别是立法机关授权行政机关运用其所创设的处罚似乎有放弃立法权之嫌。但其实这种授权已

---

① 对刑事处罚运用情形的规定事实上就是对犯罪的规定,这些规定由法律保留在更精确意义上应被称为"罪行法定原则"。"罪刑法定"则同时包括了"法无明文规定不为罪"和"法无明文规定不处罚"两个部分。
② 张翔:《我国国家权力配置原则的功能主义解释》,载《中外法学》2018年第2期,第291页。
③ 参见李晴:《论地方性法规处罚种类创设权》,载《政治与法律》2019年第5期。
④ 行政效能原则强调成本收益比的最佳性,行政机关的制度建构应有最优化的收益。参见沈岿:《论行政法上的效能原则》,载《清华法学》2019年第4期。

被理论和实务界广泛接受,法律保留原则就是这种情形的直接体现。针对基本权利的法律保留中很重要的一项前提是,宪法已经对法律剥夺基本权利的行为作出了授权。既然宪法可以授权法律剥夺宪法上的利益,那么法律也可以授权法规剥夺法律自身所创设的利益,法规也可以授权规章乃至规范性文件剥夺自身所创设的利益。

需要补充说明的是,上位法授权下位法使用其所创设的处罚措施并不一定只能授权给下一级立法机关,而可分别授权给所有的下位规范制定机关。比如,宪法可以同时授权法律、行政法规、地方性法规和规章选用剥夺财产权的处罚;即由宪法保留剥夺财产的处罚措施创设权,而由其它法源文件行使措施的选用权。不过目前,剥夺财产措施的选用权在我国并非由《宪法》授予各个下位立法,而是由《行政处罚法》授予的,具体体现为《行政处罚法》对罚款措施选用权的规定。这从规范原理上说并不合适。为了避免授权行为的绝对化、无序化,我们还需要在制度上对来自上位法的授权进行限制。

(三) 对授权的限制

首先,措施创设权不得授予,能被授予的只是措施选用权。这意味着不能让下位法制定机关决定哪种上位法所形成的利益可以被作为处罚的对象,他们只能在已有的措施中挑选。若允许下位法将上位法所形成的利益在没有授权的情况下新设定为处罚的对象,那上位法上的利益将时刻处在下位法的威胁之中。所以,措施创设权应属于"绝对同位保留"的对象。在此前提下,正如前文已提及的,《行政处罚法》规定地方性法规有吊销许可证的处罚措施设定权,并不意味着地方性法规可以设定各种吊销行政许可的处罚,而只应理解为地方性法规可以决定吊销同位地方性法规所设定的行政许可。

其次,获得措施选用权的下位法制定机关不能转授权。在公法上,获得授权的主体不得转授权力乃是被广泛接受的一般原则,行政权如此,立法权也是如此。我国《立法法》第15条第2款即规定:"被授权机关不得将被授予的权力转授给其他机关。"因此,即便由较低位阶的规范来规定剥夺措施,这种授权也应直接来自形成利益的规范,而非其它规范的转授。所以,诸如选用剥夺名誉、财产等宪法上利益的措施应当得到宪法的直接授权。我国地方性法规、规章选用通报批评、罚款等措施的权力来自

《行政处罚法》的规定,这相当于作为法律的《行政处罚法》在《宪法》之下作了转授权,从原理上说并不合适。《宪法》应在其条文中具体规定何种层次的法律渊源可以采用剥夺何种宪法上的利益的措施。

再次,下位法在行使措施选用权时应有程度限制,不能选择剥夺利益核心部分的措施。例如,宪法授权法律采取剥夺财产权的处罚,那么法律就只能设定剥夺财产权非核心部分的措施,而不能径行规定没收个人全部财产等影响该利益核心部分的措施。选用剥夺利益核心部分的措施必须在上位法已经同时规定了该处罚所适用的具体情形的前提下方可。此时,下位法只是对具体的构成要件情形进行细化。仍然以财产权为例,没收个人全部财产的措施所适用的条件应当首先在宪法中明示,之后法律才可对宪法中所规定的概念进行细化,否则法律将不能直接选用没收个人全部财产这一措施。当然,若上位法已经规定了处罚的具体情形,则下位法其实已经无法再进行处罚的设定了,而只能对上位法所设定的规范作具体规定。

相似的例子还可以继续列举,如我国《宪法》第 34 条规定:"中华人民共和国年满十八周岁的公民……都有选举权和被选举权;但是依照法律被剥夺政治权利的人除外。"这里《宪法》虽然规定了剥夺政治权利的处罚,但未规定具体的情形,所以法律不应直接设定剥夺政治权利终身的处罚,因为剥夺政治权利终身乃是一种对利益核心部分的剥夺。目前我国《刑法》第 55 条将剥夺政治权利的期限定为 1 年至 5 年,第 57 条所涉死刑、无期徒刑除外。这是与同位保留原则的精神相契合的,因为 1—5 年的剥夺期限并未影响该利益的核心部分;而在死刑或无期徒刑中,剥夺政治权利终身仅是附随效果,并非处罚本身。但《刑法》对死刑的规定是存在问题的。死刑剥夺的是生命权的核心部分,其在我国《宪法》上并未出现,直接由《刑法》规定似有不妥。应由《宪法》首先规定死刑的适用条件,再由《刑法》对其加以具体化。

下位法即便获得授权也不能剥夺上位法所创设利益的核心部分,其原因存在于两个方面:

其一,若下位法可以选用剥夺利益核心部分的措施,则下位法与上位法在运用该项处罚方面将没有区别。这事实上完全取消了针对措施选用权的同位保留要求。若我们承认由某个层级的规范性文件创设的处罚原则上还是应当由与其同级的规范来选用,那么当这种选用权被下放时,对获得授权的主体应在权限上有所限制:其要么不具有行使权力的全部自由,要么不能行使授权主体全部的权力。而当上位法允许下位法使用其所创制的处罚来惩罚新的违法行为时,上位法已经在构成要件设定上放弃了对这种处罚的控制,下位法具有运用处罚的自由。此时上位法剩余的还可以作为控制手段的权力只有处罚的程度设定权。禁止被授权主体剥夺利益的核心部分就是对下位法的措施程度设定权的限制,使下位法仅可运用较轻的处罚。这可以有效降低处罚的总强度。

其二,利益核心部分的重要性程度更高,对它们的剥夺应当被保留给更基本的规范。这是法律保留原则中重要性理论所持的观点。根据重要性理论,越持久的涉及或者威胁单个公民的基本权利,在公众中问题的复杂性越有争议,法律规范就越是要精确的和受限制的。"完全重要的事务需要议会法律独占调整,重要性小一些的事务也可以由法律规定的法令制定机关调整;一直到不重要的事务,不属于法律保留范围。"[1]在德国,虽然也有学者认为,行政机关制定的法规命令如果符合《基本法》第80条第1款规定的授权要求(授权明确性要求),也可以作为行政机关限制基本权利的授权依据;但德国联邦宪法法院指出,立法者"对于基本的法律领域,特别是基本权利行使领域内的所有重要决定……都应自己作出规定"[2]。虽然法律保留与同位保留在内容上不完全一致,[3]但是基本精神无疑是相似的。在同位保留原则中,对利益核心部分的剥夺也需要由形成利益的规范自行规定。

五、本章小结

基于上述讨论,笔者可以回答本章开头提出的问题。法律、行政法规并非可以按照《行政处罚法》第9条任意设定各种类型的行政处罚。《宪法》未允许法律、法规剥夺的利益,如人格尊严、言论自由、文化活动自由等,即不能成为行政处罚的对象;而如政治权利、住宅自由等被授权法律

---

[1] 〔德〕哈特穆特·毛雷尔:《行政法学总论》,高家伟译,法律出版社2000年版,第110页。
[2] 赵宏:《限制的限制:德国基本权利限制模式的内在机理》,载《法学家》2011年第2期,第153页。
[3] 本章观点与重要性理论的区别在于,此处主张绝对保留利益核心部分的规范是形成利益的规范,而并不必然是法律。

保留的利益,则可通过法律成为处罚的对象。行政法规和地方性法规设定(选用)诸如限制开展生产经营活动、责令停产停业、限制从业等处罚措施时,需要首先判断相关生产、营业、从业许可的创设规范;若属于上位法创设的许可,则限制措施不能侵犯这些许可利益的核心部分,即不能设定长期停产停业或限制从业的处罚。规章选用罚款、通报批评等影响宪法上的利益的措施应得到来自《宪法》的直接授权。个人信息权等未被《宪法》列举的宪法上的利益暂时不应被法律、法规或规章作为处罚的对象。① 地方性法规、规章乃至规范性文件并非不能创设新的处罚种类,只要该措施剥夺的利益不是上位规范所形成的即可;所以,增加检查频次这种措施甚至可以作为法律后果由其它规范性文件规定。行政法规和地方性法规在设定吊销许可证的处罚时,只能针对其自身设定的许可,不能设定吊销上位法许可的措施。

当然,在同位保留原则之下,我国现行法律体系宜进行有针对性的调整。如《宪法》在规定公民基本权利时,应同时明确指出该项权利是否可受限制,应由何种规范对其进行限制。目前《宪法》第 51 条的笼统规定不能作为各类法源文件剥夺或限制基本权利的直接依据。《行政处罚法》则应允许不同法源文件设定剥夺其自身所创设利益的处罚措施,并且,处罚措施的种类亦不应限于法律、行政法规的规定。另外,各项单行法律、法规在设定诸如行政许可等利益时,应同时规定应吊销该许可的具体情形。

本章研究虽然重点针对的是行政处罚的设定,但是,同位保留原则也可适用于其他负担行为,如刑罚、信用惩戒措施等的设定。虽然在行政法领域中,失信惩戒与行政处罚的关系还有较大争议,但此二者归根结底都是对相对人不利的措施。所有"不利措施"设定权背后应当存在共通的原理。本章即试图揭示这种原理,并期待今后我国能够在更高的层面上统一所有惩戒措施的设定规则。

---

① 个人信息权的重要性已得到理论和实务界的公认,应当被归入宪法上的利益。参见王锡锌、彭錞:《个人信息保护法律体系的宪法基础》,载《清华法学》2021 年第 3 期。

第八章 行政许可设定权分配制度的完善*

【本章提要】 现行行政许可设定权的分配制度中存在诸多模糊之处,而作为其主要规范基础的法律保留原则却难以提供清晰的指引。科学合理的许可设定权分配框架应在一定程度上融合在立法实践中实际形成的规则。通过对我国各类法源文件所设定许可的梳理可以发现,不同立法机关关注的重点有所区别。这不仅体现了有差异的社会管理需求,也反映了立法机关在规范层面对许可设定权的不同认知。基于立法实践的启示,法律以下的规范设定的许可应主要针对经济性活动,资源配置类许可的设定权可被赋予对资源行使所有权的主体行使,在政策不稳定的领域中有必要允许更灵活的许可设定行为,同时,许可的具体规定权应根据不同情况而被有差别的限制。

一、问题与研究范围

简政放权是我国经济与政治体制改革的重要举措,这在法律层面主要体现为行政许可制度的改革。其中,简政意味着取消不必要的许可,而放权则意味着许可设定权与实施权的下移。简政放权过程至少涉及行政许可制度三个方面的理论问题:第一,什么是行政许可的必要存在范围;第二,行政许可的设定权应当由哪个层级的立法主体掌握;第三,不同的行政许可应当由哪些行政主体来具体负责实施。在这三个问题中,关于第一个问题已有较系统的研究,不少学者从理论上分析了行政许可的本

---

* 本章主要部分已发表于《行政法学研究》2022年第6期。

质,或结合《行政许可法》第 12 条的内容讨论了行政许可适合的边界。①关于第三个问题的研究则十分罕见。可能的原因是,不同领域的许可实施权配置完全不同,难以从中提炼出有意义的一般规则。故对该问题的讨论或许需要结合某一具体领域展开。

本章意欲讨论的是上述第二个问题,即行政许可设定权的层级分配。这项研究有助于厘清目前《行政许可法》相关内容上的模糊之处。例如,该法第 14 条第 1 款规定:"本法第十二条所列事项,法律可以设定行政许可。尚未制定法律的,行政法规可以设定行政许可。"仅从此条内容看,法律和行政法规在许可的事项或领域的设定权上并无区别,只需遵循法律先占原则即可,但两者真的可以等同吗?再比如,什么是第 15 条第 2 款中的"应当由国家统一确定的公民、法人或者其他组织的资格、资质"?在何种情形下,国务院决定或地方政府规章可以设定临时性许可?对上述问题的回答应当在整体分析行政许可类型和不同法源文件特点的基础上进行。

虽然许可设定权的层级分配在《行政许可法》第 14—18 条上有较为详细的规定,但相较于对许可实质范围的研究来说,有关设定权分配的理论探讨尚未系统化。目前的多数文章着重于讨论行政法规、地方性法规等特定法源文件的设定权大小,②未重点分析许可设定权应该如何在不同的立法文件间划分,也还未对背后的理论框架进行总结。当前,《法治政府建设实施纲要(2021—2025 年)》已将《行政许可法》的修改提上议事日程。在未来修法时,许可设定制度作为这部法律的重要组成部分将成为讨论的核心之一。因此,研究设定权分配制度背后的法律原理很有必要。

另外,需要说明的是,《行政许可法》第 2 章虽名为"行政许可的设

---

① 参见周汉华:《行政许可法:观念创新与实践挑战》,载《法学研究》2005 年第 2 期,第 11 页;沈岿:《解困行政审批改革的新路径》,载《法学研究》2014 年第 2 期,第 24 页;王克稳:《我国行政审批制度的改革及其法律规制》,载《法学研究》2014 年第 2 期,第 11 页;李洪雷:《〈行政许可法〉的实施:困境与出路》,载《法学杂志》2014 年第 5 期,第 65 页。

② 如唐明良、卢群星:《论地方性法规的行政许可设定权——对〈行政许可法〉第十五条第一款的解读及其他》,载《重庆大学学报》2005 年第 4 期;沈福俊:《国务院决定行政许可设定权:问题与规制》,载《社会科学》2012 年第 5 期;徐继敏:《国务院设定行政许可实践研究》,载《行政法学研究》2015 年第 1 期;金自宁:《地方立法行政许可设定权之法律解释:基于鲁潍案的分析》,载《中国法学》2017 年第 1 期。

定",但其中事实上包含"设定权"与"具体规定权"两种权力。许可设定权针对的是许可事项,而具体规定权针对的是事项以外的其他内容,包括实施机关、条件、程序、期限等。设定权与具体规定权的区别在《行政许可法》上具有规范依据。该法第12条即明确指出"下列事项可以设定行政许可……",且后面的第13—15条在规定不同法源文件的设定权时均在开头谈到"本法第十二条所列事项"。这说明,设定许可主要是指将某种事项纳入许可范围。而涉及具体规定权的第16条各款则均将规定权限制于"在……设定的行政许可事项范围内"。如第16条第1款规定:"行政法规可以在法律设定的行政许可事项范围内,对实施该行政许可作出具体规定。"全国人大常委会在中国人大网所公布的关于《行政许可法》的释义中也指出:"法规、规章在对上位法设定的行政许可作具体规定时,主要是对行政许可的条件、程序等作出具体规定。"①可见,具体规定是在某种事项已经被纳入许可范围后所作的进一步补充规定。虽然根据《行政许可法》第18条,规定权相对设定权来说具有附属性,但不能否认两者之间确实存在作用对象上的差异,在具体讨论时应加以区分。

二、作为许可设定权分配基础的法律保留理论及其模糊性

设定许可的本质在于设定一般禁止,抑制相关主体在某方面的活动自由;而给予行政许可则意味着取消一般禁止,恢复获得许可者在该方面的活动自由。对自由的影响是行政许可制度的核心特征,这将其与行政确认等与限制自由无关的行为区别开来。当然,并非所有设定许可的行为都扩张了对自由的一般禁止范围。在部分情况下,一般禁止本就存在,许可只是构成了对禁止的重申。例如,普通公民在未获许可的情况下不能随意开采自然资源,这并非是因为开采许可制度设置了一般性禁止,而是因为自然资源的所有权属于国家。在该情形中,一般禁止由所有权规范所施加,而不是由设定许可的规范所创设。这构成了许可设定中的一

---

① 《中华人民共和国行政许可法释义·第二章 行政许可的设定》,载中国人大网·法律释义与回答,http://www.npc.gov.cn/zgrdw/npc/flsyywd/xingzheng/2004-10/26/content_337759.htm,最后访问时间:2023年5月1日。

类特殊情形。不过,对一般禁止的重申也同样表现为对自由的限制。因此,讨论许可设定权的大小本质上就是讨论立法主体限制公民、法人、其他组织自由的权力大小。

而在我国,立法主体影响相对人自由的权力大小主要受法律保留原则的调整。法律保留原则的核心内容集中体现于《立法法》第11条。根据该条,应被保留的事务大体上可分为政治类事务、基本权利类事务和重要制度类事务三个方面。鉴于行政许可的设定行为会产生剥夺相对人自由的效果,直接涉及基本权利事项,故严格来说该行为应当由法律保留,而不能委之于其他规范,特别是不能由行政机关的规则来规定。然而,我国《行政许可法》在一般意义上赋予行政法规、地方性法规、省级地方政府规章以许可设定权。这相当于将剥夺自由的权力概括性地授予大多数立法主体。

虽然将法律保留范围内的事务授权给其他主体规定并非完全不可,但自由作为最重要的公民基本权利之一,是否可由法律外的其他规范限制存有疑义。比如,我国《立法法》第12条即将"限制人身自由的强制措施和处罚"作为法律绝对保留事项,禁止在该事项上制定法律外的规范。不过,《立法法》上被法律所绝对保留的自由特指"人身自由"。人身自由只是一种最基础的身体自由,在其上应当还存在各种类型的活动自由,例如职业自由、经营活动自由、迁徙自由、社会交往自由等。对于各种类型的活动自由是否需要法律保留的问题,《宪法》和《立法法》未作明确规定。

从理论上说,人身自由等基本权利对普通公民而言至关重要,对其限制当然要通过法律这样的高位阶的规范来进行,因此,像拘留、隔离等措施由法律保留无可厚非。但限制一般经济社会活动自由(如参加社交聚会的自由、从事某种经营活动的自由)是否也必须由法律保留?这类自由只是某种特定活动的自由,而非一般的人身自由,其被限制后对相对人所产生的不利后果也相对较轻。事实上,经济自由从人身自由中被分离出来就体现了特定活动自由与一般人身自由的差异。有学者认为,经济自由在理论上应当劣后于精神自由和人身自由。① 在实践中,经济领域的活动自由明显也受到了来自各层级法规范的更多约束。如在日本,最高法院认为地方条例可以禁止在贮水池的堤坝上种植农作物,这虽然突破了财产权限制应受法律保留的规范要求,但法院指出此种限制应属于需要

---

① 徐显明:《人权的体系与分类》,载《中国社会科学》2000年第6期,第101页。

被忍受的制约。①在美国,洛克纳案中霍姆斯法官的反对意见即支持州法干预契约自由,而联邦最高法院后续的案件继承了霍姆斯法官的观点,避免使用正当程序条款影响州经济立法的决策。②我国《宪法》第11条第2款规定:"国家鼓励、支持和引导非公有制经济的发展,并对非公有制经济依法实行监督和管理。"其中,"依法实行监督和管理"暗含了国家通过不同法源文件影响经济活动自由的可能性。所以,除了宪法和法律保留的自由外,其他法源文件的制定主体也可能对自由的某个方面(特别是经济社会活动自由)进行限制,这构成了他们设定行政许可的基础。不过,其他法源文件限制经济社会活动自由的边界应存在于何处?

至此,一般意义上的法律保留理论已难以提供进一步的指引,我们需要结合其他的论据作更具体的探讨。事实上,作为具有重要政治和经济影响的制度,许可设定权的分配还应当有利于促进许可功能的合理发挥:既要防止许可过滥而对市场和社会形成不当干扰,也要避免行政机关在实践中缺乏必要的管制措施而使公共利益受损。两种价值的平衡点在何处难以通过单纯的规范分析确定,而必须结合对实践的观察。有关行政许可设定的立法实践虽然不一定严格符合《行政许可法》的规定,但其中可能会隐藏有一定的规律。这些规律对于完善许可设定制度具有重要参考价值。必须强调,笔者并非主张"存在即合理",而是试图找寻具有实践层面合理性的规范制度安排。

本章的经验梳理将通过分析有代表性地方的政府权力清单来进行。这些清单来自北京市、吉林省辽源市、安徽省安庆市、山东省曲阜市、贵州省黔西县、河北省安新县,涵盖省、地级市、县三级。上述地方的权力清单记载信息相对完整,适宜作为进一步研究的对象。当然,地方政府自行制作的权力清单中往往存在许多影响统计的问题。比如不少地方为了降低许可总数而将多项许可并为一项,或将本属于许可的事项划入"备案"事项和"其他权力"事项。为了使调查结果覆盖全面,本章在梳理权力清单时除了关注名义上的许可权或审批权外,也将备案事项和其他权力事项中的实质行政许可纳入来。同时,为了避免不同地方定义许可的标准不统一,相关数据比较主要在同一清单内进行。鉴于人工大量梳理过程

---

① 奈良县贮水池条例案,参见〔日〕芦部信喜:《宪法》,林来梵、凌维慈、龙绚丽译,北京大学出版社2006年版,第206页。
② Lochner v. New York, 198 U. S. 45(1905),参见张千帆:《宪法学导论》,法律出版社2014年版,第615—618页。

中难免出现疏漏和不精确之处,因此,数字间的细微差异可能并无实质意义,须关注的是具有显著性的差异处或一致处。

三、对行政许可设定实践的梳理

如前所述,行政许可设定权主要针对的是"事项",具有不同设定权的法源文件所能涉及的事项应有区别。当然,对事项的分类有多种方式,例如《行政许可法》第12条将许可事项分为一般许可、特许、认可、核准、登记和其他许可事项。理论上常常将该条中的事项分类直接作为许可本身的分类。除此以外,我们还可以根据行政许可事项所处的管理领域对其进行分类,将其分为公安类许可、城乡建设类许可、自然资源类许可等。虽然这些分类方式不能穷尽所有的许可情形,但是若将现实中出现的许可归入到这些类别中,我们已然可以发现一些有意思的现象。此外,需要特别关注的还有立法主体越权设定许可的情形以及下位规范具体规定许可的情形,它们均反映了许可设定实践的重要侧面。

(一) 许可事项种类的分布情况

《行政许可法》第12条区分了5种类型的事项并设定了兜底条款。其中一般许可主要涉及安全类事项,目的在于危险防范;特许的目的在于对有限自然资源、公共资源进行分配;认可针对需要确定具备特殊信誉、特殊条件或者特殊技能的职业或行业,作用在于消除信息不对称或风险预防;核准针对重要设备、设施、产品、物品,目的在于维护公共安全、人身健康、生命财产安全;登记的目的则是对企业或其他组织的信誉进行控制。应当说,此处的许可分类方法并不完全科学。例如,一般许可和核准、认可的目的存在部分重合,在许多情况下难以清晰区分;同时,现实中还有部分许可与危险防范、资源分配、消除信息不对称等目的无关,只能被列入其他许可事项。[①]尽管如此,通过将现实中的许可归入上述类别,我们已然可以发现哪些事项类型获得了更多的关注。

---

① 如《中华人民共和国节约能源法》第15条规定的"固定资产投资项目节能评估和审查"等涉及微观经济活动的许可。理论上认为,行政许可的主要功能有三种:一是控制危险,二是分配资源,三是证明或提供某种信誉或信息。目前《行政许可法》第12条即是围绕这三种功能进行列举,至于其他功能的许可应当被列入兜底条款之中。参见汪永清主编:《行政许可法教程》,中国法制出版社2011年版,第5—6页。

鉴于在收集的各份权力清单中,曲阜市的清单相对较详细地标明了各项权力的法律、法规、规章和规范性文件依据,笔者即以曲阜市清单列举的许可权力为基础,按照《行政许可法》第12条所列举的6种情形进行分类。例如,机动车登记为一般许可,采伐林木许可为特许,乡村兽医登记为认可,核发机动车检验合格标志为核准,开办外籍人员子女学校审批为登记,建设项目节能审查为其他许可事项。归类完成后,对法律、行政法规、地方性法规所设定的行政许可进行分别统计,可得出如下结果(见图8.1、图8.2、图8.3)。

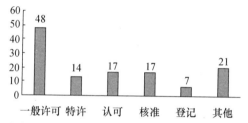

图8.1 曲阜市实施的许可中由法律设定的许可的事项种类分布

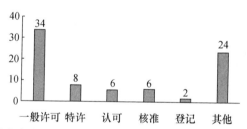

图8.2 曲阜市实施的许可中由行政法规设定的许可的事项种类分布

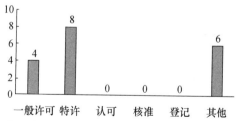

图8.3 曲阜市实施的许可中由地方性法规设定的许可的事项种类分布

基于上图以及曲阜市权力清单所反映出来的其他信息,我们可得出如下初步结论:第一,绝大多数实践中的许可由法律和行政法规设定,地方性法规设定的许可占比较小,由规章设定的许可则极为罕见。这反映出我国立法权高度集中于中央、集中于法规性文件的现实。第二,在所有类型中,一般许可的数量最多。如在法律设定的许可中,一般许可占比近40%;若加上与其目的高度相似的核准类许可,则有关危险防范类的许可占据总数的七成左右。这说明,目前我国法律设定行政许可的主要目的侧重于保障安全、避免危险。第三,绝大多数行政许可所针对的都是相对人的经营、建设、资源开发等经济活动,调整公民生活领域的许可(如机动车驾驶证、出入境通行证等)相对较少。且公民生活领域内的许可多数由法律设定,行政法规、地方性法规中仅有边境区通行证和再生育审批两项涉及。第四,地方性法规设定的许可中,特许占比较高。这说明地方立法机关在设定行政许可时的一项重要工作是对本地的自然资源、公共资源进行分配。第五,出入境审批、集会游行示威审批等涉及国家主权或政治性事项的许可均由法律设定,其他法源文件未涉及。以上结论在下文按照事务领域分析许可事项类型时可以得到一定程度的验证。

(二) 许可事项领域的分布情况

对许可所处具体事项领域的分析可以使我们更具体地了解不同法源文件在设定许可时所关注的问题。从整体看,农业农村、公安、交通、自然资源和城乡建设类的许可数量最多。如在北京市市本级实施的许可中,上述领域的许可合计占总数的70%;在辽源市实施的许可中,合计占比56%;在黔西县实施的许可中,合计占比40%。这些领域内的大量许可属于带有风险防范性质的一般许可、认可或核准,它们是危险防范型许可在总数中占比较高的重要原因。

就不同法源文件在领域设定方面的区别而言,地方性法规显示出了一定的独特性。虽然我国中央立法覆盖广泛,留给地方立法创制的空间不大,绝大多数在地方性法规中被规定的许可实际上来源于上位法。但现实中仍然有一部分许可仅由地方性法规设定。根据对北京、辽源、安庆、曲阜、黔西等地独立设定的许可的梳理,笔者发现,市政管理、城市交通、公共设施、公用事业等传统地方性事务领域是地方独立创制行政许可最为集中的方向。此外,部分许可体现出了不同地方的地域特色,如北京的涉外宗教活动许可、黔西的森林公园许可、辽源市的供热许可、安庆市的水库人工养殖许可等。

值得注意的是,地方立法设定的许可大量出现在资源分配领域,其中不仅包括自然资源,也包括公共资源。如《山东省实施〈道路交通安全法〉办法》第 43 条第 2 款规定:"临时占用道路从事大型活动的,应当报公安机关交通管理部门审批。"此条规定的主要目的从表面上看是进行交通管理,但本质上是在对道路这一公共资源进行分配。地方立法对地方资源进行管理从效率角度说具有积极意义,但在法律上会涉及地方立法机关与行政机关的资源处分权问题。特别是当地方立法规定有关自然资源的许可时,其规定可能会与自然资源国家所有权制度相冲突。故对于地方立法有关资源利用的许可设定权,我们还需要进一步从理论上加以明确。

(三) 越权设定行政许可的情形

越权设定行政许可是指设定机关本身不具有许可设定权却设定行政许可的行为。如部门规章直接设定行政许可或地方立法机关设定应当由国家统一确定的公民、法人或者其他组织的资格、资质的行政许可等。需要说明的是,首先,若上位法已经设定了行政许可,下位法再设定与之相冲突的许可应属于法的抵触问题而非许可设定越权问题。虽然下位法设定许可行为抵触上位法的现象同样有研究价值,但基于研究材料所限,本章暂时仅关注许可设定的越权现象。其次,严格来说,行政法规、地方性法规、规章以及规范性文件都可能会出现许可设定越权的现象。不过,鉴于《立法法》第 11 条、《行政许可法》第 15 条第 2 款的模糊性,判断行政法规和地方性法规超越许可设定权限的标准可能存在较大争议。相对而言,规章或规范性文件越权设定的标准比较明确,因为根据目前的《行政许可法》,仅有省级政府规章可以设定临时性许可,其余的规章和规范性文件均无权设定。故下文将重点通过规章和规范性文件的越权设定现象来探知这类许可的特点。

根据笔者的总结,越权设定的行政许可大致存在三种情形:

其一,许可出现于《行政许可法》制定之前,但相关规范至今仍有效力。例如制定于 2000 年的《基层法律服务所管理办法》(司法部令第 59 号)曾规定:"基层法律服务所的设立、变更、注销实行司法行政机关核准登记制度。"在 2017 年该《办法》修改时,设立核准被取消,但新《办法》第 10 条仍然要求基层法律服务所变更名称、法定代表人或者负责人、合伙人、住所和修改章程的,应当经过司法行政机关批准,保留了老《办法》中的部分许可。

其二,针对新近出现的需要规范的问题尚不存在上位立法。例如原银监会和人民银行联合发布的《关于小额贷款公司试点的指导意见》(银监发〔2008〕23号)规定:"申请设立小额贷款公司,应向省级政府主管部门提出正式申请,经批准后,到当地工商行政管理部门申请办理注册登记手续并领取营业执照。"该规范性文件是在小贷公司尚处在试点阶段时颁布的,其所设定的行政许可起到了预先建立相关行业管理秩序的作用。

其三,许可所调整的事务带有一定的政治性。这一类许可集中出现在涉外或涉港澳台领域,例如《中国公民因私事往来香港地区或者澳门地区的暂行管理办法》(1986年12月3日国务院批准,1986年12月25日公安部公布)设定了"港澳通行证"这一许可。另比如,《外商投资电影院暂行规定》(2003年,国家广播电影电视总局、商务部、文化部令第21号)中设定了外商投资电影院的批准制度,其各项要求不同于普通的电影放映单位。这些类别的许可可能随着政治决定或相关形势的变化而调整,故在设定模式上带有一定的临时性色彩。

以上越权设定许可的行为并不符合《行政许可法》的要求。不过从另一个角度说,上述现象也反映出许可稳定性与社会实践的变动性之间的矛盾。行政许可设定权制度如何应对不断变化的社会生活是在未来制度调整时不得不考虑的问题之一。

(四) 下位规范具体规定行政许可的特点

前文已述,许可设定权针对的是许可事项,而许可具体规定权针对的是事项以外的其他内容。《行政许可法》第18条规定:"设定行政许可,应当规定行政许可的实施机关、条件、程序、期限。"若按照通常文意理解,设定机关在针对某事项设定许可时应当同时规定相关配套制度,故具体规定行为似乎是设定行为的组成部分。不过,第18条并未明确其内各分句的主语,这给实践留下了一定的操作余地。现实中,大多数法律法规在设定行政许可时仅提及许可事项,并没有详细规定实施机关、条件、程序、期限等问题,后者大多由下位规范补充规定。根据笔者统计,在北京市市本级实施的许可中,58%的许可被下位规范具体规定,而在曲阜市,这一比例高达68%。不同方面的细化规定在出现频次上有所差异。鉴于在《行政许可法》中,期限属于程序制度的一个部分,而对许可条件的规定又常常体现为对许可申请材料的规定,故本章按照实施主体、程序与期限、条件与申请材料三个方面对下位法的具体规定行为进行分类,并进行了计数统计。根据统计结果,本章有如下发现。

首先,下位规范对许可实施主体的具体规定最为常见,大约占到了总数的一半。对实施主体的细化主要涉及主体的层级。如《中华人民共和国就业促进法》第40条规定:"设立职业中介机构应当在工商行政管理部门办理登记后,向劳动行政部门申请行政许可。"该条中未明确向哪一级劳动行政部门申请,故2003年发布的《中外合资人才中介机构管理暂行规定》(人事部、商务部、工商总局令第2号)第7条就中外合资类的人才中介机构的设立申请进一步规定:"应当由拟设立机构所在地的省、自治区、直辖市人民政府人事行政部门审批,并报国务院人事行政部门备案。"此例中,规章对法律所设定的许可作了实施主体方面的细化。而鉴于许可的实施主体层级易受国家宏观政策影响,相关具体规定常常见于非法源的规范性文件。尤其是在"简政放权"的过程中,审批权向下移转的依据主要是各级政府发布的一般规范性文件。

其次,关于实施程序和期限的具体规定大约占比三成左右。其中,部分关于程序的规定与实施主体方面的规定存在重合,具体体现为增加审核主体的层级。如《中华人民共和国教师法》第13条规定:"中小学教师资格由县级以上地方人民政府教育行政部门认定。"而《教师资格条例》第13条则对高中教师的资格认定程序作了"两级审批"的安排,要求由申请人户籍所在地或者申请人任教学校所在地的县级人民政府教育行政部门审查后,报上一级教育行政部门认定或组织有关部门认定。另外,对程序的具体规定还体现为进一步补充程序中的细节,如《山东省〈危险化学品经营许可证管理办法〉实施细则》(鲁安监发〔2013〕94号)第22条第1款规定:"企业提交申请时,需首先在《危险化学品政务信息监管系统》进行网上申请,提交后在线打印申请书,连同其他需要提交申请的文件、资料一并报发证机关。"

最后,关于行政许可条件的细化规定在地方层面相对占比较小,不过这种类型的具体规定一般会补充部分实体性内容。它们多数出现在上位法未明确许可条件的情形下,如《国务院对确需保留的行政审批项目设定行政许可的决定》中所设定的许可是下位法进行条件补充的主要对象。还有的下位法在上位法规定的条件外增加了新的条件,如《山东省水路交通条例》第 28 条在规定载客 12 人以下的船舶的运输经营许可时,要求船舶总运力达到 20 客位以上。该要求在作为上位法的《国内水路运输管理条例》并未出现。

四、立法实践对规范理论框架完善的启示

尽管经验现象本身不是规范要求,但经验事实中却蕴含着立法机关对规范的认知,只是这种认知可能只是立法机关潜在的意识,还未被明确规范化。因此我们需要通过对现象的总结将其展现出来,以之作为完善规范体系的参考。在总结立法实践对许可设定权分配理论的启示之前,我们首先需要阐明法律保留理论下许可设定权分配的基本框架。实践中所总结的规则将会构成对该理论框架的补充。

如前所述,许可设定乃是对自由的限制,而不同种类的自由受保障的程度有所差异。从宪法规范的内容出发,可将自由分为宪法保留的自由、法律保留的自由和其他法规范保留的自由。宪法保留的自由是指宪法未授权其他规范进行限制的自由,如言论、出版、集会、结社、游行、示威的自由和宗教信仰等。理论上也将这类自由归入无法律保留的基本权利范畴,而对无法律保留的基本权利的限制理由应直接来源于宪法。[①] 法律保留的自由是指被宪法明确授权由法律进行限制的自由,如《宪法》第 40 条规定的通信自由。其他法规范保留的自由是指宪法、法律中未提及的其他经济社会活动自由。这些自由虽然在宪法、法律层面未被加以特别保护,但基于自由权本身的重要性,它们应当至少在正式法源文件的层面被保留。

具体到许可设定权问题上,宪法保留的自由一般不宜被许可所限制,若设定许可,则设定的理由应在宪法上有直接依据。对于法律保留的自由来说,法律制定机关可以根据自己的意志设定相应行政许可。而对于在宪法或法律中未提及的社会经济活动自由来说,行政法规、地方性法

[①] 参见王锴:《论法律保留与基本权利限制的关系——以〈刑法〉第 54 条的剥夺政治权利为例》,载《师大法学》2017 年第 2 辑,第 81—87 页。

规、规章可以设定许可。不过,宪法、法律以外的规范所能限制自由的范围在理论上并不清晰,下文将进一步结合经验现象的启示,讨论这些文件的许可设定权大小。

基于前文对不同主体许可设定实践的梳理,我们至少可以得出如下规范层面的启示,以下分述之:

(一)法律以下的规范设定的许可应主要针对经济性活动

通过对我国各层级法源文件所设定许可的观察,我们可以发现,行政法规、地方性法规和规章设定的许可中,绝大多数调整的是经济性活动,而涉及普通公民日常社会生活的许可在法律以外的规范中较为罕见。该现象具有规范层面的意义。从性质上说,社会生活中的自由相对具有更强的人身属性,与人身自由更加接近,也更值得保护;而经济活动自由针对的是较为抽象的经营、建设活动,人身属性较弱。另外,普通公民私领域的活动一般不容易产生较大的社会危险性,更多应当交由私法调整;但经济活动往往涉及面广,社会影响较大,也更容易发生社会危害,设定许可加以规制的必要性相对更强。所以,除人身自由、通信自由等明确被规定由法律保留的自由外,公民私人生活中的自由(如生育自由、迁徙自由)亦应由法律保留规定,并严格控制相关许可的设定,而经济活动的自由则可以通过法律授权其他法源文件进行限制。不过,部分自由可能同时属于私人生活中的自由和经济活动自由(如迁徙自由),此时应以私人生活中的自由来确定其性质,以实现对其更大程度的保护。

另外,行政法规、地方性法规、规章在限制经济活动自由时的权力大小并不相同。从规范角度说,根据《行政许可法》第 15 条第 2 款,地方立法的许可设定权应避免涉及应当由国家统一确定的资格资质、企业或者其他组织的设立登记以及限制商品和服务流动的行政许可。但其中如"应当由国家统一确定"等概念并未表达有意义的内容,也未能给地方立法机关提供清晰的指引。基于本章对立法实践的归纳可以发现,地方立法设定的许可主要是关于不动产或设施的许可(如工程建设许可、道路停车许可)以及涉及地方公共服务的许可(供水供热许可、公共汽车运营许可),这些事务属于典型的地方性事务。[①] 而一般的经济管理类许可,地方

---

① 可参考本书第二章的相关论述。

立法很少涉及。未来,《行政许可法》对地方立法许可设定权的限制可考虑由目前的"负面列举"模式改为"负面列举＋正面保障"模式:一方面明确地方立法可以设定地方公用设施、城乡建设、地方公共服务等地方性事务领域的许可,以保障地方立法机关必要的立法权;另一方面,明确"应当由国家统一确定"的许可包括涉及市场监管、投资、贸易、物品流通等涉及市场流通领域的许可,防止地方性许可给全国统一市场的形成带来阻碍。

最后,在我国法律体系中,虽然规章的数量最为庞大,但其设定的许可数量却最为稀少,这主要是因为现行《行政许可法》几乎未赋予各类规章以许可设定权。不过,从实践情况看,在资源分配领域或政策较不稳定的领域中,行政机关仍有必要通过规章形式设定部分许可。后文将进一步讨论这一问题。

(二) 资源配置类许可的设定权可由对资源行使所有权的主体行使

实践中,地方立法设定的许可有较大比例属于资源配置类许可(特许),这在一定程度上反映出中央立法在资源分配问题上存在缺位,地方立法机关在该领域设定许可有其现实必要。那么,从理论上说,地方立法机关是否可以被赋予设定资源配置类许可的权力?如若可以,该项权力的范围又应当如何确定?

资源配置类许可的设定权分配逻辑与其他许可设定权的分配逻辑并不相同。其他许可设定行为均涉及新增对相对人自由的限制,因而要受到较为严格的约束;而资源分配许可的设定并未增加对相对人自由的限制,反而提供了相对人利用有关资源的可能性。从原理上说,对相对人使用资源的限制来源于资源所有权制度。在私法领域,使用他人的物品必须经过权利主体的同意;在公法领域也是如此,开采自然资源、使用公共资源应当获得资源所有主体的同意。因此,资源配置类许可的设定主要取决于公共资源所有权主体的意思,并无一般许可设定中的法规范保留问题。

当然,在法律上,公共资源的所有权和私人物品的所有权制度安排并不完全相同,公共资源的所有权主体也不一定就是实际有使用权的主体。我国《民法典》第 246 条规定:"法律规定属于国家所有的财产,属于国家所有即全民所有。国有财产由国务院代表国家行使所有权。法律另有规定的,依照其规定。"根据该条,国有财产为全民所有,而该所有权的行使权则被赋予国务院。作为行使所有权的主体,国务院应当有权就相关财产的利用设定行政许可。因此,针对国家所有的财产(如自然资源),可以设定相关利用许可的法源文件除了法律之外也应包括国务院的行政法规。① 此外,《民法典》第255条还规定:"国家机关对其直接支配的不动产和动产,享有占有、使用以及依照法律和国务院的有关规定处分的权利。"可见,对于公共道路、基础设施等公共资源,有相关权利的机关可以根据自己的意志进行占有、使用或处分,他们当然也可以授权其他主体行使权利。这为地方性法规乃至规章设定特许类行政许可留出了空间。目前,地方立法中已存在关于城市道路资源利用的相关许可,如前述《山东省实施〈道路交通安全法〉办法》第43条规定的大型活动占道许可等。

(三) 在政策不稳定的领域中有必要允许更灵活的许可设定行为

随着社会变化速度不断加快,许可稳定性与政策多变性之间的矛盾会日益凸显。而立法机关鉴于其冗长的审议程序,难以应对快速变化的形式。根据对实践的观察,涉外、宏观调控、金融市场管理等方面的行政许可较易发生频繁的调整。如自2010年起,我国数十个城市陆续出台"住房限购令"。这些限购政策对房屋购买行为增加了若干条件,事实上对该类经济活动自由设定了一般性禁止,将购买房屋变成一项需要经过行政许可的行为。② 而在房地产市场出现波动后,部分城市又陆续取消了限购政策。在目前的《行政许可法》上,此类以普通规范性文件设定或废止行政许可的行为并不合法,但从宏观调控实际需要的角度说,部分时候,频繁调整行政许可也有其必要。所以,基于公共利益、行政效率和当事人权益之间的平衡,政策不稳定领域的自由或许需要受到更灵活的调适。

针对政策不稳定领域,法律可赋予行政机关的规则以临时性许可设定权,并在领域和有效期上加以合理限制。这是行政效能原则在许可设定领域的体现。当前《行政许可法》上的短期许可主要体现为第14条第2款规定的由国务院决定设定的许可,以及第15条第1款规定的由省级

---

① 有学者认为,地方政府在原则上不适宜作为自然资源所有权的行使主体。参见林彦:《自然资源国家所有权的行使主体——以立法为中心的考察》,载《交大法学》2015年第2期,第30—33页。

② 如郑州市人民政府《关于进一步贯彻落实房地产市场宏观调控政策的通知》(郑政〔2010〕35号)规定:"无法提供在本市1年以上纳税证明或社会保险缴纳证明的非本市户籍居民家庭暂停在人口过密区域购房,只能在其他区域新购1套商品住房。"

地方政府规章设定的临时许可。不过,国务院决定设定的许可在法律上没有明确的期限,现实中这类许可事实上也长期存在,并未及时被转化为立法文件。而地方政府规章设定的临时许可仅有一年有效期,时间过短,难以充分发挥社会管理作用。此外,部门规章不具有许可设定权可能导致部分新兴业态,特别是金融、互联网等行业缺乏有效管制,从而给公共利益带来风险。较为合理的模式或许是,同时赋予国务院决定、部门规章、地方政府规章以临时性许可设定权,并将临时性许可的有效期限限制为三年至五年。并且,行政立法设定的临时性许可应只能针对金融业审慎监管、涉外事务、宏观调控事务等政策变化较为频繁的领域,而不应被随意泛化。

(四)许可的具体规定权应根据不同情况而被差别对待

行政许可的规定可以分为对许可实施机关、条件、程序、期限的具体规定。这些具体规定权可以被分为两类,一类规定会对相对人自由造成实质影响,另一类则不会造成实质影响。所谓对自由造成实质影响是指给相对人恢复自由状态带来了上位法所未规定的障碍。具体分述如下:

其一,对实施机关的具体规定一般不会实质上影响相对人的自由。就现状而言,规定实施机关主要是规定实施机关的层级,这属于行政机关内部的任务分配。而从申请人的角度说,由哪一级行政机关审查许可申请在法律上并不存在区别,由下位规范具体规定许可的实施主体也未给相对人施加新的负担。但是,如果在具体规定中增加了审批的层级,则会对申请人的自由构成实际影响。因为参考《行政许可法》第43条可以推知,多层级的许可审查会导致许可周期变长,从而给当事人带来额外的等待时间。

其二,对许可条件的规定则通常会给相对人的自由带来实质影响。许可的条件就是解除一般禁止的条件,条件越多,一般禁止被解除就越困难,对自由的限制也就越多。当前立法实务部门大多将条件规定权理解为增加新的许可条件的权力,而非对上位法已经规定的条件作细化的权力。从前文所列现实案例中也可发现,对条件的规定事实上增加了申请人的负担,对自由构成了实质限制。因此,条件规定权更加接近事项设定权,应被更严格规制。

其三,对程序和期限的具体规定需要具体分析。前述在申请程序中规定新的审批主体自然会构成对当事人自由的实质限制,相似的,在程序中规定增加相对人负担的步骤或延长许可的作出期限也会对自由造成实际影响。但是,就许可申请的方式作具体化规定或缩短许可作出的期限则未在实质上影响自由。

可见,许可具体规定权内部在具体实施过程中亦存在较大差异。目前,《行政许可法》只要求下位法在规定行政许可时处在上位法设定的行政许可事项范围内,不增设行政许可;同时,对行政许可条件作出的具体规定,不得增设违反上位法的其他条件。但什么是"违反上位法的其他条件"并不明确。另外,《行政许可法》对实施主体、程序、期限的具体规定权缺乏制约,以至于实践中大量对许可所作的具体规定在实质上影响了申请人的自由。

基于实践的启示,未来行政许可的具体规定权内部需要作进一步的区分。可能影响相对人自由的许可规定权在配置模式上应当与设定权保持一致,避免出现上下位法对同种自由有不同限制效果的情形。这意味着增加许可的实施主体、变更许可的条件、延长许可期限以及增加申请的程序步骤等行为,应当直接由设定该许可的立法主体规定,除非设定许可的立法文件授权某下位法作具体规定。而不实质影响自由的许可规定权,如明确实施主体层级、缩短许可实施期限、具体化申请方式等,则可以由各类下位规范行使,包括不属于法律渊源的规范性文件。

五、本章小结

行政许可设定权的分配同时涉及国家与社会的关系、中央与地方的关系。合理分配许可设定权不仅关系到对公民自由的保障,也涉及国家权力配置的科学性。虽然笼统上说,限制自由的权力属于宪法和法律,但在考察许可设定的实践并对自由作进一步的分类后,我们可以发现,其他类型的法源文件亦可具有限制某种自由的正当性。在此基础上,许可的设定权可根据不同法律渊源限制自由的权力大小进行分配。

第九章　区域性立法制度的建构[*]

【本章提要】　我国在区域一体化方面的制度建设已落后于现实需要。当前各地区之间签订的合作协议或文件不具有约束力,无法协调较复杂的利益,亦无法保障深入、稳定的区域合作。为化解上述困难,应考虑赋予地方合作文件法律效力。根据我国《宪法》,有效力的区域合作文件背后的效力来源不是地方的,而只能是中央的,其实质是中央立法权或行政权在国家部分区域内的行使。合作文件的形成过程不同于传统的立法审议程序,可参照民族自治立法,采取地方制定、中央批准的模式。文件的制定目的应体现出国家整体利益,但在具体的规范内容上不应涉及由全国性立法调整的事项。针对违反文件要求的行为,视受影响利益的性质,可采取颁布机关监督模式或司法监督模式。

长期以来,我国的区域一体化建设缺乏实质性进展。各个地方以行政辖区为边界,在"GDP锦标赛"中以邻为壑、恶性竞争,导致了严重的效率损失。尽管早在1986年,国务院就颁布了《关于进一步推动横向经济联合若干问题的规定》,其后也有多个中央文件持续性提倡区域整合、协同发展,但现实情况却不能令人满意。自20世纪90年代开始,面对日益激烈的国家、区域间的竞争,许多国家的中央及地方政府改变了传统的无为而治或分权治理模式,期望实现在大都市区的适当集权管治,以加强区域的整体经济竞争力。[①]在此背景下,我们需要通过更深层次的区域一体化形成有国际影响力的都市圈或城市群,作为引领发展的增长极。同时,近年

---

[*] 本章主要部分已发表于《中国行政管理》2021年第9期。
[①] 张京祥、吴缚龙:《从行政区兼并到区域管治——长江三角洲的实证与思考》,载《城市规划》2004年第5期,第29页。

来我国对生态环境保护的重视达到了一个前所未有的高度。在这其中，大气治理、水环境治理往往具有跨越行政区的特点，需要多地政府配合行动。故而，今后一段时期，能够有效促进区域一体化的法律制度显得越来越关键。

虽然保障区域一体化的制度在功能上的重要性不言而喻，但就我国这样一个单一制国家来说，其在规范层面上还存在若干疑问。事实上，区域合作或一体化是地方之间的联合，在一定程度上突破了行政区划的限制。那么这种地方权力越出行政辖区的行为是宪法和法律所允许的行为吗？进一步可追问：区域性的措施是地方性的吗？中央在其中是否应当发挥一定的影响？的确，我们要追求区域一体化所可能带来的经济效应，但我国的历史也提醒我们警惕，不可让某个区域成为足以与中央政权分庭抗礼的势力。所以，制度上的考量需要同时兼顾效率与国家统一，确保《宪法》第3条第4款所说的"中央统一领导"和"地方的主动性、积极性"能够相互平衡。

近20年以来，已有相当数量的文献对区域合作问题进行了探讨。其重点在于区域一体化的机制设计，形成了合作协议说、[1]立法协同说、[2]人大授权说、[3]区域立法说[4]等不同的方案。而从实践观察，大多数地方主要是通过合作协议、示范文本或联合宣言等形式进行立法或行政协同。但基本上各类合作文件的内容谨慎绕开了可能的规范障碍，尽量不规定实质性的权利义务，也几乎不强调文件的效力或执行等问题。[5]这回避了主要矛盾。真正的区域一体化必然要求解决更深层次的问题，即区域内的组织或规范统一问题。当然，相比于建立区域性组织，制定区域统一规范的难度在法律上要小得多。就当前实践而言，区域合作协议、示范文本等已经具有了区域统一规范的雏形。因此，接下来要问的问题是：这些区

---

[1] 参见叶必丰：《区域经济一体化的法律治理》，载《中国社会科学》2012年第8期；何渊：《我国区域协调发展的法制困境与解决路径》，载《南京社会科学》2009年第11期。

[2] 参见焦洪昌、席志文：《京津冀人大协同立法的路径》，载《法学》2016年第3期；王腊生：《地方立法协作重大问题探讨》，载《法治论丛》2008年第3期。

[3] 参见宋方青、朱志昊：《论我国区域立法合作》，载《政治与法律》2009年第11期。

[4] 参见王春业：《自组织理论视角下的区域立法协作》，载《法商研究》2015年第6期。

[5] 参见戴小明、冉艳辉：《区域立法合作的有益探索与思考——基于〈西水河保护条例〉的实证研究》，载《中共中央党校学报》2017年第2期；毛新民：《上海立法协同引领长三角一体化的实践与经验》，载《地方立法研究》2019年第2期；王荣梅：《京津冀协同立法护蓝天——京津冀〈机动车和非道路移动机械排放污染防治条例〉协同立法始末》，载《北京人大》2020年第5期。

域合作文件能否具有规范上的约束力？若欲使其具有约束力，文件的形成方式应当是怎样的？它们在我国的规范体系中是一个什么地位？不解决这些问题，区域合作只能在浅层次展开，而无法适应区域一体化的发展需要。

下文第一部分将首先指出当前无法律约束力的区域合作文件在功能上所带有的局限性。然后，第二部分根据我国宪法和法律框架，论证有效力的区域合作文件的法律性质与法律空间。最后，第三部分结合区域合作文件的性质定位讨论其适合的形成机制与争议解决机制。

一、目前区域合作的表现形式及其功能局限

(一) 区域合作的表现形式

近年来，在区域一体化现实需要的推动下，京津冀、长三角、珠三角、东北三省、华北五省区、淮海、川渝等区域的地方人大、政府乃至党的机关纷纷加强地区合作，形成了合作协议、备忘录、联合宣言、会议纪要等不同形式的合作文件。这些文本若按照文件内容划分，可分为程序机制型文件和实体规范型文件。

程序机制型文件如《京津冀人大立法项目协同办法》《环渤海区域政府法制工作交流协作框架协议》《关于协同助力成渝地区双城经济圈建设的合作协议》等。它们通常较为笼统地说明了合作的方式与途径，主要落脚于建立定期会晤机制。当然，也有文件详细规定了合作推进的具体程序，如《京津冀人大立法项目协同办法》即对京津冀三地人大在协同立法中的起草、调研、论证、修改等细节问题做了规定。

实体规范型文件如《淮海经济区住房公积金一体化发展合作备忘录》《华北五省区市文化发展战略合作框架协议》《关于加强川渝人社公共政策和行政许可合作协议》等。这类文件试图解决某个领域的具体问题，但绝大多数文本的内容同样较为抽象，集中于对原则或者目的的强调，如推进互认、加强建设、资源整合等。也有少数文件建立起了实体上的区域统一规范，如北京市质量技术监督局、天津市市场和质量监督管理委员会、河北省质量技术监督局共同组织制定的《电子不停车收费系统路侧单元应用技术规范》，即对ETC系统的技术标准进行了统

一,同时在三地适用。

(二) 目前区域合作方式的功能局限

目前的地方合作模式在促进区域一体化方面做出了有益探索,但其取得的成效却非常有限。由于合作文件本身没有"牙齿",许多地方合作仅限于交流联谊性质;同时,文件执行效果相对较差,部分合作机制在主导的领导调任后便无疾而终。这背后的原因主要在于当前的区域合作文本缺乏正式的法律约束力。尽管许多文件自称为"协议",但该"协议"不同于我们日常所说的合同。我国《宪法》《地方组织法》等从未授予地方主体缔约权,此类协议并无规范基础,不具有法律效力。虽然可认为参与主体受诚实信用原则的约束,[①]但对违反文件规定的行为在现行法律体系中难以对其施加法律后果。因此,由于没有统一规范,当前的区域合作更像是地区的机械相加,而非区域的有机融合。

当然,不可否认,"机械相加"的区域合作方式对于一部分问题的解决仍可以起到积极效果,特别是标准的区域统一问题。当城市的概念向都市圈、城市群转化时,诸如交通、通信等基础设施的修造标准需要在更大范围内统一,有关领域的执法标准也需要尽量一致。正如前述京津冀《电子不停车收费系统路侧单元应用技术规范》那样,地方通过协同的方式分别在本行政区域内制定内容一致的规范即可实现上述目标。然而,当区域一体化向更深的层次推进时,分别制定相同规范的方式就可能不敷使用。此时,区域性合作文件不具有法律效力将会限制一体化进程的深入,具体来说,局限表现在四个方面。

首先,没有统一的上位规定,一些复杂的问题将难以协调。比如,部分地方合作协议中提到的行政许可互认,[②]事实上在法律层面即存在障碍。行政许可异地互认意味着在一地办理的许可直接在另一地发生法律效力,也就意味着许可的效力范围跨越行政区域。但在地方层面,作为许可设定基础的地方性法规的效力范围仅限于本行政区域。某地的地方性法规要求其设定的许可由外地行政机关办理,或规定其设定的许可在本

---

① 参见叶必丰:《区域合作协议的法律效力》,载《法学家》2014年第6期。
② 如《关于沪甬合作开展专业技术能力认证考试协议书》《关于加强川渝人社公共政策和行政许可合作协议》等文件中均规定两地互认对方资格资质类行政许可。

行政区域外仍然有效并不符合《立法法》的要求。① 在多个行政区域均有效力的许可事实上应由能够同时覆盖这些区域的立法来统一规定,而各地分别规定的模式至多实现行政许可的异地转送或网上办理。② 但异地转送、网上办理主要节约了行政许可实施过程中的交通与时间成本,并没有减少行政许可的数量,对减少地区行政壁垒、优化营商环境作用有限。与许可互认中存在的问题相似,人才支持政策的统一性也很难通过地区分别规定实现。如某技术人才在 A 地获得的购房资格、子女入学资格、医疗待遇、汽车牌照等,若要转移到 B 地则会困难重重。还有,社会保障的异地转接需要办理特别的申请手续,若某人工作需要在多地转换,则办理成本会成为隐形负担。进行区域统一规定,则可以有效减少人才流动过程中的障碍。再比如,在城市建设中,十分关键的一项资源是建设用地指标。目前,根据《城乡建设用地增减挂钩节余指标跨省域调剂管理办法》(国办发〔2018〕16 号),用地指标暂时实行计划调节模式。但若我国未来于一定区域内建立起如先前在重庆试点的"地票"制度那样的建设用地指标市场调节机制,③ 那么就需要覆盖整个指标流转区域的立法来统一规定相关制度。各地分散立法的模式势必不利于指标的跨区域流转。总之,有机的区域一体化不仅要求各地规范相同,更重要的是各地规范能够在上位法层次上统一。

其次,区域合作文件不具有效力无法保证协调行动的持续性。区域一体化的一个重要目标是减少重复建设与恶性竞争,让产业布局更加合理。这就需要协调各地的产业政策,实现差异化错位发展;这也同时意味着部分地方要为别的地方的利益作出一定的牺牲。不过,合作共赢在现实的利益面前往往落入"囚徒困境"。很难想象没有约束力的地区合作文

---

① 《立法法》第 80 条第 1 款规定:"省、自治区、直辖市的人民代表大会及其常务委员会根据本行政区域的具体情况和实际需要……可以制定地方性法规。"第 2 款规定:"设区的市的人民代表大会及其常务委员会根据本市的具体情况和实际需要……可以对城乡建设与管理、环境保护、历史文化保护等方面的事项制定地方性法规……"可见,地方性法规的效力范围仅限于本行政区域。

② 目前地方在行政许可方面广泛开展的合作主要也是在这个层面,例如长三角 G60 科创走廊"一网通办"制度及苏浙皖相关先期改革措施主要实现的是异地提交、不见面审批、异地发证。参见朱晓靓:《G60 科创走廊精准制度创新和制度供给——"一网通办"为长三角政务服务提供样本》,载《松江报》2019 年 4 月 9 日第 03 版。

③ 《关于推进重庆市统筹城乡改革和发展的若干意见》(国发〔2009〕3 号)支持重庆设立农村土地交易所,开展土地实物交易和指标交易试验。

件可以约束地方追求本地利益最大化的冲动。事实上,从域外经验观察,即便存在有约束力的区域性规范,协调行动仍然是一件具有难度的工作。有学者观察了美国各州间的州际协议,发现州际协议大多出现在经济资源匮乏的领域,而在关键领域中,所有州都不愿意让渡自己的主权。各州还频繁修改本州法律,竞相为投资者提供更好的税收条件,吸引投资。①可见,区域一体化需要一种超越地区狭隘利益的力量介入进来,否则关键问题上的协作大概率将无法持续。这种力量从法律上说即为区域合作文本的效力以及确保其效力实现的实施机制。

再次,若区域合作文件本身没有效力,则各个参与地方还需要另行单独制定本地的实施性立法或实施性文件,这会增加制度协调的成本。可以预见,地方合作的内容与形式会随着发展进程的不同而有所调整,而一旦合作文件出现变化,基于该文件所形成的一系列的立法或文件都要跟着一并修改,这会占用大量的立法资源。若某地不与其他地方商量,径自修改本地的规定,那么该合作文件的内容也就被实质性地架空了。

最后,因不具有效力,地方合作文件形成过程随意,上级机关基本不参与。这不利于实现有效的上下级互动,也降低了文件整合各地利益的功能。据统计,"我国实践中的绝大多数区域合作协议系地方政府自主签订,并没有出现中央政府的全程主导、事中参与或事后监督等现象"。②虽然对于没有效力的文件,上级从法理上说确实无介入必要,但上级的参与本身有利于不同地方利益的协调,避免因徒困境的发生。另外,上级机关也可以对合作的地方形成监督,阻止超越地方权限范围的联合。

综上,当前的地方合作模式因不具有法律约束力,无法保障深入、稳定的地方合作,已不适应区域一体化发展的新形势。为化解上述困难,应考虑赋予地方合作文件以法律效力,使其能够真正对参与各方形成约束。

---

① See Larry N. Gerston, *American federalism: a Concise Introduction*, M. E. Sharpe, Inc., 2007, pp. 132-137.
② 何渊:《论区域法律治理中的地方自主权——以区域合作协议为例》,载《现代法学》2016年第1期,第52页。

二、有效力的区域合作文件的属性及其法律空间

我国作为单一制国家,宪法结构不同于美国等联邦制国家。联邦制国家的各个州仍然保留有一定的主权,相互之间事实上可以像国家一样缔结类似于国际条约的州际协定(interstate compact)。当一个州批准某个协定时,该协定的内容将优先于州法而适用。并且,一般的协定各州可自主决定,唯有可能涉及联邦关切事务的协定(如边界变更等)需要报请国会批准。[①] 而根据我国宪法,各省、自治区、直辖市并非独立的主权实体,当然无权缔结条约性质的法律文件;即便缔结了类似的文件,该文件也不会产生优先于地方性法规、规章的效力。

我国也不同于在宪法或地方自治法、地方制度法中授权地方进行区域联合的部分单一制国家或地区。在那些国家或地区,各个地方自治团体虽无独立主权,但可以依照宪法和法律,组建地方合作组织,签订有效力的地方合作协议。日本《地方自治法》第252条规定:"普通地方公共团体为了共同管理和执行一部分普通公共团体事务,或者是为普通公共团体事务的管理执行进行联系协调,以及为了共同制定广域的综合性计划,可以通过协议制定规约,设立普通地方公共团体协议会。"[②] 而我国《宪法》第99条规定:"地方各级人民代表大会在本行政区域内,保证宪法、法律、行政法规的遵守和执行……"第107条规定:"县级以上地方各级人民政府依照法律规定的权限,管理本行政区域内的经济、教育、科学、文化、卫生、体育事业、城乡建设事业和财政、民政、公安、民族事务、司法行政、计划生育等行政工作……"可见,我国地方人大和地方政府的权力范围仅及于本行政区域,不具有域外立法例中可以找到的跨区域管理或联合的权限。跨区域的协定、文件实际上对参与双方都无约束力。

中华人民共和国在成立之初,曾实行过大行政区模式,分别由东北、华北、西北、华东、中南、西南等六大行政区统辖区域的军政权力。这种体制安排有迅速集中财力物力以保证国防要求、稳定政治局势的作用,但也

[①] Steven L. Emanuel, *Emanuel Law Outlines Constitutional Law*, Aspen Publishers, 2010, p.105; Patricia S. Florestano, Past and Present Utilization of Interstate Compacts in the United States, 24 *Interstate Relations* 13,1994.

[②] 万鹏飞、林维峰:《日本地方政府法选编》,北京大学出版社2009年版,第126页。

存在制造独立王国的潜在风险。"高饶事件"后,大区制终被取消;"五四宪法"正式确立了省、自治区、直辖市的区划模式。①这段历史表明,我国宪法对较大范围的区域联合体持否定态度,成立区域性的组织或进一步调整区划合并省级行政区在目前宪制框架内几无可能。但是,制定区域性的统一上位规范则是可行的。以下重点探讨这类规范的性质与法律上的存在空间。

(一) 有效力的区域合作文件的属性

根据我国《宪法》,有效力的区域合作文件背后的效力来源不是地方的,而只能是中央的。这些文件是中央立法权或行政权在国家的部分区域内行使的结果。

第一,有效力的区域合作文件是一种立法或者抽象行政行为,而不是一种协议。目前,有大量地方合作文件自称为"协议",但将合作文件理解为协议存在理论上的障碍。一方面,立法机关、行政机关这些公法上的主体与私法主体不同,并不具有一般意义上的缔约自由。事实上,即便是私法主体,要订立有法律约束力的合同,也必须"依法"。②凯尔森指出,法律规范并非因为它们本身有魅力而有效力,而是因为它们是基于特定的规则被创造出来的。③因此,欲形成有效力的公权力机关之间的协议,缔约双方必须具有可从宪法或法律中推导而出的缔约权。而如前已述,我国《宪法》中不存在类似缔约权的规定,且地方人大和政府的权力范围仅及于本行政区域,故应推定地方公权力机关之间无权缔约。另一方面,区域合作文件调整的对象有时并不仅限于参与的双方,还包括了两个地方行政区域内所辖的公民、法人和其他组织。若将这些文件理解为协议,则其对有关私主体的调整突破了协议的相对性原则。④所以,区域合作文件不是一种协议,而更适宜被理解为一种具有普遍适用性的规范性文件。

---

① 参见范晓春:《中国大行政区研究》,中共中央党校 2007 年博士学位论文,第 264—292 页。
② 《民法典》第 456 条第 2 款:"依法成立的合同,仅对当事人具有法律约束力,但是法律另有规定的除外。"
③ 〔奥〕凯尔森:《法与国家的一般理论》,沈宗灵译,中国大百科全书出版社 1996 年版,第 128 页。
④ 另也有学者注意到此问题。参见叶必丰、何渊、李煜兴、徐健等:《行政协议——区域政府间合作机制研究》,法律出版社 2010 年版,第 193 页。

第二，区域合作文件的权力基础并非地方立法权或行政权的加总，而只能是中央立法权或行政权的体现。我国《宪法》第 30 条所规定的行政区划界定了地方立法机关、行政机关的权力的地域范围。根据《宪法》第 99 条和 107 条，地方规范性文件的地域效力不能超越行政区划范围。因此，当前的地方机关只能分别制定内容一致的规定，而不能一起制定统一适用的规定。要破除省、自治区、直辖市行政区划的限制，只有借助中央立法机关或行政机关的权力方可实现。当然，规范的权力基础属于中央，并不意味着规范的制定全过程都必须由中央机关亲自操刀。中央机关的权力体现为对区域合作文件的内容具有最后的确定权，但区域内的各个地方应在文件形成过程中充分参与，表达各自诉求。这是中央与地方两个积极性的合理表现方式。另外，在某个省、自治区、直辖市范围内的不同地方若需进行区域合作，则规范制定权应属于省级机关，原理相似，本章不再赘述。

第三，区域合作文件虽然是中央规范，但不具有全国适用性，实质上是中央为某个特定区域制定的规范。这与在全国范围内有效的法律、行政法规、规章或规范性文件不同，乃是一种区域性的中央规范。在我国宪法结构中，并不排除中央为国内某个地方或区域制定专门规则。实践中也存在现实的例子，如《中华人民共和国海南自由贸易港法》即是中央立法机关制定的并非在全国范围内适用的法律。法律理论上，中央机关为领土中的某一个部分专门制定规则乃是静态分权和动态集权的结合。静态分权体现为不同地理区域的规定存在差异，而动态集权则体现在制定主体的同一上。①

第四，文件制定主体包括拥有对外规范制定权的中央立法与行政机关。根据我国《宪法》和《立法法》，全国人大及其常委会可制定法律，国务院可制定行政法规，国务院组成部门和有行政管理权的直属机构可以制定规章。此外，各个行政机关可以在其权限范围内发布规范性文件。区域合作文件应根据自身内容确定需要借助的规范形式，如涉及公民义务创制的事项最好交由全国人大常委会确认，②而规章或规范性文件的制

---

① 〔奥〕凯尔森：《法与国家的一般理论》，沈宗灵译，中国大百科全书出版社 1996 年版，第 341 页。

② 全国人大仅负责制定基本法律，而区域合作文件不应具有基本法律的地位，故全国人大不参与区域合作文件的确认。

定主体只能在法律、行政法规的框架内确认执行性事项。

因此,有效力的区域合作文件是经中央立法机关或行政机关最终确认的,在国家的部分区域内适用的一种规范,形式上可表现为区域性的法律、行政法规、部门规章或行政规范性文件。

(二) 有效力的区域合作文件的法律空间

将区域合作文件背后的权力来源理解为中央立法权或行政权,可以解决目前合作文件缺乏效力的问题,但是在理论上仍然存有一定的疑问。虽然中央机关为我国领土内的部分区域制定规则在宪法和法律上没有直接的障碍,但这可能会导致地区不公平的问题。中央为某个区域单独颁布了区域性规定,其他区域很可能也提出相应诉求,那么中央是否该对所有的区域一视同仁?另外,区域性文件毕竟只是对部分区域产生效力,其与对全国有效的规范是否应在内容上有所差别?

鉴于有效力的区域合作文件为立法规范(或规范性文件),其形成过程应遵循《立法法》的原则和精神。我国《立法法》总则部分的第 5 条规定:"立法应当符合宪法的规定、原则和精神,依照法定的权限和程序,从国家整体利益出发,维护社会主义法制的统一、尊严、权威。"该条指出了立法在形式、目的和内容上的限制,应作为区域合作文件的规范界限。具体而言,体现在如下三个方面:

其一,形成方式的限制。区域合作文件作为一种抽象行为,带有政策性,其形成方式相较具体行为而言更加复杂。被称为"合作协议"的文件并非两方签字即可成立,还必须经过正式的规范制定程序。我国《立法法》以及《行政法规制定程序条例》《规章制定程序条例》分别对不同类别的立法文件的制定程序作出了规范。有效力的区域合作文件的形成过程应当符合相应规范形式的制定程序要求。同时,由于中央机关在区域性文件的形成过程中享有对内容的最后审查确定权;故文件不能由地方自行制定后报中央机关备案,而只能由中央机关通过法定程序颁布,然后再报送有关主体备案。

其二,目的的限制。《立法法》第 5 条中要求立法"从国家整体利益出发"。这意味着区域性规定虽然只对部分地方有效,但这些文件在目的上也应反映出国家的整体利益,而非仅基于区域内的地方利益。事实上,相比于由地方立法机关或行政机关制定的地方性法规或地方政府规章,由中央立法或行政机关颁布的区域性规定更应当主要体现出国家整体利益。那么,何谓体现国家整体利益?抽象认定国家整体利益一定会陷入不确定法律概念的泥沼之中。笔者认为,区域合作文件中所体现的国家整体利益需要有相应的事实依据,譬如国家已颁布针对这一区域的区域性规划。目前中共中央或国务院发布了包括京津冀、长三角、粤港澳、汉江生态经济带、淮河生态经济带、海峡西岸经济区、关中—天水经济区等在内的多个区域性规划。这些规划体现了全国性的宏观战略意图,可作为制定区域合作文件的事实依据。若相关区域尚未得到国家级规划的认可,则暂不宜制定有效力的区域性文件。

同时,"从国家整体利益出发"还包括考量地区之间的平等性。区域合作文件不能仅对某个区域有利而对另一个区域形成不利负担,也不能在区域内不公平地对待各个地方。当然,静态的利益平等分配无疑是不符合效率原则的,重要的是应当建立区域间或区域内的利益平衡机制,如转移支付、生态补偿等。目前,地区合作困难的一个重要原因即在于利益分配方式协商困难,这也是区域合作文件应由中央机关进行内容确认并颁布的重要原因。

其三,事务范围和内容限制。《立法法》第5条中的"维护社会主义法制的统一、尊严和权威"一项,从内容上要求立法文件与国家整体法秩序协调一致,并谨守立法权限边界,以维护法律体系的权威。基于此,区域合作协议的内容应受其规范形式的限制,不得越出颁布该文件之主体的权限边界。并且,全国人大常委会、国务院、国务院组成部门颁布的区域合作文件在效力上分别理解为法律、行政法规和部门规章,应分别遵循其在我国法律体系中的位置,不得抵触上位法。另外,有效力的区域合作文件在领域或事项上与一般的中央立法也不应完全相同。毕竟这类文件的效力范围仅及于国内的部分地区,不适宜规定带有全国性影响的内容。故虽然区域合作文件由中央机关颁布,但不应涉及诸如国家主权等政治性事项、公民基本权利的事项以及事关全国统一市场的事项等中央事务。其中,需要特别强调的是涉及全国统一市场的事项。目前,许多地方进行区域合作的一个重要目的在于破除市场的行政区壁垒,因此常常在合作文本中规定区域性的市场协调机制。这种做法虽然可能有助于化解协作区域内的市场流通阻碍,但却有可能在本区域和其他区域间制造新的壁垒。从理论上说,凡是可能影响全国性市场流通的规范均不应由仅对全国部分区域有效力的规范来规定。①破除地方市场壁垒,不能依靠区域合作,而应依靠对地方干预市场的权力的更有效的限制。

综上,作为中央立法或行政机关颁布的规范,区域合作文件的形成过程应符合相应立法或规范性文件制定程序的要求,目的上应体现出国家整体利益,但在具体的规范内容上不应涉及应由全国性立法调整的事项。

三、区域合作文件的合理制度模式

根据上文分析,在不修改我国《宪法》《立法法》《地方组织法》的前提下,区域合作文件在我国仍然可以具有法律效力。有约束力的区域合作文件的背后乃是中央立法权或行政权,故这些文件在效力上可被认定为区域性法律、区域性行政法规、区域性规章或区域性规范性文件。但是,区域合作文件并非由中央机关单独起草,而是中央与区域内的各个地方合作完成。这与传统的规范制定方式不同,需要我们在当前我国法律制度的框架内探索有约束力的区域合作文件的适合的形成机制。在此基础之上,还应讨论因这些文件产生纠纷时的处理机制,确保文件效力得以落实。

事实上,为保证区域一体化的灵活性,有约束力的区域合作文件和无约束力的合作宣言可以并存。针对有约束力的区域合作文件,其形成机制可根据事务领域的不同,采取制定模式或批准模式。公权力主体违背有约束力的区域合作文件时,基于受影响主体的不同,可采用司法监督模式或文件颁布机关监督模式。以下分述之。

(一) 有约束力文件与无约束力宣言并存

实践部门和部分学者担心中央机关没有足够的精力来参与地方的所有横向合作,或认为此事难度过大。②这种担心有一定的道理,但实际上,

---

① 我国《行政许可法》第 15 条第 2 款的规定清楚体现了这一思想:"地方性法规和省、自治区、直辖市人民政府规章,不得设定应当由国家统一确定的公民、法人或者其他组织的资格、资质的行政许可;不得设定企业或者其他组织的设立登记及其前置性行政许可。其设定的行政许可,不得限制其他地区的个人或者企业到本地区从事生产经营和提供服务,不得限制其他地区的商品进入本地区市场。"

② 王腊生:《地方立法协作重大问题探讨》,载《法治论丛》2008 年第 3 期,第 73 页、第 75 页;王春业:《自组织理论视角下的区域立法协作》,载《法商研究》2015 年第 6 期,第 7—8 页。

并非全部的区域合作文件都需要被赋予效力。各个地方仍然可以像原来一样通过软法性质的共同宣言来协调行动。没有法律效力的宣言性质的文件并不需要中央机关的确认，由地方机关私下协商发布即可。唯有较为重要的、需要明确权利义务的事项，方才经由特殊程序由中央机关负责颁布。由此形成有约束力文件与无约束力宣言并存的格局。

建立多样化的地方协作机制有利于我国各区域根据事项需求在不同层次的合作方式中灵活选择。域外也是如此，如在美国，各州之间的联盟可以有多种形式，包括自愿的联合会、制定相似的法律、行政协议和最正式的州际协议。简单的问题可能在两州行政官员之间签订备忘录即可，但复杂一些的问题，如水资源该如何分配，则必须签订州际协定。[①]在我国，诸如执法联动等相对简单的问题可以通过地方政府直接协调解决；稍复杂一些的立法内容统一或标准统一，则可通过地方立法机关协同立法解决；而较为复杂的利益分配、许可互认、资源共享等问题，则宜由中央机关颁布区域合作文件解决。

（二）有约束力文件的形成机制

我国《立法法》对不同的法源文件的制定过程做了有区别的规定。全国人大常委会制定的法律一般应当经三次常委会会议审议后再交付表决。[②]对自治区的自治条例和单行条例，全国人大常委会可行使批准权。[③]行政法规由国务院常务会议审议，或者由国务院审批。[④]国务院部门制定的规章应当经部务会议或者委员会会议决定。[⑤]从中可见，并非所有的立法文件都必须采取最严格的立法程序，全国人大常委会和国务院可采用批准或审批的方式对立法文本的内容进行最后确定。这说明，在我国《立法法》的框架内，立法程序存在简化的空间。有效力的区域合作文件虽然应由中央机关颁布，但若均采取严格的立法审议程序，则将给各中央机关造成较大的工作压力，反而不利于区域合作文件的及时通过。同时，文件

[①] Ann O'M. Bowman and Neal D. Woods, Strength in Numbers: Why States Join Interstate Compacts, 7 *State Politics & Policy Quarterly* 347, 2007, pp. 347-349.
[②] 《立法法》第32条。
[③] 《立法法》第85条。
[④] 《行政法规制定程序条例》第26条。
[⑤] 《立法法》第95条。

尽管体现的是中央权力,但其适用范围仅为部分地区,若均由中央机关制定,可能会不合理地压制地方的制度创新,或忽视其实际需要。因此,区域合作文件的形成程序不同于一般的立法程序,可在《立法法》的框架内进行适当简化。

根据前文结论,区域合作协议在内容上仅应涉及地方性事务,故合理的机制应使地方充分参与内容的形成过程,而非由中央机关直接制定。因此,可选择首先由地方机关起草,而后交中央机关批准的模式。"地方起草、中央批准"这一方案在我国当前的法律框架中存在规范基础。《立法法》里以"三读审议"为原则的制定程序主要针对一般的法律案,而批准程序针对的是自治区的自治条例和单行条例。从理论上说,自治条例和单行条例并非单纯的地方立法,全国人大常委会的批准行为本质上是在行使中央立法权。但批准与制定还是存在区别,自治条例和单行条例的内容制定由自治区立法机关负责,全国人大常委会只能批准或不批准,对实质内容并不直接调整。原因在于,自治立法虽然可以变通上位法,但其调整的仍然是本民族地区的事务,由中央立法机关直接为其制定规则,不能体现民族区域自治的精神。

与自治立法相似,区域合作文件中虽然应体现出国家整体利益,但其内容却是地方性的;只是限于我国宪法禁止地方联合的意旨,文件不能单方面由地方机关制定而已。因此,在程序设计上,文件的初步拟定工作应由区域内的各个地方联合负责,中央机关只是负责最后对文件的内容进行把关,不实质修改文件的内容。若中央机关认为文件的内容与上位法相抵触,可将文件退回,并要求区域内各个地方机关重新制定;若认可文件的内容,则以中央机关的名义批准并颁布该文件,使其具有相应法律效力。如果发现文件内容涉及中央性事务,则中央机关应予退回;若有关中央事务的规范确有实际必要,中央机关可考虑直接制定适用于全国范围的法律、行政法规、规章及规范性文件。

在制定环节的设计上,应体现法律、行政法规、规章或规范性文件的不同性质。对于区域性法律,应由区域内的地方人大联合起草并报全国人大常委会批准;区域性行政法规应由区域内地方人民政府联合起草,并报国务院批准;区域性规章则由地方相应的政府组成部门联合起草,并报对应的国务院部门批准;区域性规范性文件制定方式可参照规章。当然,中央机关的介入可以提前至文件的拟定阶段,在文件内容形成阶段即注入中央意志。

(三) 监督及争议解决机制

一旦区域合作文件产生了法律上的约束力,那么接下来的问题就是,如果违背该文件所设定的义务,应当由哪个机关追究其责任,受到损害的主体又该向哪个机关主张救济。结合前文对有效力的区域合作文件性质的判断,针对违背文件行为的监督模式可分为文件颁布机关监督模式及司法监督模式。此二模式的选择取决于文件的内容及受影响主体的法律地位。

其一,文件颁布机关监督模式。从既有区域合作文件的内容看,大多数涉及的是国家机关之间的义务。因此,可以推知,未来大部分有效力的文件主要也将调整各个地方国家机关之间的关系,设定诸如进行财政转移支付、制定配套法规、建立执法力量等义务。此时,若负有义务的国家机关不履行相关要求,那么颁布该文件的中央机关则有权在宪法和组织法的框架内督促其履行。[①] 与不履行义务有利害关系的另一方国家机关应有权向文件颁布机关反映情况。当然,随着有效力的区域合作文件的增加,还应建立更加细致的救济程序机制。

其二,司法机关监督模式。另一些区域合作文件可能不仅调整地方国家机关之间的关系,同时也规定行政机关与相对人之间的关系,如其设定区域性行政许可、制定区域性社会福利标准等。此时,若行政机关不履行针对相对人的义务,则相对人可依照《行政诉讼法》向人民法院寻求司法救济。当然,鉴于区域合作文件不宜规定民事、刑事等中央性事务,司法监督模式中应不包括民事诉讼或刑事诉讼的可能性。

四、本章小结

在我国各地区域一体化的不断深入发展的大背景下,区域合作的法

[①] 我国《宪法》第 67 条规定了全国人大常委会对地方人大及地方人民政府的监督权,第 89 条规定了国务院对地方政府的监督权。

律制度也应作出适应性调整,从单纯的区域协作走向有效力的区域性规范,以增强区域的整体性,降低区域内协调的难度。但区域合作必须符合我国宪法的总体制度框架,平衡好中央统一领导和充分发挥地方主动性、积极性的关系。根据《立法法》的基本精神,有效力的区域合作文件应在地方联合起草的基础上,由中央立法机关或行政机关批准;其在性质上属于中央立法或规范性文件,但在内容上应主要限于地方性事务。